U0815712

一 个 人 ， 遇 见 一 本 书

TopBook 饕书客

阿尔卑斯山的彼方——意大利行走手札

阿尔卑斯山的彼方

——意大利行走手札

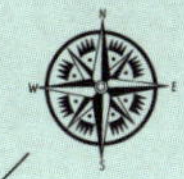

顾剑 著

GuJian Works

陕西新华出版传媒集团

陕 西 人 民 出 版 社

Milan
Venice
Flore
N
W
E
S
sardini

Venice
Carbonara
Rome
Napoli
Espresso
Sicilia

前言

Preface

意大利是一个引人入胜的地方，一个面积比中国云南省还小的国家，却拥有全世界最多的联合国教科文组织世界遗产，截至2017年底总共拥有53项，比中国还多1处。我在最近十年之内，前后12次去意大利旅行，无论是托斯卡纳的美食红酒、米兰的时尚繁华，还是罗马城的厚重历史、五渔村的自然风光，都能以各种不同的理由让我流连忘返。我走过全世界150多个国家和地区，如果只算联合国正式成员国的话，也已经接近110个国家，深感欣赏自然风光的旅行和探幽访古的人文旅行是不一样的：前者比如去马尔代夫、撒哈拉沙漠或者中国西藏，正如王安石在《游褒禅山记》中所说，“世之奇伟瑰怪非常之观，常在于险远”，精髓在于身背一台好的相机，一个人深入无人之境，越远、越苦，往往景色越奇，融入大自然，敬畏自然伟力的鬼斧神工。而像意大利、法国或者中国东部，那些拥有厚重历史积淀的人文景点，旅行的关键在于游者行前对人文景点有足够的了解，知道这个地方的历史背景，才能更深体会到历史上先民所创造出来的文化之伟大，而不至于入宝山而空回。曾经有足迹遍及全世界的朋友问我，为什么我会对造访欧洲的教堂那么热衷，那些教堂不都大同小异吗？——左中右三排椅子，正面是一个祭坛，底下有墓穴，教堂外再加个高大的钟楼？我反问他：“那你觉得咱们中国的寺庙是不是也全都一样？——进山门第一进弥勒殿，左右四大天王，背后是韦驮菩萨，第二进大雄宝殿，再后面是藏经阁或者观音院，左右僧房？”他说就是啊，所以他尽量不去寺庙和教堂，要去也只去那些特别著名、不得不去的地方，比如嵩山少林寺和巴黎圣母院，其他能免则免。对他，我也只有苦笑答道：“看来你只有两个选择：要么节约点出门旅行的时间，在家好好读点建筑史，恶补一下；要么，那些教堂和寺庙真的不是你的菜，不如多买几个好的风光摄影镜头，落基山脉、撒哈拉沙漠、南极大陆，那才是你的天堂。”

这本小书就是写给类似上面那些朋友的。它既不是旅游指南，也不是严肃的意大利正史，而是把两者结合起来，按照大致的时间顺序排列，在每个地区重点介绍某个历史时期的景点和背后的故事，也兼顾其他历史时期的景点，把意大利错综复杂的历史贯穿一气，为美景和古迹提供文化背景。古人说“读万卷书，行万里路”，如果你在开启前往意大利的万里行程之前，没有时间读完万卷的政治、军事、艺术、美食、建筑史的话，那么至少这本书能让你了解意大利的人文地理，还有历史的来龙去脉，不至于入宝山而空回。

Contents

目录

阿尔卑斯山的彼方——意大利行走手札

阿尔卑斯山的彼方——意大利行走手札

第一章

Chapter One

西西里的
美丽风景和传说

第一节　古希腊先民的西西里岛

如果在整个意大利，我首选一个地区旅行的话，那个地区不是罗马城，而是西西里岛。西西里可以说是“最意大利的地方”，因为西西里在经济发展方面被意大利和西班牙统治者忽略了，工业没有发展起来，反而保全了古代传统的生活风貌。西西里人热情，据说人人都是好厨子。整个意大利，越往南走，经济越落后，物价越便宜，人越淳朴，菜也越好吃。我特意选择在冬天环游西西里岛，这里气候温暖，而且在旅游淡季几乎没有什么游人。

我来西西里是来怀古的，这座岛屿几乎恰恰处于整个地中海世界的正中，无论是北非的迦太基人北征罗马，还是罗马帝国南下非洲，或者是十字军东征、阿拉伯帝国西略，西西里全都是必经之路，它在古代地中海世界的地位，有点像中原河南在中国历史上的地位——四战之地，易攻难守，得之者得天下。所以三千年来在地中海世界叱咤风云的每一个民族——希腊人、罗马人、迦太基人、阿拉伯人、拜占庭人、土耳其人、北欧海盗、西班牙人，都曾经征服过西西里，有人说西西里是历史上被征服次数最多的岛屿。而所有这些民族当中，最早到来并留下灿烂文明的是古希腊人。

在罗马兴盛之前，今天的意大利地区有两个更早的文明，其中之一是伊特鲁里亚（Etruria）文明，早在罗马建城之前，就以罗马以北的托斯卡纳地区为中心，建立起了一系列城邦国家。他们的语言跟后来罗马人的拉丁语完全不同，到现在也没有破译出来，这些埃特鲁斯坎人（Etruscan）的起源是

阿格里琴托协和神庙

一个谜，应该是从很远的地方移民到亚平宁半岛定居下来的外来民族吧。他们曾经创造了很高程度的文明，后期跟逐渐兴盛的罗马城邦比邻而居，共存了数百年，最后被罗马人征服和同化了。在今天的罗马城和意大利中部的托斯卡纳山间小城沃尔特拉（Volterra），都有伊特鲁里亚博物馆。

另一个在罗马之前就曾在意大利兴盛的文明，是古希腊文明。这些来自希腊的移民，在意大利建立城邦国家的时间，不但早于罗马人，甚至还早于希腊本土的古典黄金时代。我小时候初次接触世界历史的时候很难理解古代地中海世界各国文明共存与互相代替的关系，因为中国历史是大一统的历史，一定是某一个王朝消灭了前面的王朝，除了南北朝五代十国这样的特殊时期，中国历史一定是“普天之下，莫非王土”，习惯了这种思维模式，我小时候就很难理解，为什么古希腊有那么多城邦共存，好几百年都没有兼并成一个大帝国；也很难理解，为什么罗马兴起以后，好几百年都没有“灭掉”古希腊。

其实在古代地中海世界，小城邦国家非常普遍，罗马建城之前和初期的几百年，古希腊的文明已经高度发达，可是希腊本土多山多岩石，土地贫瘠，很多希腊城邦的公民就向东移民到小亚细亚半岛，向北到黑海沿岸，向西到西西里和亚平宁半岛，建立了很多殖民地城邦国家。在今天，我们能看到的最宏伟的希腊建筑遗址，其实根本不在希腊本土，而在土耳其的柏加蒙（Pergamon）和西西里岛上的阿格里琴托（Agrigento）。

西西里岛呈三角形，面积不大，我从东面的门户城市卡塔尼亚（Catania）坐长途车来南海岸的阿格里琴托也只要3个小时。公元前6世纪（相当于中国的春秋时期），主要来自希腊克里特岛的殖民者，从附近的杰拉（Gela）过来，建立了这座城市。

今天，我远道而来，就是为了瞻仰全世界最大的古希腊神庙遗迹群圣殿谷（Valle dei Tempi）。就规模而论，这里比雅典卫城留下的遗址规模还大，而且保存得非常完整。其中最著名的协和神殿，正面6根石柱、侧面13根石柱、三角门楣几乎没有残缺。站在这种神庙面前，我觉得简直像是直面放大的联合国世界遗产项目标志图案。其实，协和神殿内部的祭坛和神像都已经佚失，考古学家们并不知道这座神庙祭祀的是哪位神祇，只是因为在一根石柱上发现了“协和”字样的铭文，于是命名其为协和神殿。

古希腊人当时建立的城市说是坐落在山谷里，所以叫作圣殿谷。其实，圣殿谷也不在山谷底部，而在半山一块平台形的狭长地带上，呈东西向展开，今天能看见大约五座古希腊神庙的遗迹，入口在中间，东边三座，西边两座。整个台地下临更深谷底的边缘一线，还能看见古代希腊城市的要塞堡垒线遗迹。五座古希腊神庙当中，除了保存最完整的协和神殿以外，离入口最近的大力神赫克里斯神庙，今天已经很难看出原先的面貌。考古学家相信，这是五座神庙当中最古老的一座，大约公元前6世纪建城后不久就有了。原先的庙是长方形，有38根大圆柱。1924年考古学家们用原有的倒塌石料，重新立起了8根石柱。所以，今天我们看见的这8根一排的石柱，就是大力神庙的遗迹了。

再往东走，最靠里，坐落在小山丘上，没有顶子的，是神后赫拉的庙。这座庙建于公元前5世纪——希腊的黄金时代，它虽然没有附近的协和神殿保存完整，但是胜在地形，坐落在高台上，远远看去，气势非凡。

在景区入口大门往右拐，圣殿谷的西半部，有众神之王宙斯的庙，可是毁得也最彻底，现在只能看到台基和柱础。其实它当初设计的时候，应该是附近所有神庙里规模最大的，长112米，宽56米。但当初建造过程中，希腊移民和入侵的迦太基人发生了战争，这座神殿一直就没有最终完成，完成的部分，后来不是毁于战火，就是毁于地震。

整个圣殿谷见证了古希腊文明鼎盛时期的辉煌，后来，比罗马更古老的

叙拉古拉托米猫耳洞

叙拉古阿莱图萨喷泉

北非城邦迦太基，跟西西里岛上的古希腊城邦叙拉古联手，打败了阿格里琴托，迁走了这里的居民。后来虽说这座城市又有了居民，但是曾经兴盛的局面已经不复存在，罗马人征服西西里之后，城市多次易手，渐渐地，人们放弃了山谷，搬上山头建造新城，这样容易防卫。到1943年巴顿将军指挥盟军从岛东南角登陆，向西北直指首府巴勒莫的路上占领阿格里琴托的时候，这里就是一个小渔港了。

说起古希腊城邦阿格里琴托的衰落，那就不能不提到征服它的叙拉古（Syracuse）。叙拉古坐落在西西里岛的东南角，历史比阿格里琴托更久远，公元前734年由来自希腊科林斯的移民建成。叙拉古可能是整个古代意大利范围内最著名的希腊城邦了，不仅因为它是西西里第一强大的城邦，而且因为它有一个著名的儿子——阿基米德。在古希腊众多的科学家和哲学家当中，阿基米德给后人留下的传说最多，中国的小学生都读过阿基米德为叙拉古国王称量金冠，在洗澡的时候悟出了浮力定律，兴奋地大叫着“尤里卡”在街上裸奔的故事。还有阿基米德那句名言“给我一个支点，我就能撬动地球”，自信的语气掷地有声。他也的确有这样的资格如此夸口，毕竟阿基米德就是力学的奠基人。

阿基米德是生活在叙拉古的希腊贵族，他和国王的关系很好，要不怎么能接下辨别王冠材质的任务呢？但阿基米德生活的时代已经是公元前3世纪，小国寡民的希腊式城邦时代已经日薄西山，南面北非的迦太基(在今天的突尼斯城)和北面的罗马越来越野心勃勃地想要控制整个地中海世界的霸权，而叙拉古王国夹在势不两立的两强之间，谁也得罪不起，形势岌岌可危。罗马和迦太基之间爆发的第一次迦太基战争中，叙拉古选对了边，和胜利者罗马结盟。可是十来年后，迦太基卷土重来发动了第二次战争，这次迦太基的统帅是西方古代世界最伟大的军事家之一汉尼拔。他在战争初期的坎尼之战大败罗马，全歼罗马野战军。叙拉古再次倒向强者，背叛罗马和迦太基结盟。谁承想，罗马顽强地继续战斗下去，汉尼拔统率的迦太基野战军主力在意大利半岛陷入16年苦战，这时罗马腾出手来，派遣大军惩罚背叛的前盟国叙拉古。这就是叙拉古王国灭亡、阿基米德身死的那场战争。

传说阿基米德千方百计地帮助守军发明出各种机械守城，抵抗了很久，城破之日，冲进阿基米德家的罗马士兵发现他正聚精会神地在地上演算，他是如此专注，竟没有意识到迫在眉睫的危险，头也不抬地说，“先让我算完这道题”。罗马士兵没有给阿基米德这个机会，一剑刺死了这位大科学家。这一年是公元前212年，在中国历史上是秦始皇焚书坑儒的年份。

之所以在此复述这个家喻户晓的阿基米德的故事，是因为据说阿基米德的墓就在今天的叙拉古。我怀着好奇心，想去凭吊一下这位大科学家的墓。结果在城北的考古发掘区，只是看到荒山丘上坐落着一片像蜂窝一样的古代建筑物残骸，当地有一个阿基米德之墓的指示牌，但并没有具体的地点。史载阿基米德的墓前有他得意的研究成果——球形内切圆柱体的雕塑，但是这座墓在罗马帝国时代以后就已经不见了，现在叙拉古所宣称的阿基米德墓实际上是1960年代发现的一座古墓，并没有什么证据说明这里埋的就是阿基米德。

叙拉古作为西西里岛上最著名的古希腊城邦，其城市的主体在西西里东南角的陆地上，跟陆地相隔50米另有奥提吉亚岛(Ortegia)，古代战争时可以作为庇护全城居民的要塞。无论在陆上还是奥提吉亚岛上，都有不少希腊时代留下来的遗迹。陆地上，在阿基米德墓旁边，可以看到公元前5世纪古希腊黄金时期的半圆形剧场，论规模，这是西西里最大的一座。据说，希腊伟大的戏剧家埃斯库罗斯(Aeschylus)曾在这里首演自己的戏剧。今天，每隔一年的夏天，这里都要举行古典戏剧节。比剧场更有意思的一个地方叫作拉托米（Latomie）猫耳洞，它是古代的采石场，洞口像猫耳朵的形状。采石场以前是苦役干活的地方，这个洞穴，也就成为关押犯人的牢房。凑巧这个洞的回声效果特别好，犯人在洞底悄声细语，看守在洞口就能听得清清楚楚。比阿基米德早150多年的叙拉古国王狄奥尼索斯（Dionysius），就利用这个机关，把他的政敌关进去，探听对头的秘密。

奥提吉亚岛上古希腊遗迹更多，正对着连接大陆和岛屿的桥头第一个广场，就有一大片古希腊阿波罗神殿的台基遗迹，不过只剩基础了。岛上的大教堂宏伟壮观，一望而知是欧洲18世纪洛可可风格建筑，似乎与古希腊扯不上什么关系。但实际上，这座教堂北侧面的外墙墙基部分，还能看到古希腊时代巨大纪念碑建筑的石工基础，而且它是西西里岛上年代最古老的希腊建筑遗存，这座教堂是在古希腊神庙遗址上建造的，利用了一部分当年的石头墙基。很多人也许对大教堂门口的广场有种似曾相识的感觉。没错，那就是电影《西西里的美丽传说》中，莫妮卡 · 贝鲁奇经常走过的地方，这部电影的大部分镜头在叙拉古拍摄，大概就是因为这座古城的氛围，千百年以来就是这么古旧、宁静而保守，不愿也不太敢接受过分新奇或者美丽的外来事物，正是电影所需要的环境。

在大教堂附近的海边有一处淡水泉眼，叫作阿莱图萨喷泉（Fonte Aretusa），在海边能有这么大一股淡水汩汩地喷涌，本身就很难得，泉眼周围还长着一丛丛茂密的纸莎草，根茎挺拔，随着海风不断地微微摇摆，让我对这里流连忘返。

因为我知道，纸莎草是一种在古代地中海文明中特别重要的植物。我在游览埃及古迹的时候，看到几乎所有的古代神殿柱头都是纸莎草形状。它可以用来造纸，在羊皮纸尚未普及和从中国传进造纸术之前，是记载古埃及和希腊罗马文明最重要的载体。用它做成的船既轻便又牢固，可以出海远航，1970年代有现代人利用纸莎草做的船只按照古代的方式远航成功，验证了古代纸莎草船远航的历史记录。后来随着中国造纸术的普及，古埃及莎草纸的制作方法在公元1000年以后失传了，直到1962年，埃及人才又重新复原了古代用纸莎草造纸的技术工艺。

这座喷泉还伴随着一个古希腊的传说:它是希腊仙女阿莱图萨的化身。

陶尔米纳海边剧场全景

阿莱图萨是古希腊本土一个小邦国的公主，同时也是月亮女神和狩猎女神阿特弥斯(Artemis)的侍女。传说她在当地的河流中沐浴时，被这条河的河神所恋，河神想用强力把她娶回家。阿莱图萨百般逃避都无法摆脱河神的纠缠，于是向女主人阿特弥斯乞求脱身之计，阿特弥斯利用自己的神通，将阿莱图萨变成一股清泉，从希腊本土潜入地中海底，暗度陈仓，最终在西西里岛的叙拉古海边冒了出来，就形成了今天的这股海边清泉。每当战争中被围困的时候，这口清泉就为岛上的居民提供淡水，支持当地人渡过难关。

西西里岛上风景最秀丽的古城，非陶尔米纳(Taormina)莫属。它和叙拉古的历史一样久远，也是希腊移民建立的城邦国家，后来也臣服于崛起的罗马。

希腊先民为陶尔米纳留下了一座堪称全世界最漂亮的古代圆形剧场——古希腊罗马时代的剧场，今天在欧洲、中东、北非留下来的还有不少，陶尔米纳的这座，既不是最大的，也不是最古老的，但我觉得，看过这座希腊剧场以后，其他的古代剧场全都黯然失色，这得益于它的地形。

陶尔米纳是一座建立在海边悬崖上的城市，在西西里东海岸，最北是墨西拿城，与意大利本土只隔一条墨西拿海峡；向南中间是交通枢纽卡塔尼亚。东海岸在这两个大城市之间，海岸边从北到南依次是陶尔米纳和著名的埃特纳火山(Aetna)。陶尔米纳是西西里最美的旅游城市，德皇威廉二世和欧洲银行世家罗思柴尔德家族在陶尔米纳都有夏季别墅。

我到达陶尔米纳的时候正是圣诞新年之间，半山腰主街上各个古老教堂都有免费的新年音乐会，唱诗班的小朋友们的和声非常好听，有时候有管风琴伴奏，有时候根本就不需要音乐伴奏。我站在教堂门口倾听，如闻天籁。主街一面是店铺和教堂，全都倚着山壁而建；另一面有大平台下临悬崖，可以俯瞰大海和远处披雪的埃特纳火山。比主街地势稍低的山坡上，古希腊人依山面海，建造了一座无敌海景的圆形剧场，坐在看台上，演员的舞台背后就是空阔辽远的地中海，远处海天一色，似乎漂浮在半空的，是依旧披着雪顶的埃特纳火山，山顶还冒着烟。

我几乎走遍了整个欧洲和地中海世界，见过许多古罗马竞技场和希腊圆形剧场，论规模，首推罗马的；论保存完整，法国普罗旺斯尼姆（Nimes）的夺魁；论风景美丽，没有哪处能和西西里陶尔米纳的相比。

第二节　希腊殖民时代结束之后的西西里名胜

西西里岛历史上最辉煌的时期，无疑是希腊殖民时代，这也是意大利历史上最早的一个时期。但是和其他地区一样，西西里在这个焦点时期以外，仍然有不少名胜留下来，本节简单介绍一下这些希腊时期以后的名胜和它们的来历。

希腊之后是罗马。随着时间的流逝和北面罗马共和国的崛起，西西里岛上的希腊殖民地城邦，一个个地被罗马收服了。在罗马共和国跟罗马帝国统治下，西西里岛仍然是罗马世界最举足轻重的一个省份，其重要性甚至超过整个亚洲、北非和高卢诸省。

这跟罗马共和国时期的政治体制有关系。罗马城的历史，我们在下一章还要详细说，这里只需要提到，罗马建城早期，一直是以自由市民为主体的小农经济。到了共和国时代，罗马平民都是自由人，有投票权，可是那些自由的平民逐渐丧失了土地，而拥有大量庄园田产的贵族，又需要这些自由平民的选票，于是各大贵族竞相用免费的食品和娱乐来贿赂平民。因为这种特殊的社会结构，古代罗马在共和国晚期人口就达到百万之巨，而那些无所事事的罗马平民们又不是奴隶，他们可以不事生产，靠出卖选票养活自己，才如此热衷于免费的角斗、赛车之类的娱乐。

这样的罗马城自然不可能自给自足，所以罗马必须向外扩张，依靠海外粮食谷物输入来养活这么多白吃白喝的平民。而罗马时代最重要的粮食来源，就是西西里岛的巨大的农庄。可以说，罗马时代西西里岛与罗马城的关系，就好比中国明清两代漕运源头的江南地区与北京的关系。

我在第二次游西西里岛的时候，改变了第一次沿着海岸的环游路线，特意从首府巴勒莫折向内陆，专门去寻找一座僻处内陆中央，叫作Villa Romana del Casale的规模巨大的罗马帝国晚期贵族别墅。它大约建于公元4世纪，建筑虽然只剩下残垣断壁，却拥有全世界最大规模的马赛克拼贴画，超过3000平方米，蔚为壮观。就因为这些拼贴画，这里被列入联合国《世界遗产名录》。

当时是5月，西西里岛已近暮春，从最近的小镇Piazza Armerina到别墅遗迹的公路两边开满了鲜红的虞美人，此外就是荒烟蔓草，鲜有游人，正适合凭吊古代废墟的心情。马赛克拼贴画这种艺术形式，唯有罗马人将它发展到了极致，它耗时费工，需要极大的耐心才能将各种彩色的细小马赛克拼装成生动的画作。

今天留下来的大型古罗马时代拼贴画，最宏伟的是两处。一处在北非，突尼斯城的巴多博物馆，在古代这里是罗马的非洲行省首都迦太基城；另一处就是西西里的这座罗马别墅了。这里的马赛克画往往都是铺满整间房间的地板和整面墙壁，除了罗马时代常见的狩猎、花鸟和几何花纹之外，最令人震惊的，是那些比基尼女运动员。时尚界一般都以为是法国人在战后的1946年发明了三点式泳装，当时美国在太平洋上的比基尼环礁湖进行威力巨大的核武器试验，于是法国人把这款引起轰动的前卫泳装命名为比基尼，以比喻它的巨大冲击力。其实，早在古罗马时代，就有女子穿着这样惊世骇俗的服装参加各种体育竞技了。

这座别墅的地板上有多达十幅拼贴画，刻画着十名身材高挑细长的比基尼女郎，分别在从事十种不同的运动，有掷铁饼、打球、跑步、举重等等，还有身穿罗马罩袍的裁判长为冠军加冕。看过这里你才会深深感到，“太阳底下无新事”，如果撇开科技和材料的进步不谈，只讲想象力和巧思，古代人在设计方面丝毫不弱于今天的人们，甚至犹有过之。

公元476年西罗马帝国灭亡，整个意大利和西西里岛都遭到日耳曼蛮族的入侵，陷入战争和分裂之中，但是以君士坦丁堡（今天的伊斯坦布尔）为首都的东罗马帝国依然存在。君士坦丁堡这座城市古称拜占庭，所以此后的东罗马帝国也称为拜占庭帝国，因为西罗马帝国已经没有皇帝了，所以拜占庭

诺曼王宫花园的巴罗克式喷泉

皇帝以东帝国皇帝的身份，名义上还是西帝国故地那些蛮族国王们的共主，偶尔也在国力中兴的时候派军队打回来。比如公元6世纪，东罗马查士丁尼皇帝中兴的时候，就派遣名将贝利撒留和太监纳尔西斯一举光复了整个北非、意大利半岛和西西里。但是很快，拜占庭帝国就不得不在东南线疲于应付新兴的阿拉伯帝国的冲击，无暇西顾，又丢掉了整个北非和意大利半岛的大部分地区。所以，罗马统治之后的西西里岛历史，就和意大利半岛中北部的历史分道扬镳，有自己独特的脉络了。

说起罗马统治之后直到近代的西西里名胜，就不得不把话题转到其首府巴勒莫。巴勒莫地处西西里岛的西北角，虽然它建城的时代和叙拉古、陶尔米纳这些城市一样古老，都在公元前8世纪，但一直不曾有过像叙拉古那样的重要地位。直到被阿拉伯人征服后才一跃成为整个西西里岛的政治中心，直到今天。其实在阿拉伯帝国兴起的时候，虽然穆斯林很快征服了整个北非，但是西西里岛和意大利南部很多城市中的拜占庭驻军抵挡住了阿拉伯军队的入侵，东罗马/拜占庭帝国继续控制西西里达200年之久。直到公元827年北非的阿拉伯军队才入侵西西里，而阿拉伯人彻底征服西西里全境则又花了近百年之久。就在827年开始的阿拉伯埃米尔国时代，西西里第一次成为一个独立的国家，只在名义上服从巴格达的阿拉伯帝国哈里发，而巴勒莫则成为整个西西里的首都。阿拉伯人在西西里岛统治了200年，这个时代在西欧，是从查理曼大帝死后不久，到奥托一世建立神圣罗马帝国，属于早期中世纪；而在中国历史上，则相当于从唐末，经五代十国到北宋这段时期。

同在公元9世纪，北欧海盗突然强盛到了不得，这些维京海盗，不仅征服过丹麦、英国、俄罗斯大草原、法国北部，还一直打进地中海，在1091年从阿拉伯人手里夺走了西西里。因为维京海盗来自北方，被称为“诺曼人”，就是“北方人”（法国诺曼底，就是“诺曼人的地方”），由此开创了西西里的诺曼王朝。诺曼王朝的头两代西西里国王是罗杰一世和罗杰二世父子。罗杰二世所征服的西西里王国不但包括西西里岛本身，还包括意大利南部的广大土地。

他们治下西西里王国的经济和文化达到鼎盛，给现在的巴勒莫留下一大批宏伟的建筑。在阿拉伯人征服西西里之前，这里的基督教跟随拜占庭帝国，属于希腊东正教教会，官方语言也是希腊语。自从诺曼人赶走了阿拉伯人，西西里从伊斯兰教回归基督教信仰，可不再属于东正教会，而信仰罗马

巴勒莫蒙瑞阿里主教堂内部

天主教，语言也从希腊语和阿拉伯语并行，逐渐变成意大利的拉丁语。可以说，西西里岛在诺曼人征服之后，又从东方回归了西方历史的范畴。

我一个人探访古迹，在圣诞节前夜到达巴勒莫。西西里人比较传统，圣诞节任何商店，包括餐馆，绝对不会开门。倒是24日，很多店还开，街上张灯结彩，还很热闹。要是问我过节一个人在外面晃荡，想家吗？其实早就习惯了，每一年的圣诞节和新年都在欧洲和北非不同的名城度过，中国新年则是我在北美工作的时间。能够用节假日别人都不出门的清静时节出来看世界，也是一种幸运呢。独孤九剑的要诀是什么来着？四面八方，任意所之。是吧？

整个巴勒莫旧城，最好的景点都在城西。城西尽头是诺曼王宫（Palazzo dei Normanni），阿拉伯人在11世纪就开始建造。历代巴勒莫的统治者，不管皇帝、国王，还是公爵、总督，都住在这里，现在是西西里议会所在地。王宫里的帕拉廷小教堂(Cappella Palatina)是整个王宫建筑群里最精彩的一部分，1132年由诺曼王朝的罗杰二世国王建造，因为诺曼人是从阿拉伯人手里夺来西西里的，所以还有很多阿拉伯的痕迹。

除了在俄罗斯，我没有在其他地方见过如此精美、如此金碧辉煌的马赛克画。从顶至地的黄金马赛克，还有大理石的布道台。木质的屋顶，布满了阿拉伯式繁复的装饰性几何花纹图案。整个教堂绝对让人叹为观止。

但是在西西里，至少还有一处教堂的内部黄金马赛克壁画，能与王宫小教堂相媲美，那就是蒙瑞阿里主教堂(Monreale Cathedral)。在阿拉伯人统治西西里的时期，岛上的基督教虽然被允许继续存在，但是大主教被迫搬出了巴勒莫城，避居15公里以外山间的蒙瑞阿里小村。于是这里就有了一座主教堂。在欧洲，并不是所有的教堂都能叫作主教堂（Cathedral），它一定是一个教区主教驻锡的总部。后来诺曼王朝驱逐阿拉伯人，把主教堂搬回首都巴勒莫，但这座小渔村里的大教堂保留了主教堂的级别，再加上诺曼王朝的国王们把这里当作王家行宫和狩猎领地，于是到12世纪后半叶，西西里国王威廉二世决定扩建原有的蒙瑞阿里大教堂。

今天我们看到的这座教堂，外表和那个时代欧洲风行的罗曼式建筑（Romanesque）并无太大区别，都是半圆拱，壁柱装饰，用连拱将教堂内部纵向分隔成三列空间这种样式。实际上，西西里的诺曼式建筑，本身就隶属于泛欧洲的罗曼式建筑风格，罗曼式建筑在英国和西西里这些国家的诺曼统治时期，就叫作诺曼风格。但蒙瑞阿里主教堂的内部装饰实在太过华丽，内墙和圣坛到处布满了黄金为底，镶嵌透明玻璃马赛克的宗教题材壁画，令人目眩神迷。如果有人想象天堂是黄金做成的，那么这里也许就是他们想象中的天堂吧。

巴勒莫城里的主教堂则是另一番景象，它算不上华丽，但稍懂些欧洲建筑知识的人来看这座位于市中心的主教堂都会觉得非常有趣。因为它就是一个建筑风格的大杂烩，恰如其分地反映了历朝历代文化在西西里留下的影响。主教堂的原址上，最早是拜占庭帝国统治下的东正教堂，阿拉伯人来了以后，改成清真寺。后来诺曼人把清真寺推平，在1180年重新建起了今天教堂的主体，所以说起来教堂基本样式应该是诺曼风格的，只在教堂东侧面入口左手边第一根石柱上，至今还能看见阿拉伯人留下的《古兰经》书法雕刻。

诺曼人统治时代过去以后，欧洲大陆在中世纪风行尖顶拱、大玫瑰花窗，雕饰复杂，形状瘦长的哥特式建筑风格，于是，巴勒莫主教堂又被加上很多哥特式元素。因为14世纪之后西西里被西班牙统治，那时候改建的哥特式风格属于西班牙北部的加泰罗尼亚变种。所谓加泰罗尼亚哥特式，主教堂东面侧门看上去颇似巴塞罗那老城里的主教堂局部。它的尖顶钟楼也是哥特式的。

再后来近代欧洲相继兴起过16～18世纪注重装饰的巴罗克—洛可可风格，19世纪又回到效仿古希腊神庙的新古典风格。它们在这座巴勒莫主教堂外观上也都有反映：教堂的大圆顶，还有沿着主体两侧加建出来的两排侧面小教堂，都是巴罗克风格。而游客进出的南面大门居然有古希腊式的立柱和三角门楣，那就是19世纪的新古典风格了。我想，大学建筑系里，西方建筑史的老师用这座主教堂的照片来考学生的欧洲建筑风格辨识，再合适不过了。

其实巴勒莫城里还有比诺曼建筑更早的教堂存世，在市中心南侧有一座隐士圣约翰教堂（San Giovanni degli Eremiti），它顶上那些小小的红色圆顶非常引人注目，一般教堂都是一个半圆形的大圆顶，它的圆顶却是连续的好几个，而且比半圆更高，还涂成红色，远远看上去就像蚊子叮的肿块。其实这些小型高拱正是阿拉伯建筑的风格，这座教堂早在6世纪就已经建成，阿拉伯人将它改成了清真寺。欧洲中世纪的罗曼式建筑喜欢用半圆拱，哥特式建筑用尖拱，而阿拉伯人的拱门呈马蹄形，这一点在西班牙南部科尔多瓦清真寺室内那层层重重的马蹄拱上反映得最为鲜明。而这样的马蹄形高拱，反映在圆顶上，就是这样瘦瘦高高的形状。

西西里和巴勒莫后来的历史更加复杂，也为巴勒莫留下了很多晚近的西班牙风格的名胜。

诺曼王朝统治西西里和意大利南部百余年，主要是在整个12世纪，差不多相当于中国的宋朝。到1190年代诺曼王朝绝嗣，末代诺曼女摄政王康斯坦丝嫁给了神圣罗马帝国皇帝亨利六世，死后传位给自己3岁的儿子腓特烈，也就是后来继位神圣罗马帝国皇帝的欧洲中世纪名王腓特烈二世，从此西西里王位从诺曼王朝通过继承转给了神圣罗马帝国的霍亨斯陶芬王朝。腓特烈二世不但兼任帝国皇帝和西西里国王，还兼任意大利国王、德意志国王、名义上的耶路撒冷国王。

不过腓特烈二世皇帝和罗马教皇发生了激烈冲突，在他死后，罗马教皇剥夺了腓特烈儿子的西西里王位，把西西里王国指派给法国国王路易九世（就是历史上的圣路易）的弟弟、安茹公爵查理一世。但是法国在西西里的统治太过残酷，激起当地民众的反对，西西里人民起义赶走了教皇和法国来

巴勒莫主教堂外观

的查理一世国王。这场“西西里晚祷战争”在历史上非常著名，因为但丁的不朽名著《神曲》里反复提到西西里，还把相关的国王和教皇各自编派进了天堂和地狱。

最后，西西里晚祷战争的胜利者，既不是教皇和法国来的查理一世，也不是霍亨斯陶芬家族，因为腓特烈二世的儿子曼弗雷德早在意大利南部的贝内文托战役中被教皇军队杀死了。最后是曼弗雷德的女婿、西班牙半岛上的阿拉贡国王彼得三世赢得了西西里王位。不过，以前在诺曼王朝跟霍亨斯陶芬王朝统治下属于西西里王国的意大利半岛南部领土丧失了，独立成了那不勒斯王国。

从此西西里逐渐退出了欧洲政治经济的焦点舞台，主要是随着欧洲大陆上西班牙和哈布斯堡皇室的传承来回易手的。在晚祷战争结束的时候，西班牙半岛本身还没有统一，处于基督教各国跟穆斯林来回拉锯的宗教战争当中，主要的北部基督教国家是阿拉贡和卡斯蒂里亚，其中阿拉贡国王兼任西西里国王。

过了200年，阿拉贡国王斐迪南和卡斯蒂里亚女王伊莎贝拉联姻，并赶走了西班牙半岛上的阿拉伯人，西班牙完成统一。他们夫妻俩跟神圣罗马帝国皇帝兼奥地利公爵、哈布斯堡家族的马克西米利安一世结成儿女亲家，所以西班牙开国国王和女王的外孙，也就是神圣罗马皇帝的孙子、哈布斯堡家族的查理五世，继承了帝国皇位，加上西班牙王位，同时也就拥有了西西里王国。

此后查理五世把西班牙王国传给自己的儿子菲利普二世，帝国皇位传给弟弟斐迪南一世。哈布斯堡家族的帝国虽然分家，但仍然有着千丝万缕的联系，而西西里岛在大部分时间里都属于西班牙的哈布斯堡家族。直到18世纪，法国国王的波旁家族通过西班牙王位继承战取得了西班牙王位，但又通过领土置换，把西西里岛转让给奥地利的哈布斯堡家族皇帝，换取撒丁岛。

没过几年，西班牙的波旁家族国王再度夺回西西里和那不勒斯。所以，从1282年开始的将近600年内，西西里岛基本都处于历代阿拉贡和西班牙国王统治之下，无论西班牙国王是姓哈布斯堡还是姓波旁。这五六百年的历史，西西里经常和意大利南部那不勒斯的历史联系在一起，有时属于一个国家，有时又分道扬镳，但跟意大利北部主体部分的历史走向完全不同。直

巴勒莫查理五世新城门

巴勒莫大剧院内部

到1871年意大利统一，西西里岛才成为统一的意大利王国的一部分。

回到巴勒莫中心区的诺曼王宫，王宫前有大片花园，徜徉在花园里，会发现王宫花园里的巴罗克式喷泉，是不是有点像西班牙首都马德里的那些喷泉？没错，这就是西班牙统治时期的巴罗克风格，塑的是西班牙国王菲利普五世。王宫附近的东西向主街上有座城门，叫查理五世新城门。这是1535年为了迎接神圣罗马皇帝查理五世莅临西西里举行入城式专门建造的城门。查理五世是历史上唯一一个身兼西班牙国王和神圣罗马帝国皇帝的人，还统治着荷兰和比利时（当时叫作弗兰德斯）、西西里和意大利本土大片土地，和英国的亨利八世、法国的弗朗索瓦一世、土耳其帝国的苏莱曼大帝同时代，都是著名的文艺复兴君主，而且是当时世界上最有权势的人。

从巴勒莫市中心往北步行大约500米的距离，就到了巴勒莫大剧院（Theatro Massimo），这是意大利统一之后19世纪末建成的新古典式杰作，规模宏大，据说是意大利最大的歌剧院，体积超过著名的米兰斯卡拉剧院，在整个欧洲，也仅次于巴黎和维也纳的国家歌剧院而排名第三位。在整个19世纪，欧洲都流行模仿古希腊神庙的新古典主义建筑风格，巴勒莫大剧院入口的三角门楣和立柱，恰如我刚刚在阿格里琴托所见的古希腊协和神殿的形状。我去那里的时候正是圣诞节，夜里亮起灯，周围摆上鲜花和红色的叶子植物，比白天更亮丽，更显宏伟。这座剧院门前的大台阶对电影爱好者绝对不陌生。电影《教父》第三集结尾刺杀教父的那场戏，故事背景和拍摄实地都是这座剧院的大台阶。

西西里从中世纪晚期直到现代，经济都很落后，这一部分是因为统治西西里的西班牙王室忙于欧洲大陆上的战争，无暇顾及这个后院的建设，更多是因为地理大发现以后，贸易商路从地中海转向了大西洋，西西里和威尼斯这样依靠地中海贸易致富的国家也就不可避免地衰落下去。经济的衰落对于我们这些外国游客却是一件好事，因为这里没有太多现代化的城市改造，从偏远乡村到巴勒莫和卡塔尼亚这样的中心城市，直到今天都是数百年来古旧衰败的样子，在街上游人稀少的时候，很容易恍然觉得行走在中世纪的古街上，凭吊着更加古老的希腊罗马时代，就像爱德华·吉本写作《罗马帝国的衰亡》时候的心情。

同时，西西里的民风也保持了古道热肠，烹调美食手艺保留着数百年不变的传统。意大利本身是美食的国度，而听意大利人自己说，地域越到南方，厨师的手艺越好，西西里有那么几样美食是冠绝意大利的。其一是起源于西西里的甜奶酪煎饼卷，意大利文叫作Connoli，本意是卷筒，就是把炸至酥脆的油酥面皮卷成两头不封口的空心卷筒，吃的时候当场往桶里填充上意大利甜奶酪Ricotta，这是基本的做法。此外各家店铺往往还撒上粉糖，或者在卷筒内侧刷一层巧克力酱，在两头口上点缀樱桃等等。这种Connoli是电影里教父的最爱。

因为西西里贫穷，当地人不能浪费任何食物，久而久之，像猪牛下水这些在英国法国等富裕国家上不了台面的食物，西西里人也把它做成了难得的美食，像巴勒莫城东圣弗朗西斯科教堂小广场上Antica Focacceria di San Francesco这样的百年老店。店面看起来小小的，东西非常便宜，也简单，主营就是夹两种牛内脏的小面包，一种是肚，一种是百叶，就在店堂的大锅里咕嘟嘟地煮着，估计也是百年老汤了。在号称人人都是好厨子的西西里，店铺能从1834年开到现在，绝对不是侥幸。如果在国内就喜欢羊汤、炒肝儿之类风味小吃的中国人，在西西里肯定也会喜欢这样的当地美食的。

其实在西西里也不必刻意去吃任何一家特定的餐厅，以我两次环游西西里岛的经历来看，这里饭馆的平均水平比意大利全国任何地区都高，随便在街上走进一家餐厅都不会令人失望。就拿意大利随处可见的面条来说，我曾在巴勒莫和陶尔米纳尝试过不少新鲜的花样，什么海鲜面、鳗鱼通心粉、海胆螺旋面、墨鱼宽面条之类，确实都很好吃。后来在卡塔尼亚的某一天晚上，只点了一样最普通的意面，他们叫Norma的，就是红的西红柿酱、白的奶酪加面条，最简单的意大利面条模式，相当于中国的阳春面，可是味道就是和别处的不同。普通得没有任何花巧的Norma面条，味道能做到绝不普通，也许这就印证了中国菜里面也有的说法:最简单、最普通的菜，才是厨师功力的试金石。怪不得连意大利人都传说，西西里人人都是好厨师。

第 三 节　从那不勒斯到苏莲托

那不勒斯王国是西西里晚祷战争以后从西西里王国分裂出来的，西西里岛由阿拉贡王国统治（后来演变成西班牙王国的一部分），那不勒斯这边的国王是法国的安茹公爵。拿破仑战争后那不勒斯又和西西里合并为两西西里王国。这500多年那不勒斯王国统治意大利半岛南部，但官方名字仍叫作“西西里王国”。既然整个中世纪的大部分时间里，西西里岛和以那不勒斯为中心的意大利半岛南部都有着千丝万缕的联系，斩不断，理还乱，那我们索性就把那不勒斯作为一节，附在西西里这一章。

那不勒斯城的文明史和西西里岛一样古老而且同源。在公元前1000年之前，就是希腊移民在意大利本土建的第一个殖民地，历史不比西西里岛上的希腊殖民地城市短。后来罗马共和国强盛起来，在古罗马统治意大利半岛期间，那不勒斯因其灿烂的希腊文化传统吸引了很多罗马居民前来定居，其中有罗马共和国晚期最富有的卢古鲁斯。这位卢古鲁斯也许没有同时代的庞培、克拉苏和斯巴达克思著名，但却是罗马共和国独裁者苏拉手下的首席大将。当时马略和苏拉争夺罗马世界的领导权，苏拉最终胜出，当上罗马独裁官，不久病逝。

苏拉死后，手下最有权势的两员大将庞培和卢古鲁斯，分别率领罗马军团主力，被派往西方的伊比利亚半岛和东方的小亚细亚半岛（今天的西班牙和土耳其境内）远征，罗马本土空虚，这才有斯巴达克思乘势起义的风起云涌。而统率罗马本土军团镇压斯巴达克思的克拉苏，之前在苏拉手下的时候，无论军功还是声望，都比庞培和卢古鲁斯差了一大截。在斯巴达克思起义的最后阶段，庞培和卢古鲁斯已经得胜还朝，率领罗马野战军主力赶回来协助克拉苏镇压奴隶起义军。

据普鲁塔克的《名人传》说，斯巴达克思本人是罗马东方的色雷斯战俘，而卢古鲁斯过去在东方屡建战功。因此斯巴达克思惧怕和正在赶来的卢古鲁斯交手，这才决定在卢古鲁斯和庞培两路大军赶到之前，挺身和围追堵截的克拉苏做最后的决战。

当时恺撒还是一个名不见经传的毛头小伙子，去高卢建立功勋是后来的事情。在恺撒、庞培、克拉苏结成“前三头”政治同盟企图主宰罗马政局的时候，卢古鲁斯已经处于退休状态。“前三头同盟”缔结之后三年，卢古鲁斯病逝，没有赶上后来恺撒与庞培的龙争虎斗。

卢古鲁斯生前以生活豪奢闻名，他是希腊文化的崇拜者，在那不勒斯这座希腊文化传统的中心城市里修建度假别墅，是再正常不过的事情了。这座卢古鲁斯别墅当时建在那不勒斯旧城港口的一座小岛上，将整个港口一览无余，不但景色好，战略地位也很重要。有个中世纪的传说，讲卢古鲁斯死后30多年，恺撒的养子、罗马帝国开国皇帝奥古斯都命人把别墅改建成防卫港口的要塞。奥古斯都大帝御前宠臣、罗马诗人维吉尔在工程动工的时候，把一枚鸡蛋放在城堡的墙基底下，整座城堡压在上面，蛋壳也没有破裂。维吉尔预言，什么时候城堡下面的蛋壳破裂，也就是那不勒斯城陷落之时。所以，这座那不勒斯历史上最古老的城堡，就叫作“鸡蛋堡”（Castel dell’Ovo）。

时间再过去将近500年，到公元476年西罗马帝国灭亡的时候，末代皇帝罗慕洛被废黜后，也被囚禁在那不勒斯的这座卢古鲁斯别墅/鸡蛋堡中。如果你去今天的那不勒斯，老城南面对着繁忙的港口，海岸线呈东西方向，港口西南尽头的半岛上，还能看见这座“鸡蛋堡”。当年它坐落在海中的孤岛上，两千年以后孤岛已经与大陆联成一体了。这座城堡经历代修缮，现在看上去也丝毫不显得破败，只是完全没有了古罗马建筑的风格，像是一座纯粹的中世纪堡垒。现在的鸡蛋堡外面比里面好看，登上城堡不仅可以看到炮台，还能眺望那不勒斯的城市和港口，而城堡内部经常会举办一些临时展览，本身却并无精彩之处。

在那不勒斯旧城里，靠近东面火车总站的地方，另有一处古希腊罗马时期留下来的古迹，那是整个一座地下迷宫，叫作“地下那不勒斯”（Napoli Sotterranea）。因为希腊罗马时期的地面比后来中世纪和现代的地面下陷很

那不勒斯鸡蛋堡

多，这部分城市在古希腊时期又有采石场，挖得更低，在中世纪就已经沉降到地表以下，被当地居民遗忘了。在近代重新发掘出来后，居然还保留着古希腊和罗马时期的市井风貌，有希腊的采石场遗迹。又因为罗马时代把古希腊采石场改建成了地下蓄水池，因此有罗马时代的圆形剧场、市集、地下河道，甚至还有第二次世界大战时期当地游击队用的秘密地道。那不勒斯是一个喧嚣拥挤的大城市，这座半地下的迷宫可以提供片刻的宁静，让人远离市声，在幽暗的地下幻想自己穿越回古代。

我在最近10年游历意大利各地11次，那不勒斯在我看来，其实是一座名声大于实际的都市。意大利人有句谚语“Vedi Napoli e poi muori”，直译叫作“看一眼那不勒斯，然后再死去”，意思是这座城市如此精彩，看过以后方可以死而无憾。但是在我眼中，那不勒斯城过于拥挤嘈杂，很难让人静下心来好好欣赏。

我前后去过3次那不勒斯，其中第一次正赶上清洁工人罢工，全城的生活垃圾杂乱地丢在街边的人行道上，整个城市上空飘着一股难闻的气味。可能是因为糟糕的第一印象，我后来一直都认为那不勒斯城缺少真正不容错失的景点。现代那不勒斯的居住和交通条件太糟糕，也许只有一处是真正世界级的文化经典，值得游客排除万难克服城里种种嘈杂和不适，专程前去拜访，那就是城北旧城边缘，离火车总站两站地铁的国家考古博物馆。这座拥有厚重古希腊罗马历史底蕴的城市，就算今天被治理得再脏再乱，总还是有足够的老祖宗留下来的家底，让远道而来的意大利古典文化爱好者顶礼膜拜。

那不勒斯国家考古博物馆里的宝贝大致可以分为两个主题：一楼的两大古希

腊雕塑——《法尼斯公牛》和《休息的大力神赫克里斯》；二楼和间隔层陈列的，是从庞贝跟赫克拉尼姆两座古罗马时期被维苏威火山喷发掩埋的城市里发掘出来的文物。

先说考古博物馆一楼的意大利国宝，这些雕塑其实都是古希腊原作佚失后保存下来的古罗马时期的复制品。无论题材还是艺术风格，它们都保留了原汁原味的古希腊风格。后来不知什么原因被罗马人埋在罗马城南的卡拉卡拉皇帝浴场。在文艺复兴时期的1546年，发掘出来的这批雕塑不但轰动了全城，甚至让当时正在罗马城，闻讯前来围观的米开朗琪罗兴奋不已。当时罗马教皇保罗三世想在古罗马废墟的卡拉卡拉浴场找些现成的古代石材，来为自己建造住所，这才组织了挖掘，没想到会从地下挖出这批沉睡一千几百年的艺术瑰宝，自然是将其据为己有。因为保罗三世教皇俗家姓法尼斯，这批古希腊雕塑就被总称为“法尼斯收藏”(Farnese Collection)。

100多年以后，法尼斯家族女继承人嫁给当时的那不勒斯国王，这批雕塑才被从罗马转运到那不勒斯。这批古希腊雕塑的原件一般都是青铜材质，因为青铜在后世是铸造大炮的材料，所以古希腊的青铜雕塑基本都在后世被熔毁。现在在卢浮宫、大英博物馆等全世界任何顶级博物馆看到的古希腊雕塑，几乎都是由喜爱希腊艺术的古罗马人用大理石制作的复制品。虽然罗马人从来都不像希腊人那样拥有艺术创作的天分，但他们却把希腊文化的光辉保存下来并传之后世，令这些艺术品万古流芳。

法尼斯收藏里最惊人的雕塑有两尊，其一是《法尼斯公牛》。这是一组整体呈金字塔形的群雕，讲述一个希腊神话故事：美女安提俄珀（Antiope）从小跟未来的底比斯国王吕科斯（Lycus）定下娃娃亲，但是她长大以后被天神宙斯看中，怀上了宙斯的双胞胎儿子，而长大以后成为底比斯国王的吕科斯另娶了王后狄耳刻（Dirce）。吕科斯把刚生完孩子的安提俄珀抢来关押，让王后狄耳刻对她百般折磨。后来安提俄珀的双胞胎儿子长大成人，为母亲报仇，杀死了吕科斯国王，并把狄耳刻王后绑在公牛角上，撞死在山崖上。

这尊雕塑后边独自站立的是安提俄珀，他的两个儿子一左一右站在抬起前蹄的公牛两侧，正要把雕塑底部中间的狄耳刻绑起来。整座雕塑的基部有三个人，而且狄耳刻是坐着的，顶端是公牛的头和尖角，整体构成非常稳定的三角形构图。左右两个男子分别面对和背对观众，中央底部狄耳刻的上身向内旋转，再加上顶部侧转的牛头，整座雕塑的线条呈强烈的扭曲旋转，极尽戏剧的张力，既有三角构图的稳定，又有旋转扭曲的动感。

另一尊《休息的大力神赫克里斯》则安静得多：希腊神话中的赫克里斯是天神宙斯之子，力大无穷，他曾完成12项丰功伟绩。在这尊雕塑里，他刚刚完成了第11项任务，非常疲惫，把狼牙棒竖立在身旁，上面顶着自己的狮子皮外套，然后把它拄在左臂下面当作支撑，身体斜靠着正在休息。虽然雕塑表现的是静止的休息状态，但雕像的两腿一前一后，一臂拄杖一臂背后，头歪向左侧，不是刻板的对称状态，而是相当自然地和拐杖一起构成动态平衡。大力神即便在休息当中，他的筋肉仍然饱满健壮，令现代的健美先生们嫉妒得发疯。

当年这尊雕像发掘出来时也引起轰动，因为它的原作比公元前400多年的希腊古典黄金时代晚了200年，审美标准已经大异其趣。希腊古典全盛时期的雕塑是纤细柔美的，想想梵蒂冈博物馆庭院里的太阳神阿波罗雕像:那时的神祇雕像秀美优雅，就连战神、太阳神，都和女性雕塑没有太多区别，有人开玩笑说那是“Venus with a penis”——“长了阴茎的维纳斯”。这个不同，大力神粗砺结实，筋肉虬结，体态夸张。后世的米开朗琪罗走的就是这个路子：用夸张的肢体比例，强调男性肌肉的力度。像佛罗伦萨的《昼夜晨昏》，卢浮宫所藏的《垂死的奴隶》《反抗的奴隶》，罗马的《摩西像》，米开朗琪罗作品更加突出肌肉形体的力度美感。

这批法尼斯收藏是世界艺术史上的杰作，但并不是国家考古博物馆里最有名的艺术品，最有名的应当是这幅名为《亚历山大大帝在高加米拉战役》的古罗马马赛克拼贴画。它描绘的是公元前331年马其顿国王亚历山大大帝率领4万希腊联军东征波斯，在高加米拉与波斯皇帝大流士亲率的20多万波斯大军相遇，结果波斯大军被击溃。

画面左边是骑在一匹前蹄扬起的骏马上的亚历山大大帝，他一手挽住缰绳，一手握紧长矛，正准备向大流士的军阵发起冲击。画面右边的波斯军队长矛林立，中央的大流士皇帝站在战车上，指挥着拱卫御驾的波斯近卫军。整幅画面上，唯有亚历山大一人不戴头盔，暗示他无惧死亡的英雄气概。

亚历山大大帝是西方历史上四大名将之首（另外三位是汉尼拔、恺撒和拿破仑），高加米拉战役是他的毕生杰作。高加米拉古战场在现在的伊拉克北部，离摩苏尔不远，是个不起眼的小村落，靠近库尔德人控制地区。我出于对亚历山大的推崇，在2014年赴伊拉克旅游期间，特意前往高加米拉古战场凭吊过。

现代只要提到这场左右古代世界历史走向的决定性会战，就一定会用这幅画做插图。这幅画大约作于公元前2世纪，由古希腊人所绘。但是原作佚失，这是公元前1世纪由古罗马人用马赛克拼贴画形式制作的复制品，被铺在一座罗马别墅的地板上作为装饰，而这座别墅就在庞贝古城（Pompeii）。罗马帝国初期，公元79年，维苏威火山突然喷发，悲剧性地掩埋了庞贝跟赫克拉尼姆（Herculaneum）两座城市，这幅壁画连同城市的一切都被埋在10米厚的火山灰之下沉睡千年，直到18世纪被那不勒斯人发现。

对庞贝跟赫克拉尼姆两座城市的发掘工作早在18世纪就已经开始，一直延续到今天。城里清理出无数当年古罗马人的生活用品和艺术品，在今天都弥足珍贵，而其中最好的宝物都运到了那不勒斯，陈列在那不勒斯的国家考古博物馆里。这幅《亚历山大大帝在高加米拉战役》是其中最有名的，但不是最有趣的。

庞贝城发掘出来的最有趣的文物，当属妓院和贵族别墅中的无数春宫画跟色情雕塑。这些情趣用品现在都集中在一二楼之间夹层的一个展厅，意大利人把这个展厅叫作“秘密房间”（Gabinetto Segreto）。总而言之，庞贝与赫克拉尼姆两座城市考古发掘出来的精华，现在都不在这两座城市废墟里，而集中保存在那不勒斯的国家考古博物馆。今天在庞贝废墟里看到的著名的壁画和雕塑，其实都是复制品。

尽管如此，如果你来到那不勒斯的话，还是应该亲身到庞贝古城的废墟去看一看。尽管文物是复制品，但城市的废墟是真的，那种凭吊古人和废墟的苍凉与穿越感，只有身临其境才能体会。

从那不勒斯前往庞贝与赫克拉尼姆两座废墟的交通非常方便。从火车站的主站台下一层就是“环维苏威”轻轨火车的起点站，每半小时一趟车，20分钟车程到赫克拉尼姆，再20分钟到庞贝古城，基本上一出火车站就是景区大门口。而这条轻轨的终点站，则是著名的海滨度假小城苏莲托（Sorrento）。

在庞贝跟赫克拉尼姆两座古城废墟之间向内陆不远的地方，就是造成两座城市惨剧的罪魁祸首维苏威火山。欧洲著名的活火山基本都在大陆周边的海岛上，比如冰岛火山和西西里岛上的埃特纳火山。维苏威是唯一一座在欧洲大陆上的活火山，它在公元79年突然喷发，大量火山灰顺风飘向南坡的庞贝城。城里的居民实际上事先并非毫无准备，但是他们没有想到火山爆发的规模会那么大。就在火山灰大量落下的时候，有不少居民上船逃生了，但还有一些人仍然心存侥幸地留了下来。与很多人的想象不同，当时并不是火山喷出的滚滚岩浆洪流淹没了城市，而是随风飘来了大量火山灰和有毒气体。这些东西并非立即致命，所以还是有很多居民选择留下来。这些人后来或者死于有毒气体，或者被火山灰掩埋窒息而死。火山灰厚达十几米，压垮了所有的屋顶甚至地板，包裹了城里一切事物。后来火山灰慢慢冷却，也在自身重量之下固化成松散的岩石。于是一座城市就被永远固定在死亡来临的那一刻。

火山灰最初是顺风向南袭击庞贝城，在火山西麓海边的赫克拉尼姆虽然比庞贝城离火山更近，但因为风向关系，在最初半天里几乎没事。但是随后，火山爆发产生的雷雨夹杂火山灰和熔岩山石形成滚烫的泥石流，沿西面山坡滚滚而下，瞬间掩埋了赫克拉尼姆城。这次维苏威火山大爆发以后，前来观察火山活动的罗马文学家、科学家、《自然历史》的作者普林尼也因为吸入有毒气体身亡。

今天，远处天边那座威严莫测的维苏威火山，仍然是一座活火山。它最近一次喷发是在二战期间的1944年，没有人知道它下一次喷发会在什么时候。去庞贝城的万千游客当中，也很少有人知道。其实维苏威火山很容易爬上去，从庞贝或者赫克拉尼姆的轻轨火车站都有巴士或者电车前往，而且停车场就在山顶附近，再向上步行15分钟就可以站到火山口边缘，整个那不勒斯湾尽收眼底，一览无余。

两座古城废墟相比，庞贝更著名，规模也更大，当时那里有2万居民，人口数差不多是赫克拉尼姆的4倍。大约有2000居民死于火山喷发。如今来庞贝城的游客太多了，如果想要找个游客稀少的地方，静静地在古代废墟里坐一会儿，听听风吹过残垣断壁的呼声，辨认呼啸的风声中依稀传来的古人的呜咽，那还是赫克拉尼姆更值得去。

公元79年的维苏威火山大爆发是个悲惨的故事，但有一种神奇的吸引力，让人想去看看两千年前的古罗马人日常起居究竟是什么样的。这两座废墟布局相似，能看到的遗物差不多，和今天罗马城中心古罗马论坛的布局也类似，规模虽然没有罗马城那么大，但更加完整。这里也有市场、巴西利卡（Basilica，罗马的市政厅加法院）、神庙、店铺、浴场和剧院，而城里的街道用石头铺砌路面，中间高起，两侧可以排水。古罗马的市政建设领先于古代世界，他们很早就有城市公共排水设施了。整个城市像被时间机器凝固了一样，停留在两千年前的一个时点上，永远不再变动。

无论你是选择去庞贝还是赫克拉尼姆，我觉得都值得额外花钱租用一个语

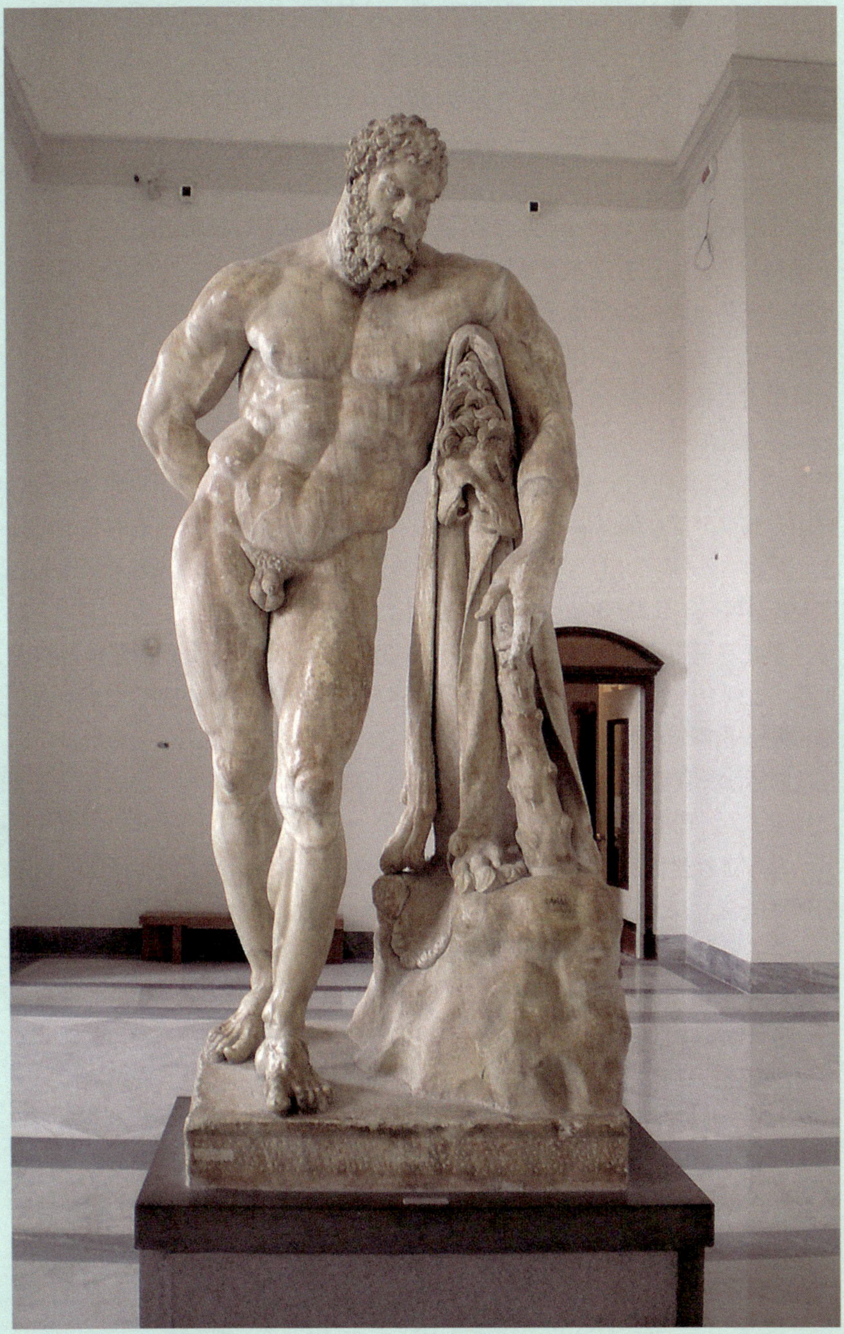

那不勒斯《休息的大力神赫克里斯》雕塑

音导游机或者请导游讲解，否则就算像我这样了解庞贝城一般历史的看客，也仍然看不懂那些街道、民宅、磨坊之间的讲究。

从那不勒斯火车站乘坐环维苏威轻轨，经过赫克拉尼姆和庞贝继续旅程，终点便是那不勒斯湾的尽头——苏莲托城。很多人都是因为一首意大利歌曲《重归苏莲托》而知道这座小城的。

苏莲托是一座非常漂亮的旅游枢纽城市。北面通过轻轨跟庞贝废墟和那不勒斯相连，南面有汽车直达阿玛菲海岸（Amalfi Coast）那些风景旖旎的小镇，坐船出海向西半小时就到著名的卡普里岛（Capri）。因为我一直不喜欢那不勒斯的嘈杂，所以每次来这个地区都选择在苏莲托住上一个星期，慢慢玩赏附近各个地区。

苏莲托城市很小，走出环维苏威轻轨火车终点站就到了市中心。再步行200米左右，城市的主街一侧下临悬崖，视线开朗，远远地隔着海湾可以眺望维苏威火山。城市坐落在悬崖顶上，依山傍海，又干净整洁。坐在悬崖边的餐馆露台上，凭海临风晒晒太阳，心里居然会轻易地充满幸福感。从主街沿着悬崖上的之字形步道可以下到海边的码头，从这里坐船半小时就到卡普里岛。

早在罗马帝国时期卡普里岛就已经作为皇家度假的专用岛屿而蜚声地中海世界，直到今天旅游业仍旧是它的经济支柱。罗马帝国开国的头两代皇帝奥古斯都和提比略都在卡普里岛长期疗养，尤其是提比略皇帝。他在开国皇帝奥古斯都当政的后期一直都不受这位养父待见，曾为了避开朝堂上的纷争，隐居在卡普里岛10年之久，寄情山水，韬光养晦。

从苏莲托坐船到卡普里码头，抬头就能远远地看到山顶上当年提比略皇帝的别墅遗迹。不过这座别墅今天叫作Villa Jovis，只剩下山头上面临悬崖和大海的一层层平台，已经看不到古代的雕塑和马赛克装饰画了，但是毕竟风景绝佳，是拍全景照片的好地方。从卡普里岛的码头可以直接坐缆车上到半山腰的卡普里城，也可以安步当车，走小道穿过居民区去卡普里城。这一路小道两边的别墅都是繁花似锦，只要太阳不是太毒，这二十来分钟的上山小道会让人心旷神怡。再从半山的卡普里城走到山顶高处的皇帝别墅，大概需要40分钟。

游览卡普里岛最好的交通方式是坐船环岛游或者租辆小摩托车，要么利用岛上的公共汽车。包括我自己在内，大多数游客专程来卡普里岛的目的，还是要看看北海岸的蓝洞。这是一个紧贴海面的山洞，类似于苏轼在《石钟山记》里描述的地貌，每天海水涨潮落潮都会导致洞里水位变化，而阳光照射到水面上，再从水面反射进山洞，让整个岩洞内部都浮动着蔚蓝色的光影。蓝洞也因此得名。

苏莲托并没有船直达蓝洞，必须先坐到卡普里岛的主码头，之后先不必忙着上岸，就在码头买票换船，十来分钟就能到蓝洞洞口。但是洞口只有1米高，大船进不去，需再换4人的手划船，船夫会让游客在进洞的时候仰卧船上，这样才不至于碰到头。洞里水光潋滟，船夫会高歌一曲意大利民歌，比如《我的太阳》等。等船换船的过程最耗时间，而且一切在动荡的海面上完成，我在等候的时候就晕船了，还好洞内只有二十来米，游览的时间很短。

从蓝洞出来以后，正规的程序是回到大船再驶回主码头，但这样做不是最佳方案。我觉得游览卡普里岛的最佳路线是这样的：首先要尽量早来蓝洞，这样才能避开游客高峰，缩短无谓的等候时间。从蓝洞出来以后不要回到大船上，而要让船夫把你放到洞口旁边的小台阶上，上行十来级台阶可以俯瞰蓝洞外的海景。这是公路边，可以搭乘公共汽车，去附近岛上的第二大城镇安纳卡普里（Anacapri）。镇子上有教堂和别墅，可以逛一逛，顺便吃午饭，也可以从安纳卡普里镇乘坐缆车直接登顶岛上最高峰索拉罗山(Monte Solaro)，看完了风景再回到镇子。然后从安纳卡普里坐公共汽车向东回到卡普里城，在城里游览或者步行到提比略皇帝别墅之后，从卡普里城直接步行或者乘缆车下到主码头，就可以坐船回苏莲托了。这一圈不走回头路，也不需要租车，大约正好需一整天的时间，在时间和路线安排上堪称完美。

说过了那不勒斯和周边地区的古罗马遗迹和景点，让我们回到那不勒斯城本身，接着讲述它在罗马时代之后的历史。

罗马帝国晚期分裂成东西两个帝国，西帝国灭亡于476年，此后以君士坦丁堡为首都的东帝国就是唯一的帝国正统。6世纪东罗马帝国的查士丁尼大帝曾经反攻西方，收复了北非和意大利的故土，但在这次光复过程中，东罗马大军和占领意大利的日耳曼蛮族东哥特王国反复争夺，战争打到河山残破。东罗马的光复并不稳固，便宜了7世纪一南一北两支新兴力量，他们乘虚入侵。在北面，另一支日耳曼蛮族伦巴德人入侵意大利，迅速征服意大利半岛的大部分，也包括那不勒斯在内。在南面，阿拉伯帝国迅速崛起，短时间内征服了帝国的北非和西西里领土。

但伦巴德人后来分裂成几个公国，在名义上效忠于东罗马/拜占庭帝国。伦巴德人统治下的那不勒斯638年开始成为东罗马帝国的公国，763年转向教皇效忠，840年那不勒斯公爵开始世袭，算是真正独立。

再后来，北欧海盗诺曼人入侵地中海，从西西里岛把阿拉伯人赶了出去。1137年，那不勒斯公国向诺曼王朝的罗杰二世投降，西西里岛和那不勒斯合并为统一的西西里王国，从此那不勒斯和西西里的历史结下了不解之缘。

诺曼人的这次征服另有一个特别重要的历史意义：此前意大利南部效忠于东正教的东罗马/拜占庭帝国，从诺曼王朝开始，西西里岛和那不勒斯效忠于罗马天主教廷和西欧的神圣罗马帝国皇帝。也就是说，南部意大利从此正式被纳入西欧中世纪历史的范畴，而不属于东方了。

后来罗杰的诺曼王朝绝了男嗣，末代诺曼女王康斯坦丝把整个西西里王国传给儿子——霍亨斯陶芬家族的神圣罗马帝国皇帝腓特烈二世。但腓特烈二世皇帝和罗马教廷的关系极为紧张，他死后，教皇克莱门特四世剥夺了腓特烈的儿子曼弗雷德对整个西西里王国的继承权，把王国赠予法国国王的弟弟、安茹公爵查理一世。新的西西里国王查理把首都从巴勒莫迁到那不勒斯。这个剧变引起在上一节里提到的“西西里晚祷战争”，人民起来反抗了。最终，1284年西西里和那不勒斯分裂。西西里王位由西班牙半岛上的阿拉贡国王兼任（那时候西班牙还没有统一，还没有西班牙王国），那不勒斯为首的意大利南部则一直在法国王室的旁支安茹家族统治之下。这个时期的那不勒斯虽然没有了西西里岛，但是仍然自称“西西里王国”，只不过为了和西西里岛上由阿拉贡王朝统治的真正的西西里王国相区别，人们习惯称呼它“那不勒斯王国”而已。

此后150多年里，那不勒斯王国都由法国王室的旁系安茹家族的几个分支交替继承，其中有几位国王还兼任匈牙利国王。总之在这一个半世纪里，那不勒斯和西西里是分开的，但双方都声称自己是“西西里王国”。直到1442年，统治西西里岛的阿拉贡国王阿方索五世征服那不勒斯，把西西里和那不勒斯统一为一个王国。1458年阿方索五世死后，他的私生子斐迪南继承那不勒斯，而他弟弟约翰则继承阿拉贡王国和西西里岛。西西里和那不勒斯再次分开，但无论如何，此后那不勒斯和西西里两个王国总算都是在阿拉贡王室的两个不同分支手里。

1494年斐迪南死后，法王查理八世声称有权继承那不勒斯王位，出兵发动意大利战争。这一打就是60年，法国和西班牙两大强权各自纠集支持自己的各个意大利公国势力，在意大利打得天翻地覆。最终法国的瓦罗亚家族败给了西班牙国王和神圣罗马帝国皇帝哈布斯堡家族。经过八次意大利战争，那不勒斯和西西里又统一在阿拉贡—西班牙王室旗下。

到了近代，西班牙国势衰微，而法国正处在波旁王朝的鼎盛时期。18世纪

阿玛菲城山上拉韦洛的花园别墅海景

卡普里岛蓝洞外的小船

卡塞塔王宫花园里的雕塑喷泉

初西班牙的哈布斯堡王室绝后，欧洲列强打了一场“西班牙王位继承战”。战后协议规定，法国的波旁家族获得西班牙王位，但是奥地利皇帝的哈布斯堡家族获得那不勒斯和西西里共同组成的西西里王国。但不久以后，1735年波旁家族的西班牙国王菲利普五世又征服了西西里和那不勒斯，此后虽经过拿破仑战争的动荡，但那不勒斯和西西里始终统一在西班牙波旁王朝治下。19世纪初拿破仑战争期间，拿破仑征服了那不勒斯，而英国人则支持波旁家族的国王退到西西里岛上坚守，那不勒斯和西西里岛又被分开。但拿破仑不久之后就失败了，两地的分裂只是一段短暂的插曲。所以从1442年以后，有200多年那不勒斯属于西班牙王室的近亲，又有200多年属于波旁王室近亲统治。直到1860年加里波第组织的志愿军征服那不勒斯和西西里，使其与意大利半岛上其他部分合并，意大利终于结束分裂状态，成为统一的民族国家。

以上所讲述的中世纪直到近代的那不勒斯简史，集中反映在旧城市中心相互毗邻的卡塞塔王宫、圣卡洛剧院和新城堡三处景点。

新城堡（Castel Nuovo）靠近海边，始建于1279年，当时法国安茹公爵查理一世刚刚从教皇手中接过西西里王位，地位还不稳固。他建造这座城堡就是想把宫廷从西西里岛上的巴勒莫搬到这里，结果新城堡刚刚建成就赶上了“西西里晚祷战争”，那不勒斯和西西里岛分离。

这座城堡的“新”自然是相对于更加古老的、古罗马时期的“鸡蛋堡”而言。此后500多年，这里一直是来自法国或者西班牙的王室统治那不勒斯的中心，在大部分时间里，还是王室的住所。但是今天新城堡可以看的地方不多，主要是人口处高大的双圆塔组成的凯旋拱门，内部大部分由政府部门占据。

那不勒斯王国历史上的安茹王朝和阿拉贡—西班牙王朝各位国王，曾经都住在这里，直到1734年来自波旁王室的那不勒斯国王才开始搬进附近新建成的王宫。

今天那不勒斯王宫也对游客开放，可以参观大约30个房间，包括大楼厅、王宫剧院和王宫教堂。我参观过欧洲所有国家对外开放的王宫，相比之下，这里缺乏鲜明的特色。因为风景和建筑物本身是空的，总要有一些突出的个人才赋予它灵性，比如人们参观凡尔赛宫的时候会想起“太阳王”路易十四、参观枫丹白露宫的时候会想起弗朗索瓦一世、参观维也纳霍夫堡皇宫的时候会想起茜茜公主、参观美泉宫的时候会想起玛丽亚—泰蕾莎女皇等等。相比而言那不勒斯王宫缺了一点个人历史传奇的色彩。

我觉得，如果非要看古代的那不勒斯宫殿，更好的去处，其实是那不勒斯东北半小时火车车程的卡塞塔王宫（Royal Palace of Caserta）。

卡塞塔（Caserta）本身是一座小镇，乘火车到罗马、那不勒斯都很方便，镇上也有不错的酒店和餐馆。从火车站一出来就能看到王宫门前的大草坪。

卡塞塔的王宫建于18世纪中期，当时的建筑风潮是欧洲巴罗克建筑风潮的尾声时代。此后西欧王室流行的将是新古典式，所以卡塞塔王宫和法国开巴罗克风格先声的凡尔赛宫一头一尾相互呼应，被称为巴罗克宫殿建筑 “最后的天鹅之歌”，名列联合国《世界遗产名录》。

卡塞塔王宫大厦主建筑的外观比较规整，没有凡尔赛宫或者维也纳市中心霍夫堡皇宫那样酷炫，和马德里的西班牙王宫有些类似，像后来那些简洁质朴多用长直线条的新古典式建筑。这是因为建造这座王宫的那不勒斯国王查理七世从小在马德里王宫长大，建筑的设计方案难免受到西班牙王宫的影响（查理七世后来也的确退位回西班牙，成为西班牙国王，称查理三世）。但是卡塞塔王宫的内部一点儿也不简洁朴素，尤其是大楼梯和接见厅极尽豪华繁复，金碧辉煌。

其实这座宫殿真正精彩之处不在室内，而在后花园中轴线上依山势层层升高的多座精美的雕塑喷泉。据说卡塞塔王宫拥有世界上面积最大的王宫花园，其中轴线上有取材于古希腊神话的几座大型雕塑喷泉，人物众多，设计精巧，雕塑人物的形体和衣褶线条卷曲复杂，尽显巴罗克风格的华丽。

卡塞塔王宫花园

写到这里，大概读者也看出来了，我并不喜欢那不勒斯这座城市本身，每次去都尽量选择住在它外围的苏莲托、卡塞塔这样更有情调的小城镇上。尽管如此，那不勒斯城里还是有不容错过的精彩之处，其中之一是上文提到的国家考古博物馆。

另外一个让人非去不可的原因就是它的美食了——正是那不勒斯人发明了批萨，来这里岂可不去当地的百年老店大快朵颐？王濮曾听到一个说法，讲马可波罗从中国带回馅饼，可是意大利人不知道怎么把馅放进饼子里面去，就只好顶在面饼上面，于是发明了披萨。其实意大利的传统美食里就有披萨对折做成的半圆形馅饼，叫作Calzone。

在扁平的面包上放上奶酪和其他馅料的这种食物，其制作方法在史前时期就出现于地中海世界了。现在的披萨，却直到1860年代才定型。一种比较可信的说法是，1889年代意大利王后玛格丽塔访问那不勒斯，当地一位厨师Raffaele Esposito用西红柿酱、奶酪、罗勒叶顶在面饼上烘烤，发明了披萨，而且这三样东西分别是红、白、绿色，正好是意大利国旗的颜色，于是就用王后的名字为之命名为玛格丽塔披萨。

那不勒斯最正宗的披萨店一般只经营披萨，最多再有一两样点心和饮料，不卖别的，而且店面装修极为简单。那些看上去比较豪华，菜单上选择很多的餐馆，绝不是吃正宗披萨的地方。

我注意到那不勒斯披萨和我在其他地方吃过的面饼干、薄、脆的披萨不同，它的面饼比较厚韧，有嚼劲，顶上的西红柿酱几乎是半流质状态，而饼边一定要有一些烤焦的地方，这样才有焦香。

城里最有名的披萨馆子叫Antica Pizzeria da Michele，在火车站以西两三百米的Cesare Sersale街上，它名字里的Antica是古老的意思。这家店从1870年就开张了，一直由同家族子承父业经营，店的历史比披萨的历史还早十几年。在披萨起源的很多说法里，有一种就说最早的玛格丽塔披萨是他家发明的。至今这里也只卖两种最简单的披萨，其中一种就是玛格丽塔披萨。可惜我慕名而去的时候是星期天，他们周日不营业。我去了旁边的Pizzeria Trianon，那也是1920年代开张，只做披萨的著名老店。

那不勒斯地区的美食特产，除了正宗披萨，还有苏莲托和阿玛菲海岸的柠檬。当地人对本土特产的柠檬相当自豪，把柠檬做进各种各样的零食和甜品里。苏莲托和阿玛菲城里到处都有的柠檬酒（limoncello），黄绿色的酒液装在精致的小瓶子里，甜甜酸酸的不杀口，酒精度却有30度，不知不觉就喝多了。此外还有柠檬汁、柠檬蛋糕、柠檬刨冰、柠檬冰激凌、柠檬果酱等等，连有些建筑外墙的瓷砖上都画着当地出产的柠檬。

阿尔卑斯山的彼方——意大利行走手札

第二章

Chapter Two

西方历史的正统
从这里开始：古典罗马

第一节 从希腊到罗马

2008年，我第一次来到罗马这座永恒的城市。我傍晚到达火车站，不顾舟车劳顿，步行来到圆形竞技场和罗马论坛的废墟面前。月光洒满覆盖两千年尘土的残垣断壁，我幻想看到了很多影子稍纵即逝，闪身躲进神庙石柱背后。那也许是鬼影，也许是幻象，它们试图告诉我那些沉淀在这些石柱上的千年往事，告诉我罗马曾是多么自负的世界统治者，还有，就是每次凯旋式上，奴隶在将军耳边不断提醒的话语：“谨记，一切伟大终归尘土。”

伟大源自卑微。在希腊进入文化的黄金时代，殖民地遍布意大利半岛和西西里，雅典和斯巴达联手在温泉关和萨拉米斯湾抗击波斯帝国入侵的时代，罗马只是一座无足轻重的偏远小城。甚至公元前4世纪马其顿王亚历山大大帝统一希腊城邦，出发东征扫平天下的时候，罗马才刚刚开始强大，正在忙于和周围各个城市争夺附近拉丁地区的霸权，远远比不上马其顿帝国睥睨天下的气魄。后来马其顿帝国分裂，罗马则通过与迦太基的战争崛起成为地中海世界的霸主，挥戈东向，通过三次马其顿战争，最终在公元前168年的皮德纳战役中决定性地击败马其顿，进而征服整个希腊本土。

在罗马和希腊发生接触进而争霸的这100年里，罗马人渐渐被更先进的希腊文化吸引，最后融入了希腊文化。罗马人的饮食、生活习惯、科学和修辞学都向希腊借鉴学习，我们今天在西方各大博物馆所见的著名古希腊雕塑，如掷铁饼者等，在古希腊已经遗失，是罗马人的复制品保存到今天。古希腊神话中的诸神在罗马人的宗教体系中都有对应，比如古希腊的主神宙斯就是罗马的朱庇特，神后赫拉的罗马名字是朱诺，希腊海神波塞冬就是罗马的尼普顿，美神阿芙洛迪特就是罗马的维纳斯，美神的丈夫火神赫菲斯托斯在罗马叫作沃尔康，古希腊的战神阿里斯就是罗马战神马尔斯，希腊罗马的太阳神同名都叫阿波罗，而阿波罗的妹妹——月亮女神和狩猎女神，在古希腊叫作阿特弥斯，而罗马叫作狄安娜（另译黛安娜）。在希腊神话中地位崇高的智慧女神和女战神雅典娜，在罗马宗教中变化比较大，化身成鸟形的密涅瓦；另外有说法指古罗马的鸟神只是密涅瓦的一个化身，而且这只鸟是猫头鹰，所以直到今天西方人都认为猫头鹰是非常有智慧的鸟。另外，在希腊罗马世界里，葡萄酒都是一种非常重要的饮料，所以他们的酒神也成为奥林匹斯山上的十二主神之一，希腊名字叫作迪奥尼索斯，罗马名叫巴库斯。

《埃尼亚斯逃出特洛伊》雕塑

罗马人自己关于罗马建城的神话传说，也印证了希腊罗马文化的水乳交融。因为罗马人认为自己是古希腊城邦特洛伊人的后代，而且还是美神维纳斯的后代！传说罗马人的祖先是特洛伊英雄埃尼亚斯（Aeneas）。按照《荷马史诗》，埃尼亚斯是美神阿芙洛迪特（维纳斯）的儿子，特洛伊王子赫克托和帕里斯的表弟。特洛伊城破的时候，

《拉奥孔》雕塑

埃尼亚斯率领少数人逃了出来。

今天在罗马梵蒂冈博物馆的庭院中，有一件教皇收藏的古希腊罗德岛群雕《拉奥孔》，描绘了特洛伊战争中希腊联军使出木马计，却被特洛伊祭司拉奥孔识破。正当拉奥孔想要警告特洛伊民众不要将木马拉进城来的时候，站在希腊人一边的雅典娜女神派遣两条巨蟒缠死了拉奥孔父子三人。这座雕塑的希腊原版佚失了，梵蒂冈的这座是16世纪初从与圆形剧场相邻的古罗马暴君尼禄的皇宫遗址中发掘出来的罗马复制品。它表现的是痛苦和恐惧，极端的情绪呼之欲出。文艺复兴时期发掘出它的人们被惊呆了，因为那时候的人从来没有见过这样的艺术品，

《罗马母狼》雕塑

它对当时的雕塑界有振聋发聩般的启发和影响。

罗马城里另一座和建城有关的雕塑是博尔盖塞画廊（Borghese Gallery）里巴罗克艺术大师贝尼尼所创作的雕像，雕的就是埃尼亚斯携老父幼子逃出特洛伊的形象。据罗马诗人维吉尔的叙事史诗《埃尼亚德》(Aeneid)说，埃尼亚斯和他的随行人员在海上漂泊了六年，漂到北非迦太基，埃尼亚斯跟迦太基女王迪多相爱，在迦太基逗留了一年。但是神使墨丘利(Mercury，希腊神话里叫作赫尔墨斯)传达大神宙斯（朱庇特）的命令，告诉埃尼亚斯要去意大利半岛，因为他负有建立罗马的使命。埃尼亚斯不告而别离开了迪多女王，迪多愤而自杀，死前留下诅咒。就因为这个诅咒，迦太基人和罗马人世代为仇，这才有了千年之后汉尼拔远征罗马的大战。

埃尼亚斯在意大利半岛中部，即今天罗马城附近登陆。当地的国王拉提努斯(Latinus)接纳了埃尼亚斯，并把女儿嫁给他。拉提努斯后来被这个地区的各个城邦公认为始祖，所以这个地区就叫作“拉丁地区”，于是就有了“拉丁人”“拉丁语”这些词。而埃尼亚斯呢，也成了拉丁地区的主要城邦国家Alba Longa的创始人。但是这座城市还不是罗马本身。又过了几百年，埃尼亚斯的第十三世后代，国王努米特尔（Numitor）有个女儿，是灶神维斯塔（Vesta）的贞女祭司，叫作Rhea Silva。她被战神马尔斯强奸，生下罗慕洛（Romulus）和雷姆斯（Remus）两兄弟。与此同时，国王努米特尔被弟弟篡位，篡权的国王怕老国王的这两个外孙长大后对自己不利，就把罗慕洛兄弟扔进台伯河里。两兄弟漂流上岸，被一只母狼所救，吃母狼的奶水长大。后来不但夺回城邦的王位，杀死了篡位的国王，把王位还给外公，而且兄弟俩又在帕拉亭山（Palatine Hill）上建立了一座新城市。为了争夺新城的冠名权，兄弟内讧，罗慕洛杀死了弟弟。于是新城依照罗慕洛的名字，叫作罗马。

这就是神话中罗马的起源，也说明古罗马人自认为是希腊人的后裔。由于母狼哺育罗慕洛兄弟的传说，罗马人的图腾是狼。在今天卡皮托山博物馆，还有火车站前的罗马历史博物馆中，我们还可以看到两尊著名的母狼哺育婴儿的雕塑，那是罗马城的城徽。不过只有雕塑中的这尊狼是古罗马作品，而两个吃奶的孩子，是文艺复兴时代后人加上去的。

第二节　罗马的崛起：从王政到共和国时代

罗马史的第一阶段是王国，罗慕洛就是第一任国王，相传这一年是公元前753年。按照李维的《罗马史》和普鲁塔克的《名人传》，罗马王国共传七代国王，历经243年，到公元前510年变成共和国。这段王政时期没有信史，当时的记载都在后世毁于战火。李维、普鲁塔克这些古罗马作家也没看到过原始资料，只是捕风捉影地记载传说。现在的人不知道这七位国王是怎么继承的，至少头四位据说是由人民根据其品德选举出来的，而不是父死子继。我们甚至也不知道罗马国王的权力，究竟是像共和国的执政官那样受到限制呢，还是绝对的君主统治，只知道罗马国王肯定是终身制。罗马初一建成，就有元老院，但是王政时期的元老院只是国王的顾问机构，没有什么实权。

罗慕洛登基的时候，罗马城的男人多女人少，罗慕洛假意大开宴席，诱骗附近萨宾城的市民前来赴宴，席间罗马人伏兵四起，绑架了赴宴的萨宾妇女。这就是意大利和巴黎卢浮宫很多古典雕塑和绘画反复表现的主题，“强奸萨宾女人”。之后萨宾向罗马开战，被罗马击败并吞并，成为罗马的一部分。罗马第二位国王Numa就是萨宾人。在艺术史上表现这个主题最有名的画作有三幅，其中两幅都是18世纪法国洛可可风格画家普桑的作品，一幅保存在卢浮宫，一幅在纽约大都会博物馆。第三幅画的创作时期要晚60多年，是拿破仑时代新古典主义大师达维德的作品，达维德还是《拿破仑加冕》

《拿破仑骑马跨越圣伯纳德山口》《马拉之死》等名画的作者。他画的并不是罗马人绑架萨宾妇女，而是一年多以后萨宾军队向罗马开战，已为人妻人母的萨宾妇女阻止两军交战的场景，叫作《萨宾妇女的干预》，现在也收藏在卢浮宫里。

萨宾人进攻罗马还留下一个典故：罗马维斯塔灶神庙的贞女祭司塔培亚（Tarpeia）叛国，给萨宾人打开城门。萨宾人答应给塔培亚“戴在胳膊上的东西”作为报酬，塔培亚认为这东西是萨宾人戴在胳膊上的黄金环。但城破之后，萨宾人用挂在胳膊上的盾牌，将叛国的塔培亚挤死，并将尸首从卡皮托山（Capitol hill）的一块巨石悬崖上扔下去。从此之后，这块巨石悬崖就叫作塔培亚悬崖（Tarpeian Rock）。整个罗马王政和共和国时期，罗马人把最恶行昭彰的罪犯——一般是叛国者，从这个悬崖上扔下去处死。那些智力残障者和严重先天性身体残疾的罗马人，也遭受相同的命运。

今天，卡皮托山仍然高耸在罗马城市中心古罗马废墟的中心地带，罗马论坛（Roman Forum）就夹在圆形竞技场和卡皮托山之间。卡皮托山上有一座卡皮托博物馆，里面保存的罗马时代珍贵的传世经典不计其数，从它南面的悬崖可以俯瞰罗马论坛的全景，这里就是古时候的塔培亚悬崖。而罗马城初创的时候很小，全城居民都聚居在卡皮托山上，后来才向附近的山丘山谷扩展开来，成为“七丘之城”。

罗马人从王政时代就向外扩张，先向附近的拉丁城邦开战，彻底摧毁了拉丁城邦的首领、罗马始祖埃尼亚斯所建立的Alba Longa城，还基本征服了北边的邻居埃特鲁斯坎人（Etruskan）。罗马的凯旋仪式也从这个时候开始举行。

罗马的第七位国王塔克文（Tarquin），是第五位国王的儿子和第六位国王的女婿。这是个暴君，他纵容自己的儿子胁迫强奸一位罗马贵族妇女。他的儿子威胁这位贵妇说，如果她不从的话，就杀死她，把她的尸体和一个奴隶的尸体放在一起，制造丑闻。这件事传扬出去之后，受害妇女的亲戚、罗马元老布鲁图斯愤而召集元老院会议，联合其他元老驱逐塔克文国王，废除王政。从此，罗马开始了近500年的共和国时期，布鲁图斯成为共和国的第一位执政官。400多年以后，罗马共和国末期，恺撒专权，刺杀恺撒的共和派密谋集团首领——马古斯·布鲁图斯（Marcus Brutus），就是第一任执政官布鲁图斯的直系后裔。因为家族在建立共和国过程当中的荣誉，马古斯·布鲁图斯才有强烈的动机，去刺杀恺撒这个有可能称王的独裁者，维护共和传统。

罗马论坛维斯塔灶神庙

以上讲的基本都是传说，真正比较靠谱的罗马史还要从罗马共和国开始。整部罗马共和国史，就是罗马从一个小城邦变成一个大帝国的扩张战争史，也是一部令人激动、令人心驰神往的英雄史诗。

罗马共和国刚建立的时候，首先设立了执政官。执政官的权力和过去的国王几乎相等，但任期只有一年，而且每年选两位执政官。后来还规定执政官不得连任，同一个人担任两次执政官的时间中间至少要隔十年。如果执政官胡作非为，卸任以后还会被起诉。后来几十年又设立了保民官，到公元前300多年的时候，出现司法官的职位。罗马从公元前510年到公元前400年这100年间，主要是和附近的拉丁城市、北面的邻居埃特鲁斯坎人，还有萨宾人作战。

此时正是古希腊的黄金时期，雅典斯巴达为首的希腊同盟和波斯帝国在东方打得不可开交；也是雅典卫城建设的时代。这个时期，罗马只是意大利半岛中部一个小小城邦，谈不到“威加海外”的影响。到公元前396年，罗马大致上征服了埃特鲁斯坎人的大部分城邦，并在拉丁城市中取得首席地位，可是地盘并不大。而整个意大利半岛的南部，是很多希腊人建立的殖民城市，北部则是高卢人的地盘。

到公元前390年，北方的高卢人南下，在埃里亚河（Allia），6个罗马军团2.4万人和数量相等的高卢军激战，罗马大败，高卢军尾追罗马败兵，一直攻破了罗马城本身，只是受阻于陡峭的卡皮托山。罗马要求停战，答应付1000磅黄金的赎金。死守最后据点卡皮托山的罗马执政官曼利乌斯（Manlius）某天夜里被朱诺神庙里的鹅叫声惊醒，发现高卢士兵正沿着峭壁上的一条小路登山夜袭。这群拯救了罗马城的鹅，后来被尊为神圣。

正当高卢军队围攻卡皮托山，并劫掠罗马城其他部分的危急时刻，罗马史上第一位大英雄卡米卢斯（Camilus）率领援军赶到，击退了高卢人。卡米卢斯还改革了罗马军制，从此罗马军团作战的方式，从希腊—马其顿式的长矛方阵，改为用盾牌和短剑的三线式战术组织。这个基本形式一直延续到帝国时代。卡米卢斯被罗马人称为“第二位祖国之父”——第一位是罗马的建立者罗慕洛。这是此后800年间罗马城最后一次陷落。下一次罗马城被外族攻破，要到公元后400多年罗马帝国崩溃前夕。

说到这里，又要回到艺术史上与这段历史有关的名作。在卡皮托博物馆里有一尊古希腊时代的雕塑《垂死的高卢人》，其表现的并非是罗马战胜高卢的场景，而是小亚细亚半岛上（今天属于土耳其）的希腊城邦柏加蒙（Pergamon）在公元前241年击退了高卢人的进攻以后纪功的青铜雕像。后来这个柏加蒙小国在公元前133年被末代国王赠送给罗马，自动取消了独立。柏加蒙击退的高卢人，当时也从意大利半岛北部出发劫掠罗马城，这些高卢人居住在今天的法国、瑞士和意大利北部，后被恺撒彻底征服。

当时柏加蒙和罗马一样打退了高卢人的进攻，除了这尊《垂死的高卢人》以外，还制作了宙斯神庙的祭坛浮雕，描绘希腊众人和巨人的激战。这一浮雕是举世闻名的古希腊艺术的巅峰之作，后来在19世纪被德国人运到柏林，专门建造博物馆保存展出，直到今天还是柏林柏加蒙博物馆的镇馆之宝。而柏加蒙人当时创作的这尊《垂死的高卢人》描绘一个受重伤的高卢战士坐在地上，右手支撑着地面，正在挣扎着站起来的瞬间，表达出痛苦、不甘、坚定、疲倦和挣扎等情绪。本来柏加蒙人是想要刻画敌人的悲惨境况，却不料反而刻画了敌人武士的不屈，成了世界艺术史上的名作。原作青铜雕像已经被熔毁，收藏在罗马卡皮托博物馆里的这尊，是古罗马的大理石复制品。可以从这里看到当年进攻罗马的高卢武士的形象。

公元前4世纪后半期，马其顿王亚历山大大帝的那个时代，罗马渐渐开始征服了意大利半岛的中部。公元前343年，已经控制了附近埃特鲁里亚和拉丁各城邦的罗马，与更远的亚平宁山上的部族萨姆尼特人（Samnite）开战，这就是第一次萨姆尼特战争。这场战争只打了两年，罗马人在战场上刚刚获胜，占领南部的坎帕尼亚地区，就匆匆结束战争，让萨姆尼特人撤回去了。因为罗马人的拉丁盟友城邦叛乱，罗马匆匆回身对付拉丁盟军。在公元前340年到前338年的拉丁战争中，罗马彻底击败拉丁联盟，确立了自己在拉丁城市中的统治地位。

十几年之后，公元前326年，萨姆尼特山民再次袭击坎帕尼亚平原，与罗马开战。第二次萨姆尼特战争打了22年之久，在此期间几起几落，又被称为“大萨姆尼特战争”。起初，罗马军团在战场上连连获胜，萨姆尼特人求和，罗马不允，罗马执政官率军进攻萨姆尼特本土，在山地中伏，全军被困陷入绝境，被迫求和。萨姆尼特人用缴获的罗马长矛在营门上搭建了一个挽牛马用的轭，强迫投降的罗马军团士兵逐个从轭下弯腰走过。这称作“轭下之辱”，是古代侮辱对手，让对手表示臣服的一种手段。

罗马人不服输，次年和第三年卷土重来，在战场上挣回了一点面子，但是没有获得决定性的胜利。此后战争进入5年的间隙，5年以后重开战端。从公元前314年开始，罗马人时来运转，他们屡败屡战的坚韧勇气，终于拖垮了萨姆尼特人。从公元前314年到前302年，罗马军队在战场上连战连捷，萨姆尼特人再次求和，罗马人胜利结束了这场艰苦的22年战争。

可是罗马与萨姆尼特人之间的和平仅仅维持了6年，公元前298年战端重开，这就是第三次萨姆尼特战争。这次，萨姆尼特人联合了罗马以北的埃特鲁斯坎人和高卢人，都是罗马的宿敌，南北两面夹击罗马。在公元前294年的决战中，罗马大败萨姆尼特、伊特鲁里亚、高卢三方联军。萨姆尼特人坚持抵抗了4年以后，终于在公元前290年投降。延续半个世纪的三次萨姆尼特战争下来，罗马人基本控制了意大利半岛的大部分，所有城邦都至少在名义上被迫成为罗马的盟友，只有最南部的塔兰托等几个希腊城邦殖民地和半岛最北部高卢人控制的地区除外。

萨姆尼特战争结束后，罗马已经成为意大利半岛的老大，可是在整个地中海世界，罗马还是二等国家。当时真正的地中海强权，一是东边的希腊，二是北非的迦太基。在希腊，亚历山大大帝征服波斯的辉煌刚刚过去，马其顿帝国四分五裂，埃及的托勒密王朝、叙利亚的塞琉古王朝、马其顿本土、希腊西北部的伊庇鲁斯王国（Epirus），都是马其顿帝国遗留下来的强权。罗马打完萨姆尼特战争之后10年，就和意大利半岛南部的希腊城邦发生冲突，希腊城邦向当时最善战的伊庇鲁斯国王、亚历山大大帝的表侄皮鲁士（Pyrrhus）求援。

公元前280年，皮鲁士国王率领2.5万希腊大军，登陆意大利半岛，开始了“皮鲁士战争”。这场战争最突出地表现了罗马人的坚韧不拔。皮鲁士国王率军打赢了几乎每一场战役，在意大利半岛向北打到罗马城下，向南一直打进西西里岛。可是罗马人就是不投降，每次战役，罗马人都迫使胜利的皮鲁士也同样付出惊人的代价。所以，后世西方谚语里就有了“皮鲁士的胜利”这个典故，用“皮鲁士的胜利”来形容得不偿失代价高昂的胜利，5年以后，皮鲁士面对罗马又一次集结起来的优势军队，选择退出意大利半岛。

皮鲁士国王尽管一生几乎从没打过败仗，却敌不过罗马人的牛皮糖战术，罗马人自此证明自己有实力和能力和地中海世界最强大的军队与最高明的将领过招。仅仅11年之后，控制了整个意大利半岛的罗马，和北非的迦太基帝国发生战争。从公元前264年开始的三次迦太基战争，几乎动摇罗马的国本。可是130年之后，当罗马共和国最终毁灭迦太基的时候，它已经可以把整个地中海视作自己的内湖了。

公元前264年，皮鲁士从罗马撤退之后仅仅11年，罗马和迦太基之间为争夺西西里岛，爆发了持续23年的第一次迦太基战争，结果罗马摧毁了迦太基的舰队，夺得西西里岛和地中海的制海权。但是这场战争的结果并未让双方伤筋动骨，反而激起迦太基军队统帅汉米尔卡·巴卡对罗马的刻骨仇恨。巴卡有四个儿子，其中长子汉尼拔在父亲死后，接替姐夫哈斯德鲁巴，出任迦太基军队统帅，于公元前218年，统兵从西班牙出发，出其不意地翻越阿尔卑斯山脉，从罗马人认为最不可能的方向，出现在罗马的战略后方。第二次迦太基战争爆发，罗马人不得不在本土接受汉尼拔的挑战。

汉尼拔是西方历史上与亚历山大大帝、恺撒、拿破仑并称为四大军事伟人的名将，连罗马人自己后来都尊称汉尼拔为“战略之父”。汉尼拔达成对罗马的战略奇袭，一路上接连在提西努斯河战役（Ticinus）和特雷比亚河战役（Trebia）中，击溃了两位罗马执政官分别率领的军团。两年之后，公元前216年，汉尼拔面对两倍数量优势并由两位罗马执政官联合指挥的大军，以少数包围多数，用两翼突破的战术，几乎全歼罗马野战军团。这就是不朽名战“坎尼战役”（Cannae）。两千多年后，第一次世界大战前的德军总参谋长施利芬元帅，一生研究这一场战役，并以此为依据，制定出第一次世界大战德军作战计划的总蓝图，这就是著名的“施利芬计划”。

此后16年，汉尼拔纵横意大利半岛未尝一败，只是因为罗马城防坚固，无法强攻，所以没有拿下罗马城。罗马将领们再也不敢在战场上与汉尼拔正面对垒，他们把两位执政官的权力集中于一位独裁官之手，由费边（Fabius）出任，采取坚壁清野的持久战打法，隔离汉尼拔与迦太基本土的联系，试图断绝汉尼拔的补给来源，而罗马军团则尾随汉尼拔的迦太基大军，坚守不战。从此以后，西方人把坚壁清野的战略，称为“费边战略”。

在意大利本土与汉尼拔苦苦对峙的同时，罗马人也会釜底抽薪。他们推出了自己的大英雄，一位当时还默默无闻的24岁青年，率领一支偏师出征伊比利亚（后来的西班牙）半岛，力争通过西班牙打进迦太基的北非本土，以围魏救赵之计为罗马解围。这就是日后以“阿非利加的征服者”之名著称的大西庇阿（Scipio Africanus）。

24岁的西庇阿，在无人敢于出头的情况下，担任独立的伊比利亚战场统帅。面对着半岛上三支敌军，数量居于劣势的西庇阿出手不凡，以近似三国演义里“借东风”的奇招，借助潮汐和风力，跨越水面一举攻占迦太基军队在整个伊比利亚半岛的补给中心——新迦太基要塞。之后，西庇阿反客为主，集中局部优势兵力，各个击破三支分散的迦太基军队，奇计迭出，连战连捷，两年之内平定半岛全境，完全占领了汉尼拔的战略大后方。

西庇阿占领整个伊比利亚以后，并未率得胜之师回罗马与汉尼拔决战，而是用围魏救赵的手段，渡海直接攻击北非的迦太基本土。大平原之战火烧连营，全歼迦太基本土军团主力，兵临迦太基城下，逼迫汉尼拔率领远征军回到北非。西庇阿反客为主，以逸待劳。公元前202年，汉尼拔和西庇阿两位战神级的人物，在最后决战的扎马战役（Zama）中正面交锋，汉尼拔平生唯一一次败北，奠定了以后600年西方世界的格局。迦太基向罗马求和，第二次迦太基战争结束，罗马从此成为地中海世界的统治力量。

罗马扩张的脚步绝不会就此停止。还在第二次迦太基战争艰苦进行的过程中，罗马与东方希腊世界的霸主、马其顿国王腓力普五世发生第一次马其顿战争（公元前215年），起因是马其顿在战争中援助迦太基。这场第一次马其顿战争虽然名义上打了10年，但其实罗马忙于和汉尼拔做生死搏斗，所以在马其顿战争中没有什么成果，双方于公元前205年停战，算是平手。

第二次迦太基战争胜利以后，公元前200年，罗马再向马其顿兴问罪之师，爆发了为期三年的“第二次马其顿战争”，最后罗马统帅、执政官提图斯·弗拉米尼乌斯（Titus Flaminius）在西诺塞法拉战役（Synoscephalae）决定性地击败腓力普五世。这场战争，罗马打出解放希腊世界，反对马其顿霸权的旗号。战争以后，马其顿在希腊世界的霸权瓦解冰消，马其顿实际上沦为罗马的保护国。亚历山大大帝时，希腊独步天下的威权时代一去不复返了。到了30年之后，公元前168年，腓力普五世的儿子，新马其顿国王柏修斯(Perseus)与罗马间又爆发了第三次马其顿战争。经皮德纳战役，马其顿被完全征服，成为罗马的一个行省。马其顿王国的历史结束。

在第二次马其顿战争之后第三次马其顿战争之前的公元前191年，罗马又和占据叙利亚的另一个东方霸主——亚历山大部将塞琉古所创建的安条克王朝发生战争。号称“王中之王”的安条克三世提兵入侵希腊，罗马大军在阿非利加的西庇阿的胞弟卢修斯·西庇阿的指挥下，击败安条克并轻易地入侵叙利亚本土，3万罗马军和安条克的6.2万步兵、1.2万骑兵会战于马戈尼亚

（Magnia）。罗马军大捷，一战击溃塞琉古大军，小西庇阿也因战功被加以“亚洲征服者”（Asiaticus）的封号。

而北非的迦太基，在第二次迦太基战争失败后的半个世纪，一直在卧薪尝胆，意图东山再起。罗马人也一直不放心这个最危险的敌人。元老院最著名的首席元老、监察官加图（Cato）在几十年当中的所有演说，无论讲什么题目，跟迦太基有没有关系，最后结尾都要来这么一句：“无论如何，迦太基一定要被毁灭”。

这个加图也是罗马史上一个有意思的人物，后世新闻检查“censorship”这个词，就是从加图的官位——监察官（censor）来的，因为加图热衷于用监察的手段来确保罗马人过清苦廉洁的“正确的罗马生活方式”。公元前146年，第三次也是最后一次迦太基战争爆发，罗马统帅是当年阿非利加的西庇阿之孙阿米利乌斯·西庇阿 （Amelius Scipio），罗马这次彻底将迦太基夷为平地。

彻底击败迦太基的第三次迦太基战争之后，罗马已经对外战胜了迦太基、马其顿、塞琉古三大地中海强权，在整个地中海世界确立霸权。可是随着对外征服越来越多，海外土地都给了大贵族，本土的农夫却因到海外进口粮食的竞争而大批破产，罗马城中贫富分化严重。保民官格拉古兄弟（Gracehus）进行土地改革，想为罗马的平民办点实事，缓解社会矛盾，结果兄弟两个先后被叛乱贵族所杀害。因为共和国的民主选举制度和军队的兵源都依赖罗马的平民阶级，格拉古兄弟改革失败，其结果就是平民阶级破产，罗马共和国的国本动摇，共和政体无可挽回地走向没落。

公元前111年，在地中海再无值得一提的对手的罗马，遇到北非前盟国努米底亚的挑战。努米底亚是盛产骑兵的北非柏柏儿部族所建立的王国，当年在迦太基战争中为罗马出力不少，迦太基灭亡以后，努米底亚在北非独大，国王朱古达因为王位继承问题起兵攻击罗马的非洲行省。这场朱古达战争迁延了4年，朱古达总是以非常规手段打击罗马人。他一方面贿赂罗马政客和军人，另一方面发挥北非游牧骑兵机动灵活的特点，用游击战术和罗马的步兵军团周旋。这场战争的胜负其实没有悬念，罗马最终击败并擒获了朱古达，可是这场战争成就了两个日后罗马历史上可怕的人物：马略（Marius）和苏拉（Sulla）。

马略是平民出身，在罗马受到平民党的拥护，公元前107年在罗马当选执政官，出任朱古达战争的最高统帅，他是击败朱古达的关键人物。而苏拉呢，出身没落贵族，在马略大军中以财政官的身份，指挥马略的骑兵。可是战争最后阶段，马略把朱古达逼得走投无路，向北非毛里塔尼亚国王求救，而苏拉出使毛里塔尼亚，成功地运用外交手腕，让主人把朱古达抓住献给了罗马人。结果，好像马略忙了几年，最后结束战争的功劳都让副手苏拉抢走了似的。这是马略和苏拉结怨的开始。

在北非朱古达战争的同时，罗马北方野蛮民族日耳曼族群中的条顿人和森布里人数次南下犯边，击败罗马执政官大军。马略载誉回到罗马不久，共和国派出8万大军惩戒森布里人和条顿人，结果在阿劳西奥（Arausio）战役惨败，全军覆没，16个军团灰飞烟灭，两位统帅阵亡。这一战是汉尼拔的坎尼战役之后罗马最大的军事失败，全罗马的自耕农公民士兵几乎被杀光。

马略临危受命，赶赴北部抵抗森布里人和条顿人。他先在意大利北部和法国南部坚守三年，用临时招募来的无业游民，训练出一支具有战斗力的新罗马军队。马略在这几年推行了一系列军事改革，后来恺撒、庞培、屋大维、安东尼这些名将所依赖的军团，都是马略改革的结果。但马略也因此奠定了共和国灭亡的基础：过去，只有拥有财产的自由民才能当兵服役。因为拥有私人财产的自由人才能和共和国同呼吸共命运，所以罗马军团是自耕农组成的。后来平民大批破产，兵源越来越少，阿劳西奥战役又基本杀光了这些罗马士兵，马略只能招募大量破产的自由民当兵。这些士兵有奶便是娘，只要他们的将军带他们打胜仗，可以劫掠就好，所以新型军队的战斗力虽强，但是忠心不是向着共和国，而是向着他们的将军。这样的军队，造就了军阀拥兵自重的现象。共和国后来就亡在马略、苏拉、恺撒、庞培这些军阀的手里。

不过当时马略没想这么多，他用三年练出一支精兵。公元前101年，条顿人来犯，马略先坚守不出，然后尾追奇袭条顿人，连续3天的六条河之战，12万举族迁徙的条顿人被包围，几乎无一投降，全体阵亡。战况紧急的时候，条顿妇女也上阵参战，最后的关头，这些妇女杀死本族的老人和儿童，然后自杀。第二年，更大规模的森布里人来进攻，费尔凯莱战役 （Vercelae）和六条河之战一样惨烈，12万森布里人被杀，6万被俘。从此以后，这两个日耳曼部族完全消亡，而马略也赢得了“森布里人和条顿人的征服者”称号，史

罗马论坛恺撒神庙

罗马元老院

无前例地连续5次当选罗马执政官。

在这次战争中，苏拉仍然是马略的副手，此后将近10年太平盛世，马略的战功和声望渐渐低落下去。公元前91年，罗马的意大利盟邦集体反叛，因为他们多少年来为罗马提供军队东征西讨，可是征服来的土地都归了罗马人，而罗马甚至拒绝授予盟邦罗马公民权。为了争取罗马公民权，意大利盟邦对罗马进行了三年多的“同盟战争”。这场战争中，苏拉崭露头角，成为战争明星。后来罗马用授予盟邦公民权的政治办法，逐渐平息了这场战争。

同盟战争之后，罗马与东方小亚细亚半岛上的本都（在现在土耳其境内）国王米特里达提斯（Metridathes）六世交恶，陆续打了三次米特里达提斯战争。当时米特里达提斯的本都王国的势力如日中天，不但征服了黑海沿岸地区，而且进攻罗马控制下的希腊。公元前87年，罗马决定派远征军，这是个建立战功并通过劫掠致富的机会，苏拉和马略都红了眼，拼命争夺远征军总司令的位子，马略受到罗马平民党支持，苏拉受到元老院贵族党支持。马略的平民党暴动，差点杀了苏拉，并扶马略坐上远征军统帅的宝座。可是苏拉更狠，他逃出罗马，率领集结在港口准备出发的远征军团进军罗马，用兵变控制了罗马政局，大杀平民党。马略只身逃亡北非。因为马略缔造了只听将军调度，而不忠于共和国的新型军团，而他本人没有政治敏感来运用这个可怕的工具。苏拉却有这个政治敏感，结果是马略作法自毙。苏拉匆匆在罗马做了些政治安排，就率领远征军东进希腊，开始了第一次米特里达提斯战争。

苏拉走了没多久，马略回来，重新控制罗马局势，又大杀贵族党人。马略本人第七次被选为罗马执政官，并宣布在外作战的苏拉为人民公敌。然后马略病逝。苏拉这时在希腊和米特里达提斯拼命作战，无暇顾及后院起火。直到在战场上打败了本都军队，苏拉匆匆签了一个非常宽大的和平条约，领兵回转意大利本土。经过短暂但是激烈的第一次罗马内战，苏拉最终成为罗马的主人，并变本加厉地屠杀平民党人。

很多人看过乔万尼奥里的小说《斯巴达克思》，小说的开头，就从苏拉晚年成为独裁者讲起。当时苏拉掌握罗马大权，清剿罗马的马略党人。苏拉的手下大将，包括克拉苏、庞培、卢古鲁斯，都是小说《斯巴达克思》里赫赫有名的人物。那时候恺撒还是个小年轻，他的姑父是马略，所以他被迫流亡在外。苏拉病死之后，罗马世界声望最高、势力最大的人是庞培。庞培先是经过苦战，在伊比利亚（西班牙）半岛平定了马略党的残余，然后回罗马，在三个月之内就肃清了原定三年才能肃清的整个地中海海盗，确保海外对罗马城的粮食供应。然后，庞培回兵，和克拉苏一起平定斯巴达克思的奴隶起义，最后又东征，取代卢古鲁斯，在第三次米特里达提斯战争中，彻底击败本都国王，完成了对东方的征服。

斯巴达克思是怎么回事呢？乔万尼奥里的小说和由库布里克执导、柯克·道格拉斯主演的电影，都人为地夸大和拔高了这个人物。其实普鲁塔克、李维、阿庇安等古代作家的原始资料里，对斯巴达克思描写得很少。从古代的原始史料里，我们知道他是巴尔干半岛的人，但是不知道他是因何成为角斗士的。他从卡普亚的角斗士学校起义以后，在维苏威火山奇袭打败了前来镇压的罗马大队，也是见于正史的记载。

斯巴达克思本人是一位英雄，带领起义军几次打败了罗马派来镇压的队伍，包括两个执政官军团。但是不要忘了，当时罗马的精锐军团，都在海外同时打两场战争：一半在伊比利亚半岛，庞培率领下跟马略党的残余作战；另一半在东方，在卢古鲁斯率领下打第三次米特里达提斯战争。意大利半岛的罗马军队，是临时匆匆征召来的。而当时斯巴达克思的起义军根本是一群乌合之众，其中主要成员除了奴隶，更多是流氓无产者、破产农民、退伍军人等等，社会各个阶层都有，组织得非常混乱。这些人不听指挥，主要目的是劫掠发财。斯巴达克思带领他们北上走到阿尔卑斯山下，本来想越过阿尔卑斯山离开意大利半岛，各人回家投奔自由，可是这些人不干，非要回头在意大利半岛劫掠。斯巴达克思没有办法，只好再向南杀回去。

这时候罗马震动，赋闲在家的苏拉手下前大将克拉苏出山，以司法官身份担任统帅，征召一支军队，连同被击败的两个执政官军团，尾追斯巴达克思到半岛最南端，筑起长墙围困。斯巴达克思本来想借海盗船渡海去西西里岛，结果被海盗放了鸽子，只好趁长墙没有合龙之前，跳出重围，又向北杀回去。整个过程中，斯巴达克思表现出了惊人的勇气和组织能力，可惜他的军队不听命令，一再自动分裂，而这些分出来的支队，都被罗马人一一消灭。这在小说里也有所表现。

最后，庞培平定了伊比利亚半岛，而东方的卢古鲁斯的作战也告一段落，米特里达提斯逃亡亚美尼亚，这两员大将提精锐之师回兵罗马。斯巴达克思以前当战俘的时候曾经在卢古鲁斯手下服过役，作为一名士兵，自然对统帅敬畏有加。他知道卢古鲁斯有多厉害（论军事指挥艺术，卢古鲁斯当年在苏拉手下独当一面，后来对本都作战统率大军，所表现出来的水平，绝对不在庞培和恺撒之下，而高于克拉苏）。在绝望中，斯巴达克思赶在庞培和卢古鲁斯到达之前，和克拉苏做最后的生死决战，在战役中阵亡。克拉苏虽然平定了斯巴达克思起义，但是庞培刚好赶到，在北面截杀起义军突围的5000人，克拉苏竟然要和坐享其成的庞培分享胜利的荣誉。所以庞培和克拉苏从此交恶。

斯巴达克思起义之后，庞培又做了两件事：指挥平定海盗之役，并接替卢古鲁斯去最后平定米特里达提斯。因此卢古鲁斯也怨恨庞培。苏拉死后，罗马的政坛势力重新组合，年轻的恺撒从流亡地回到罗马。庞培则受到平民爱戴，还有克拉苏和卢古鲁斯这四个人，加上一个著名的喀提林，都是个人野心家，他们党派背景不明显，都想获得权力来控制罗马政府。

与这几个人相对，元老院的贵族派加图（当年监察官老加图的孙子）、大演说家西塞罗和西庇阿（当年阿非利加西庇阿的后代），是坚定的共和派，他们没有兵权，但在元老院权力很大，想限制庞培和恺撒这些军阀的势力。

庞培有军功，克拉苏有钱，而恺撒因为姑父马略的关系，在平民里有人望。这三个人结成同盟，共同对付元老院，因为庞培和克拉苏不和，需要恺撒居间调停做黏合剂，这就给了年轻的恺撒在政坛上升的空间。差不多同时，不得志的野心家喀提林，密谋发动叛乱来推翻罗马政府，被时任执政官的西塞罗识破，及时镇压。这就是著名的“喀提林阴谋”。

西塞罗在共和派中赢得很高声望。而恺撒，利用各种矛盾和政治手腕，不久也成功地登上执政官宝座。为对付西塞罗和加图掌控的元老院，恺撒、庞培、克拉苏结成“三头同盟”，而卢古鲁斯不久病逝。

恺撒比庞培和克拉苏资历浅很多，也没有值得一提的军功。他在执政官任期届满以后，谋得山内高卢行省总督职位，此后8年，恺撒发动了征服高卢（今天法国和瑞士）的战争。这场战争恺撒打得艰苦卓绝，公元前58年到前55年，恺撒先后征服从法国南部到比利时海岸的高卢全境各部，甚至打过莱茵河以东，震慑日耳曼部族。前54年和前53年，安定高卢被征服的部族，两次跨过英吉利海峡远征不列颠岛。公元前53年高卢人维钦格托列克斯（Vercingetorix）领导高卢各部族总起义。恺撒东征西讨，终于在公元前52年的阿莱西亚围城战中，以8万左右的罗马军，围困8万高卢守军，并击败包围上来的25万高卢援军，维钦格托列克斯投降。罗马完成了对高卢的最终征服。据普鲁塔克记载，“恺撒在高卢的10年间，攻下800座城池，征服200个国家，统治3亿人口，杀100万人，将另外100万人卖为奴隶。”

恺撒征服高卢的战功，引起庞培和克拉苏的嫉妒。为了和恺撒、庞培竞争战功，克拉苏率4.5万罗马军东征远在两河流域和伊朗高原的帕提亚帝国，结果在著名的卡莱战役中全军覆没，克拉苏身死。这是罗马史上著名的败仗。克拉苏一死，三头同盟的稳定结构被破坏，庞培和恺撒直接敌对，庞培其实和元老院也有仇，但这时被迫倒向元老院的共和派，主张剥夺恺撒兵权。恺撒以快打慢，仅仅率领一个第七军团，就敢渡过自己行省和罗马本土的界河，进军罗马。这就是历史上著名的谚语典故“渡过卢比康河”，意思是孤注一掷不能回头了。其实庞培在战场上的指挥艺术不弱于恺撒，而且两个人各自都有忠于自己的精锐军团，只是都不在身边：庞培的大军在伊比利亚，而恺撒的主力在高卢。庞培比恺撒差的地方，一个是政治手段不够高明，二是行动不够迅速。当时庞培在意大利本土没有值得一提的军力，而恺撒身边也只有一个军团，庞培料不到恺撒就敢带着区区一个军团进军罗马，措手不及之下，只好放弃罗马，逃向东方的希腊。

庞培本想让自己手下大将带领驻伊比利亚半岛的主力军构成一条战线，同时自己去东方掌握帝国的财源，并招募训练一支新军构成第二条战线，对恺撒占据的意大利半岛实行两面夹击。这个战略构思其实挺高明，可惜恺撒行动比庞培总是快一拍。他没有理睬庞培在东方招兵，而是先进军伊比利亚半岛，只用三个月时间，把伊比利亚的庞培军团逼入绝境，连仗都没打，就解决了庞培的主力精锐军团。对恺撒来说，庞培不是想两面夹击自己吗？我先掰掉你两股钳子中的一股。

与此同时，庞培在东方也已经召集了一支庞大的军队，恺撒连续作战，以数量劣势的疲惫之师，东渡希腊寻找庞培决战。庞培兵多粮足，而恺撒手下都是精锐的老兵。序战迪拉基乌姆（Dyrrachium，今天阿尔巴尼亚首都地拉那的古称），庞培打败了恺撒。战争拖下去对庞培有利，可是庞培身边带着整个罗马元老院，那些元老天天催庞培出战，一举打垮恺撒。庞培政治上不够强硬，最终被迫和恺撒在法萨卢斯（Pharsalus）展开决战，结果恺撒大胜，庞培逃到埃及，被埃及法老杀死。

理查德·伯顿和伊丽莎白·泰勒的电影《埃及艳后》，就从法萨卢斯大战之后恺撒追击庞培到达埃及讲起。当时埃及的法老王朝为了保证血统纯正，世代都由家族的兄弟姐妹间通婚，所以埃及艳后克莉奥佩特拉，是小法老托勒密十三世的姐姐兼妻子。当时克莉奥佩特拉被托勒密逐出都城，正巧恺撒追赶庞培来埃及，埃及和罗马是相互独立的，恺撒敌友不明。托勒密杀死庞培就是为了讨好恺撒，而克莉奥佩特拉则是把自己作为筹码，来笼络恺撒。恺撒最终帮助克莉奥佩特拉登上法老王位，击败了托勒密。恺撒等埃及局势平定下来，取道中东巴勒斯坦和今天的土耳其回到罗马，路上迅速击溃了博斯普鲁斯国王法纳塞斯（Pharnaces）的叛乱。这仗胜得干脆利落，恺撒在给罗马的捷报中，用和打仗一样干脆利落的六个拉丁词，写出了千古名言“我来临，我见到，我征服”（Veni,Vidi,Vici）。

恺撒回到罗马以后，又平定北非，然后再赴西班牙，消灭了庞培的儿子格奈乌斯·庞培指挥的元老院派军队。从此天下大定，恺撒回到罗马，被任命为终身独裁官，威加海内。

罗马贵族既惧怕恺撒的势力，又害怕他会称王。共和派元老马古斯·布鲁图斯是罗马共和国第一任执政官、共和国的缔造者布鲁图斯的后代，和卡西乌斯等一批元老合谋，于公元前44年3月15日，将恺撒刺杀于元老院会议中。在莎士比亚戏剧《尤里乌斯·恺撒》里，有预言家事先说恺撒会死于3月15日，恺撒那天去元老院开会的路上，碰到预言家，讽刺地问“今天不就是3月15日？”预言家回答“是的，但尚未过去”。

恺撒死后，罗马城里的局势一度非常微妙，恺撒派和共和派谁也不敢乱动。那年的执政官一个是恺撒，另一个是恺撒的副手安东尼，而罗马市长是恺撒的骑兵司令雷比达。所以恺撒派掌握罗马城防。而共和派的另一个布鲁图斯时任山内高卢行省总督（Decimus Brutus，不是刺杀恺撒的那个布鲁图斯），换句话说，他是当时离罗马最近的手握重兵的军阀。恺撒派怕他进军罗马，所以不敢乱动。元老院当然是同情刺杀恺撒的布鲁图斯和卡西乌斯，可是惧怕安东尼和雷比达，双方达成了某种势力均衡。安东尼代表恺撒派和元老院达成妥协：为恺撒举行葬礼，但是也不追究刺杀恺撒的人。

在葬礼上，安东尼发表了一篇特别煽情的演说——《在恺撒葬礼上的演说》，把罗马平民煽动起来，罗马的平民本来就拥戴恺撒，便发动了暴乱，火烧元老院。刺客元老布鲁图斯和卡西乌斯逃出罗马转往东方，招兵买马准备和恺撒派开战。这时，罗马城里来了第三股势力：恺撒17岁的养子——屋大维，日后开创罗马帝国的奥古斯都大帝。

屋大维（Octavius）是恺撒姐姐的外孙，也就是恺撒外甥女的儿子。恺撒看重屋大维从小表现出来的政治才能，把他收为自己的义子，在遗嘱中立屋大维做自己的继承人。这个所谓“继承人”，只是继承财产和姓氏，绝对不是继承官位，因为当时还是共和国，不讲“王位父死子继”这一套。

屋大维当时只有17岁，既没有名望也没有战功，恺撒遇刺的时候，他还在希腊留学。论地位论武力，他跟安东尼、布鲁图斯这些人根本没办法相比，就算继承来的万贯家财，当时也由安东尼管理，而安东尼根本不打算把这笔钱交给屋大维。但屋大维有两样东西是别人没有的：一是他姓恺撒，这就是政治资源，全国的军队士兵都崇拜恺撒；二是他运用政治手腕的天赋甚至比恺撒还厉害。

甫入罗马城的屋大维，充分施展了无中生有、朝秦暮楚、空手套白狼等政治技巧，在一年之内，就从一个白丁，变成手握重兵的罗马执政官。当时恺撒派控制罗马局势，恺撒派大头领安东尼强迫元老院宣布山内高卢总督、元老院派的德西摩斯·布鲁图斯为人民公敌，领兵征讨。恺撒派各大将分赴各地执掌兵权。可是安东尼一离开罗马，元老院马上变卦，宣布安东尼为人民公敌，命令德西摩斯·布鲁图斯和这一年的两位执政官率军，前后夹击安东尼。住在罗马城的屋大维出人意料地支持元老院，而且踊跃出征，以副统帅的身份，随同两位执政官征讨恺撒派首领安东尼。

在战场上，安东尼被击败，可是安东尼非常善战，两位执政官也被打死。因此，屋大维就填补空缺，成了元老院讨伐军的总司令。屋大维再跟被击败的安东尼讲和，这样安东尼也不那么趾高气扬处处压屋大维一头。安东尼联合从高卢赶来的雷比达，消灭了德西摩斯·布鲁图斯，而屋大维恢复恺撒派本来面目，回兵罗马，同安东尼、雷比达结成“后三头”同盟，彻底控制罗马局势。以19岁的年纪，恺撒儿子的身份，屋大维顺理成章地当上罗马执政官。

后三头同盟在罗马大杀元老院贵族，连老资格的罗马文学家、演说家西塞罗也被害。西塞罗虽然是元老院的共和派，但他出身平民，品行端正，连恺撒也很尊重他，虽然政治上是对手，但屋大维奉西塞罗为半师。西塞罗在元老院接连发表演说攻击安东尼，结果安东尼坚持杀掉了西塞罗。这时，共和派只有逃到希腊的马古斯·布鲁图斯和卡西乌斯拥有重兵。雷比达留守罗马，安东尼和屋大维联合统兵东征，恺撒派跟共和派各有19个军团，大约8万步兵2万骑兵。屋大维体弱多病，而且打仗不行，由安东尼出任统帅，在公元前42年，经过两次菲利比会战（Philipi），彻底击溃卡西乌斯和布鲁图斯的共和派军队，马古斯·布鲁图斯和卡西乌斯自杀。这次战役，决定了罗马共和国注定寿终正寝。

恺撒派赢得最终胜利之后，安东尼和屋大维不可避免地要为谁获得最高权力而冲突。除了后三头的三个人以外，争夺最高权力的，还有庞培的小儿子——塞克斯图·庞培（Sextus Pompey），他当年沦为海盗，现在控制着地中海的制海权。本来安东尼是恺撒派公认的领袖，而且作战能力比屋大维高出很多，但是此后十年有几件事情改变了力量对比。

后三头划分势力范围，安东尼得到整个东方和埃及，雷比达得到北非，屋大维坐镇罗马和高卢。不久，安东尼的妻子福尔维娅和弟弟卢修斯·安东尼在意大利半岛起兵反对屋大维，被屋大维驱逐。但当时安东尼在全力准备东征帕提亚帝国，以报复公元前53年克拉苏阵亡的卡莱战役，无暇西顾，而屋大维也不敢惹安东尼本人，所以这次战争以讲和告终，屋大维在意大利半岛排除了安东尼的势力。然后，三巨头合作，商定会攻西西里岛上的小庞培。安东尼仍然准备东征帕提亚，只提供舰队，本人不出征。屋大维和雷比达分别从意大利和北非南北夹攻西西里岛。屋大维不像恺撒，恺撒本人是西方古代历史四大名将之一，屋大维的政治才能虽高，但却不会打仗，幸好他可以依靠大将军阿格里帕（Agrippa）。

阿格里帕和屋大维是发小，两人同岁，一起在希腊留学。传说当时两个人去算命，算命先生先看阿格里帕，说你将来贵不可言，一人之下万人之上，战无不胜攻无不克。屋大维听着不是滋味，就转身想走，阿格里帕说既然来了就算算吧，结果算命先生一看屋大维，直接说“你就是世界的主宰”。阿格里帕率领舰队经两次海战消灭了小庞培，而战役结尾，盟军雷比达为争夺胜利果实，几乎与屋大维和阿格里帕兵戎相见。屋大维只身进入雷比达的军营，凭借恺撒的名字，策反了雷比达全军。雷比达成了光杆司令，只好降服，交出兵权，去罗马做了个地位崇高但没有实权的最高祭司，最后得享高寿。

屋大维在西部大获全胜，而安东尼那边，远征帕提亚帝国失败，声望和

从塔皮亚悬崖俯瞰罗马论坛全景

实力受到损害，他还成为埃及艳后克莉奥佩特拉的情人，这让罗马人很不以为然。而屋大维胜利以后，大将军阿格里帕以卸任执政官的崇高身份，自愿屈尊去当官位很低的罗马营造官　（Aedile），在任期当中以屋大维的名义，举办大型娱乐角斗活动，在罗马城大兴土木，建造引水道和各种公共建筑，为的就是替屋大维收买民心。

经过10年实力此消彼长的变化，公元前32年，屋大维操纵罗马向埃及宣战。他很有策略，不向安东尼宣战，而是向外敌埃及宣战，明知道安东尼肯定会站在埃及艳后一边，但屋大维却不用承担挑起罗马内战的罪名。公元前31年，大将军阿格里帕在决定性的阿克提姆海战中，战胜安东尼，安东尼逃回埃及首都亚历山大城自杀，克莉奥佩特拉也用毒蛇自尽，埃及成为罗马的一个行省，从此彻底亡国。而罗马共和国的500年历史，也注定走到了尽头，屋大维集罗马军政大权和各种头衔于一身，成为“第一公民”，从此开启了罗马帝国的时代，他自己就是开国皇帝奥古斯都。

面对罗马这座永恒之城，熟读罗马史的我竟有老鼠掉进了米缸里的感觉，全城众多的古罗马遗迹，一时不知道从哪里下手好。茫无头绪之下，最简单的决定也最正确：直奔圆形竞技场和卡皮托山之间谷地中罗马古迹最集中最宏伟的罗马论坛，这里是古罗马的神经中枢——元老院、公民大会讲坛（rostrum）、各大神庙、国家金库，全都荟萃这个区域。现在这里只有废墟遗迹，白天摩肩接踵的游客可能只有时间感叹一下两千年前罗马共和国和帝国的强大恢宏，就匆匆走过这片遗迹。只有知道这些残垣断柱原本是什么地方，这些地方发生过哪些故事，那才能真正看出名堂，看出精彩，看出怀古的情绪来。

从临近大圆形竞技场的南入口走进罗马论坛，左手边连起来的几根石柱，是维斯塔灶神神庙。维斯塔是罗马的灶神，灶神女祭司必须保持贞洁直到40岁还俗。如果在此期间失贞，要被处死，而如果能够守节，还俗的时候国家会给一大笔嫁妆。女祭司们都是出身崇高的贵族妇女，在罗马社会有相当特殊的地位，大竞技场里她们的专用包厢就在正中间，皇帝包厢对面。罗马建城之初，曾向萨宾人出卖罗马城，却被萨宾人事后处死的塔培亚，就是这里的女祭司。而罗马论坛尽头，卡皮托山面向论坛的陡峭山岩，那就是塔培亚被扔下悬崖的地方。

从灶神庙再向里走，左手边就是恺撒庙的遗迹。罗马人喜欢把去世的

皮卡托博物馆《垂死的高卢人》雕塑

皇帝尊为神，正如中国人把去世的祖先奉为神明一样，这在基督教徒看来是无法理解的。恺撒庙今天只剩下一些低矮的遗迹，恺撒的家就在后面的小路里。恺撒遇刺之前，与预言家对话时，就站在我今天所在的路口。

恺撒遇刺以后，遗体在这个地方火化，恺撒派大将安东尼，也是在这个地点发表了极具煽动力的《在恺撒葬礼上的演说》，博得罗马市民的同情，一举扭转罗马的局势。“昨天，恺撒的一句话足以翻天覆地，何等尊严！今天，他躺在这里，却无人理睬。”这篇演说词其实并没有流传下来，现在的演说词是莎士比亚写戏的时候编出来的。后来，恺撒的继子屋大维成为罗马帝国的开国皇帝，下令在这个地方建造恺撒神庙。

在论坛北端将近终点的右边，我终于来到了罗马的决策中枢——元老院，想当年在这两扇巨大的青铜门内外，上演过多少决定世界风云变幻的政治戏剧。在罗马共和国，国家的权力主体，就是“罗马公民和元老院”，这里就是整个地中海世界的权力中枢。元老院对面是罗马公民开会、保民官发表演说、公民大会投票通过法律的大会讲坛。元老院日常主持军国大事，而公民大会可以否决元老院的决议，通过元老院不得不遵守的各种法律。当年罗马大雄辩家西塞罗，因为发表攻击安东尼的系列演说，被安东尼所忌恨，安东尼掌权以后，派人杀死西塞罗，并把他的头颅和双手割下来，钉在大讲

罗马Mamertine监狱

罗马万神殿

罗马论坛农神萨坦神庙国库

罗马万神殿拱顶内部

坛的门楣上示众。

走完罗马论坛山谷，缓缓徒步登上卡皮托山，在半山腰左边有一座农业之神萨坦（ Saturn）神庙，这座庙里存放着罗马从各次战争中掠夺来的珍宝和财富，也就是罗马的国库。在罗马共和国和帝国时期，打了胜仗的将军举行凯旋式，一路到元老院门前，他的战利品，游行之后就送交这个国库。在整个罗马论坛东端，是卡皮托山的塔培亚悬崖。悬崖顶上原本有罗马最高神祇，朱庇特大神的庙宇。美国的国会山，就从罗马卡皮托山得名。其实美国建国的时候，从理念到仪式和建筑，很多都在效仿罗马共和国。

走上卡皮托山之后，左边有座不太起眼的建筑，这是古罗马的监牢，叫作Mamertine，现在只留存了一个非常小的地牢，可以下去看。普通游客一般都不会注意这里，这里在罗马时曾关押过最重要的国家公敌——“朱古达战争”里的北非国王朱古达、领导高卢人民大起义被恺撒击败的维钦格托列克斯，最后他们被处死。基督的大弟子圣彼得，第一任罗马主教，在被倒钉上十字架之前，也关押在这里。可能就是因为圣彼得的缘故，这里成了一个朝圣所在，后世被比较完整地保留下来。

罗马共和国到帝国这一时代的遗迹，除了集中于罗马论坛这一片以外，其他散见于城里各处，其中必到的朝圣之处，就是市中心的罗马万神殿（Pantheon）。罗马人信奉多神教，除了大神朱庇特、海神尼普顿、美神维纳斯、战神马尔斯这些著名的神，甚至很多皇帝，死后都能成神。这座万神殿供奉罗马人和其他民族所信奉的一切神祇。罗马人的宗教政策如此开明，是由他们多神教的性质所决定的。被征服的其他民族，只要你也承认罗马这些神，那无论你信奉什么，帝国概不干涉。

万神殿正面是典型的希腊神庙式样，门楣上雕刻着拉丁文“马古斯·阿格里帕第三执政官任期内建造”，他就是为奥古斯都大帝屋大维建立罗马帝国而打遍天下的开国大将军。这座万神殿是平定天下建立帝国之初，由阿格里帕主持修建的。不过阿格里帕的万神殿不久后毁于火灾，我们现在看到的万神殿，基本上是100多年以后，罗马帝国五贤帝之一哈德里安皇帝主持重修的形制。

万神殿的大穹顶是“万拱之母”，它的圆拱高度和直径正好相等，越向顶端水泥越薄，内部方格纹饰，天顶开窗透入阳光，显得轻盈。后世要到400多年以后，东罗马拜占庭帝国在君士坦丁堡（今天土耳其伊斯坦布尔）的索菲亚大教堂，才造出可堪与之媲美的超大拱顶。而在西欧，整个中世纪一千多年再没有人能复制这样规模的穹顶，直到文艺复兴时期，布鲁内莱斯基（Bruneleschi）和米开朗琪罗通过仔细研究罗马万神殿穹顶的结构，才各自设计出了佛罗伦萨圣母百花大教堂和梵蒂冈圣彼得大教堂的穹顶。

万神殿里面，左右两侧分别埋葬着近代意大利统一时期的两位国王——艾曼纽尔和乌博托父子。在正中央神坛左侧，是文艺复兴三大师之一拉斐尔的墓。拉斐尔只活了37岁，随着拉斐尔的去世，文艺复兴的全盛时期宣告结束。还有那位开创罗马帝国的“第一公民”奥古斯都·屋大维，今天长眠在罗马城北靠近台伯河边的奥古斯都陵墓。陵墓呈圆形，最近10年都在重新整修，从外围只能看到一些封土遗迹，开创千年基业的帝王长眠在这荒烟蔓草之间，倒真应了《红楼梦》“好了歌”中那句“古今将相在何方，荒冢一堆草没了”。

第三节　帝国兴衰

罗马帝国从什么时候起始，众说纷纭。有人认为是阿克提姆海战，屋大维战胜安东尼的公元前31年。但更科学的方法，是从罗马元老院授予屋大维无限权力的公元前27年算起。罗马从公元前87年马略苏拉之争开始，打了大半个世纪的内战。实践证明，软弱的共和制不能防止罗马世界再出现军阀混战，中央集权才是符合罗马最广大平民利益的解决办法。

可是当时罗马上层贵族的共和思想仍旧强大，伟大的恺撒就因为用刀剑来埋葬共和制，却不免死于刀剑之下。公元前28年，屋大维和阿格里帕担任执政官，彻底清洗元老院，撤去不听话的元老，换上自己的亲信。第二年，屋大维向自己控制的元老院交出权力，还政于民，元老院授予屋大维“奥古斯都”尊号。

早期罗马帝国不是我们理解的君权神授、父死子继的典型帝制，而是元首制，名义上还是共和国，只不过奥古斯都本人把军队统帅、终身保民官、最高祭司、监察官、元老院首席等等职位集于一身，称“第一公民”或曰“元首”，继承制度也不是帝制，而是在任元首把着力培养的继承人收为义子，在很长的时间里培养他的个人威信。权力交替名义上还是由元老院选举决定，但实际上指定的继承人以自己的威望，会顺理成章地当选。

奥古斯都指定的继承人，就是开国大将军、亲密战友阿格里帕。按中国传统的权力斗争思维方式，阿格里帕功高震主，就像韩信之于刘邦，可是实际上奥古斯都一直对阿格里帕信任有加。阿格里帕在罗马建成了世界历史上第一支消防队、第一个警察组织，建成万神殿，可惜阿格里帕和奥古斯都同岁，病逝于奥古斯都之前。奥古斯都没有儿子，只有一个女儿。他的妻子利维娅（ Livia）和前夫所生的两个孩子，提比略（Tiberius）和德鲁苏斯（Drusus），就以元首继子的身份成为继承人。

奥古斯都一向不喜欢这对兄弟中的哥哥提比略，着意培养弟弟德鲁苏斯，可是德鲁苏斯也早死；然后奥古斯都又收养阿格里帕的两个儿子做义子，准备由其继位，结果他们也病死了；再指定德鲁苏斯的儿子，也就是皇帝的孙子准备隔代继承，又死了。其实提比略是个非常优秀的军事统帅，他知道皇帝继父不喜欢自己，曾经有一段时间自动隐居到那不勒斯以南的卡普里岛上，远离罗马政坛。但当皇帝所中意的第三代继承人都死光了之后，公元14年，罗马帝国开国皇帝奥古斯都以高龄寿终正寝，提比略顺理成章登上帝位，成为第二任元首。

提比略皇帝在罗马史书上名声不好，主要有两个原因：一是塔西佗的《历史》对他的负面描述太多，因为塔西佗对皇帝有偏见；二是提比略被奥古斯都压抑的年头太长，性格难免扭曲，所以为人多疑。其实提比略早年是非常成功的军事统帅，而当上皇帝以后，待人谦虚有礼，勤于政务，国家过了20年太平日子。可是提比略晚年宠信近卫军统领赛亚努斯（Sajanus），逐渐不理朝政，而赛亚努斯有个人野心，他离间皇帝和两个儿子的关系，进谗言害死皇位继承人，想让皇帝收养自己做义子，继承皇位。

在赛亚努斯就要成功的最后关头，提比略皇帝清醒过来，发动政变清洗了赛亚努斯。但这个事件也损害了皇帝本人的心智和健康。皇帝追悔莫及，一蹶不振，公元37年，在位23年以后，提比略病逝。

提比略的继承人，是其义子日耳曼尼库斯的儿子盖乌斯。在历史上，他被人熟知的是绰号“卡里古拉”（Caligula），意思是小军靴，因为他从小跟统帅父亲日耳曼尼库斯在前线军营里长大，穿着儿童款的军靴。卡里古拉即位初始还像模像样，但即位后半年大病一场，不知道是因为这场疾病让他疯狂，还是年纪轻轻拥有了皇帝权力，让他忘乎所以，反正从此之后，卡里古拉开始倒行逆施，提高税率，杀死贵族抢夺钱财，剥夺元老院的权力和尊严，与自己的亲妹妹通奸，甚至任命一匹马当罗马执政官。

罗马大竞技场

卡里古拉在位3年10个月，公元41年近卫军发动政变，卡里古拉在宫中被刺死，身被30多处刀伤。当时他29岁，妻子女儿在政变中同时被杀。意大利情色电影大师丁度·巴拉斯有部很著名的电影《卡里古拉》就是描写这位著名暴君的故事，中文翻译成《罗马帝国艳情史》。虽然是部色情片，但是其中对历史还是挺尊重的，尤其对卡里古拉心理状态的刻画很到位。

罗马帝国第四位皇帝是克劳狄（Claudius），是提比略的侄子，奥古斯都的孙子，卡里古拉的亲叔叔。从血缘上说，克劳狄早就应该是皇位继承的争夺者之一，可是他从小体质弱，又口吃，被认为是智障者，连他的母亲安东尼娅（安东尼的女儿）在形容某人很笨的时候，都会说“比我儿子克劳狄还笨”。奥古斯都和提比略两任皇帝，从来没把克劳狄当回事，其实克劳狄只是外表木讷，反应慢而已，智力没有问题，相反，他有很多时间博览群书，在社会底层平民里面也受到尊重。卡里古拉被刺的时候，克劳狄也在宫廷，近卫军士兵把克劳狄从藏身的帘子后面揪出来，克劳狄跪下乞求饶命，士兵却对克劳狄高呼万岁，拥戴他成为皇帝。

克劳狄是个好好先生，他看上去智力不高，反应迟钝，遇事也不太有自己的主张，容易受周围人的影响。而且克劳狄贪嘴，吃完了还会当场打瞌睡，经常被罗马上流社会传为笑柄。因为他吃饭的时候咂嘴很大声，还特意要制定一条法律，宣布“吃饭咂嘴出声为合法，不许嘲笑”。但克劳狄是个博学的皇帝，甚至写过赌博术的书。他精通希腊语，在历史学家李维的帮助下，用希腊语写成2卷内战史、41卷奥古斯都朝历史、8卷本自传，还创作过埃特鲁斯坎史和迦太基史，首创了3个拉丁字母。

克劳狄颇有知人善任的能力，像大将加尔巴（Galba）、韦伯芗（Vespacian）这两位未来的罗马皇帝，都是克劳狄发现的人才。对外方面，克劳狄皇帝征服了不列颠，并因此获得凯旋式荣誉。克劳狄的婚姻很荒唐，最终也是死在妻子手上。他结过四次婚，第三个妻子玛萨丽娜（Messalina）给他生了个儿子。但这位皇后是个荡妇，据塔西佗记载，她荒唐到会和一名妓女比赛，看谁一晚上接客接得多。到公元48年，玛萨丽娜皇后居然和下一年指定的执政官西里乌斯(Sillius)公开结婚，历史上还从来没有听说过皇后会不要皇帝，去犯重婚罪的。克劳狄把皇后和她的丈夫全部处死，还告诉近卫军，自己以后要是再结婚，就让近卫军当场杀了自己。可是他的确又结婚了，而且是和自己亲侄女阿格里皮娜(Agrippina)。阿格里皮娜之前嫁过一次，跟前夫有个儿子，就是未来的罗马皇帝尼禄。阿格里皮娜一心想要自己的亲生儿子尼禄继位，于是在克劳狄最喜欢吃的蘑菇里面下毒，害死了丈夫。克劳狄在位13年。

尼禄是历史上著名的暴君。登位之初，太后阿格里皮娜垂帘听政，尼禄可是个狠角色，他登基第二年就放逐母亲。有一次尼禄邀请阿格里皮娜吃饭，以一艘用胶水粘起来的木船送阿格里皮娜回家，想淹死母亲，阿格里皮娜游泳上岸；尼禄再借口阿格里皮娜阴谋刺杀皇帝，索性令舰队水手打死了阿格里皮娜。从此尼禄开始胡作非为。

尼禄颇有点演艺天赋，写得一手好诗，会弹竖琴、唱歌、演戏，精于马术。这些业余爱好，用来养性怡情固然不错，可是尼禄的表现欲太强，居然不顾九五之尊，登台演出。他还是奥运会冠军——尼禄巡游东方，赶上四年一次的古希腊奥运会，报名参加赛车项目，参赛规则规定：所有选手的赛车最多有4匹马，而皇帝的车应该有10匹马拉。马力大的车子也不一定就能赢，尼禄的车子马力太大，中途散架了，可是他仍然夺得了奥运冠军，因为没有人敢赢皇帝。

公元64年7月18日罗马大火，烧了整整一周，罗马14个区被毁10个。《十二帝王传说》里说是尼禄指使人放火，他还在城外高地上边看边弹琴作诗，赞美大火壮观。其实这应该是杜撰出来的，尼禄当时不在罗马，而在安提乌姆城（Antium），他及时赶回罗马，积极指挥救火救灾。尼禄就算想纵火，也不会选那天晚上，因为那天是月圆之夜，那么大规模的纵火，肯定会被人发现，尼禄还没那么傻。

但尼禄在大火之后的作为，给批评者以口实。他大规模重建和新建纪念性建筑，为了筹集工程资金，减低金银币成色，制造通货膨胀。当时社会上就有谣言说是尼禄故意放火，皇帝为了转移视线，嫁祸于一个当时刚刚兴起的秘密宗教团体——基督教。圣经十二使徒中的圣彼得、圣保罗、圣雅各，都是尼禄朝被迫害死的。尼禄无疑是个坏皇帝，可是没有像后来传说中那样坏到极点，因为他迫害基督徒，而300年后基督教成了罗马国教，再进一步成为欧洲文化的主流，掌握话语权，所以尼禄很多坏得出格的故事，多数属于后世附会上去的。公元68年，西班牙、高卢、北非的罗马总督起兵讨伐尼禄，他众叛亲离，于公元68年6月9日自杀，死时30岁，在位14年。从奥古斯都·屋大维建立罗马帝国算起，经朱里亚-克劳狄王朝到尼禄终结，凡五帝，历经95年。

今天在罗马圆形大竞技场侧面，离地铁不远处，有一处正在发掘过程中的古罗马遗迹，传说中暴君尼禄的“金屋”宫（Domus Aurea）就在这里。这个金屋和中国成语“金屋藏娇”没有任何关系，只是形容其华丽辉煌。尼禄自杀之后，他的“金屋”被废弃，所以现在只是废墟而已。因为这是正在发掘整理过程中的考古现场，只对少数人开放，必须提前在网上预约，在指定的时间进场，带团解说的人，不是普通导游，而是真正的考古工作人员。如果你对罗马史兴趣不大，或者想象力不够丰富，这里其实看不出什么来。

尼禄死后的所谓“四帝之年”，是罗马自屋大维开国百年以来的第一次内战，一年之内先后有四个军阀称帝。先是西班牙行省总督加尔巴被元老院选为元首，很快罗马近卫军杀死加尔巴，奥托（Otho）当上元首。同时莱茵河前线军团拥戴日耳曼尼亚总督韦提里乌斯（Vitelius）称帝，向罗马进军，奥托自杀。可是笑到最后的，是在东方指挥犹太战争的大将韦伯芗。他在克劳狄皇帝征服不列颠的战争中就担任军团长。尼禄皇帝派韦伯芗率领罗马军团出征约旦，平定反叛的犹太人。罗马大乱的时候，韦伯芗和儿子提图斯（Titus）两个人正在指挥军团围攻耶路撒冷。他手下的精锐野战军团，加上叙利亚行省的驻军、北非驻军、多瑙河军团，都拥立韦伯芗为帝。韦伯芗留下儿子提图斯继续围攻耶路撒冷，其他军团从各个方向进军罗马，杀死了韦提里乌斯。

尼禄金宫遗址内部

韦伯芗父子开创了弗拉维安皇朝（Flavian）。他在位10年，公元79年病死之后，长子提图斯继位。又3年，之后是提图斯的弟弟图密善皇帝（Domitian）在位15年。在弗拉维安皇朝期间，罗马兴建了今天的圆形大竞技场，所以它又叫“弗拉维安竞技场”。

伦敦的地标是议会大厦和伦敦桥，巴黎的象征是埃菲尔铁塔和凯旋门，而罗马，毫无疑问就是竞技场。我小时候最喜欢的书籍是《基督山伯爵》，至今还记得书中伯爵在入夜荒凉的罗马竞技场和强盗头子神秘接头的场景。不过现在想要夜里走进大竞技场凭吊一番是不可能了。

在外观上，竞技场似乎全是石头砌成，从下到上三层的外墙上，分别用多里克（Doric）、爱奥尼克（Ionic）和科林斯（Corinthian）三种柱头的石柱装饰。这是古希腊经典建筑的三种柱式。多里克石柱在顶端没有任何装饰，就是最简单的柱子，雅典卫城巴台农神庙用的就是多里克柱式，它最为简洁有力。爱奥尼克石柱是在柱头顶端两侧用向下卷曲的涡卷结构装饰，雅典卫城上的胜利女神庙便用这种柱式。这种石柱装饰最早起源于小亚细亚半岛的希腊文化城邦，这个地区叫作爱奥尼亚地区，然后才传入希腊本土，因此而得名。第三种科林斯式出现得最晚，柱头上用花叶图案做繁复的装饰，看上去最华丽，罗马万神殿的柱子就是这种。而罗马圆形竞技场每层用一种不同的柱式，最上面的第四层则是三种柱式混合。

从内部看，大竞技场其实主要是混凝土砌砖建成的。罗马人发明了混凝土，因为混凝土的延展性和强度，罗马的建筑物体量可以非常巨大。所以最典型的罗马建筑物，其实不是像古希腊那样纯用巨石，而是外墙用红砖砌一个框架壳子，内部浇筑混凝土。外壳再用大理石板或者壁画装饰。

罗马和希腊相比，在建筑技术上实现了两方面的飞跃：一个是用大拱顶，可以不需要像古埃及和希腊建筑那样用很多柱子支撑屋顶，内部拥有无障碍的大空间；另一个就是混凝土材料。平心而论，罗马的建筑很宏伟，但是很少像希腊建筑那样称得上漂亮。早期的罗马人可不像今天的意大利人，他们不重视外观设计上的华丽，只重视体积和实用性。

大竞技场落成于公元80年，能容纳5万观众，是韦伯芗和提图斯皇帝父子在位时建造的，恺撒和奥古斯都大帝都没有见过它。竞技场内部中央赛场的那些区隔，实际上当年是地板以下的储藏室和走道，顶上铺木板成为赛场中心，木板上再撒上沙子，以吸收角斗表演中人和猛兽流出的鲜血，使地面不至于湿滑。所以英语里“体育场”（arena）这个词，就是从拉丁文“沙子”变来。竞技场两个长边的正中间，分别是维斯塔灶神贞女祭司和皇帝的看台。当角斗士一方失败垂死的时候，胜利的一方停手询问皇帝：“大王，杀，还是不杀？”皇帝拇指向下表示杀，拇指向上表示赦。

在竞技场和今天的罗马论坛遗迹之间，有提图斯凯旋门。这是罗马城第一座凯旋门，纪念韦伯芗、提图斯父子平定约旦叛乱，攻陷耶路撒冷的功绩。提图斯的罗马军团毁灭了耶路撒冷城的犹太教第二神殿，只留下一面西墙，就是今天耶路撒冷的犹太圣地——哭墙。

韦伯芗和提图斯父子都是好将军和好皇帝，而图密善比他哥哥年轻得多，在随图尼乌斯的《罗马十二帝王传》、塔西佗的《历史》和小普林尼的著作中，图密善都是坏皇帝。但是这三个古代作家全是罗马元老，而图密善和元老院的关系一直非常紧张，所以古书在这方面是不公正的。图密善的施政手段的确冷酷无情，但是政绩不错，国家也安定。公元96年，图密善被谋杀，他没有儿子，他的朋友涅尔瓦（Nerva）被近卫军拥戴为帝。涅尔瓦在位两年不到，但他是著名的“五贤帝”的第一位。

今天，从圆形竞技场越过侧面的君士坦丁凯旋门，马路对面的山丘，就是帕拉亭山（Palatine Hill）。这座山丘位于罗马论坛的侧面，山上有图密善皇宫。那就是图密善皇帝留下的遗迹。在他建造皇宫之前，帕拉亭山就是罗马巨头们喜欢聚居之地，当年巨富克拉苏、阴谋家喀提林、雄辩家西塞罗、帝国开国大将军阿格里帕这些大人物，都住在这山上。今天的帕拉亭山，被图密善皇帝宏伟的皇宫遗迹所覆盖。而帕拉亭山背向罗马论坛的另一侧山下有占地面积极大的赛车场。罗马人除了热衷角斗，还热衷赛车，皇帝的寝宫就在赛车场一侧，有包厢俯瞰赛场。

经典电影《罗马假日》里面著名的“真理之口”，传说说谎的人把手伸进雕像的嘴里会被吃掉的那个景点，就在罗马赛车场和台伯河之间的这片地区。在古罗马时代，“真理之口”这个雕塑是做什么的，一向有很多猜测。最通常的说法是讲它是个井盖。我自己不相信这说法，因为把神的头像雕刻在井盖上让万人踩，听起来很不合理，况且为什么井盖上要留这么大的出水口？我比较相信它是喷泉出水口的说法。

涅尔瓦皇帝为人谦逊，我估计他也是不得不谦逊。他登位的时候已经65岁高龄而且没有儿子，临时被近卫军和元老院推上宝座，没有个人势力和羽翼，所以不得不搞平衡。他内心同情前任皇帝——被暗杀的图密善，但是经常被迫按照元老院和近卫军的意志继续诋毁图密善。可是他的政策明智，而且选择了一位伟大的继承人——图拉真皇帝（Trajan）。

公元98年涅尔瓦病死，图拉真继位。图拉真很久以来就受到军队拥戴，但是继位以后迅速清洗了近卫军里的反叛分子。图拉真在位19年，在此期间罗马帝国的威势达到极盛，经过两次达西亚战争（Dacia），罗马彻底征服达西亚，而且这块地方后来罗马化得如此彻底，以至于罗马帝国亡国以后，这里的人们无论从语言上还是文化上，都保留了欧洲最纯粹的罗马痕迹，国名就叫作“罗马尼亚”。之后，公元113年，图拉真东征帕提亚帝国，先彻底占领两大帝国之间的缓冲国亚美尼亚，之后挥兵南下，横扫整个两河流域，攻占帕提亚帝国的西都泰西封（帕提亚帝国还有东都）。图拉真皇帝从两河河口出发，泛舟波斯湾。

在图拉真时期，罗马帝国的疆域达到历史顶点。征服两河流域击败帕提亚帝国的武功很了不起。因为当年罗马刚刚跟帕提亚打交道的时候，公元前53年卡莱战役，那位曾经平定斯巴达克思奴隶起义的罗马首富，和恺撒、庞培结成“前三头”政治同盟的克拉苏将军全军覆没，战死沙场。后来恺撒扫平天下，准备远征帕提亚复仇，可是出师之前被刺。再后来安东尼远征帕提亚，又是败归。奥古斯都大帝建立帝国以后，对帕提亚只采取威慑防御政策，不再进攻，满足于派使节要回克拉苏大军当年被缴获的军团鹰标。到图拉真皇帝的时候，罗马终于对帕提亚占了一次上风。

但是这次压倒性的胜利并不持久，两河流域被征服之后，很快爆发全民起义，而公元117年图拉真本人病逝，所以罗马退出了两河流域，亚美尼亚重新独立，图拉真帕提亚之战的胜利果实化为乌有。图拉真在今天的罗马城也留下了永久的纪念碑。在罗马论坛的东侧，与帕拉亭山相对的位置，依山势还保留着大片建筑废墟，和罗马论坛只有一街之隔，依稀可以看出当年的规模，那是图拉真市场，有图拉真皇帝建成的浴场、市场、神庙等公共建筑群。在图拉真市场顶端，今天的意大利独立纪念碑侧面，有一座高大的白色大理石浮雕纪念碑。这座图拉真纪功柱是古罗马纪念碑艺术的杰作，柱身上镌刻着螺旋形上升的浮雕，像连环画一样刻画了图拉真皇帝对外征服战争的场面，柱顶上的立像原是皇帝本人，到1500年代，罗马教皇把它改成了圣彼得立像。

这座图拉真纪功柱的形式常被后世效仿，最著名的例子莫过于法国皇帝拿破仑在奥斯特里茨战役胜利之后，在巴黎旺多姆广场中心所立的纪念碑，就完全照抄图拉真纪功柱的螺旋浮雕叙事模式，只是把材质从白色大理石，换成了缴获的敌军大炮所熔的青铜。

图拉真选定的继承人，是其表亲哈德里安（Hadrian）。二人之间，图拉真对外征服，而哈德里安更多的是巩固边疆，做承平之君，他本人也喜欢巡视帝国各处。哈德里安皇帝在位期间，罗马国势最为强盛，他和帕提亚签订合约，在不列颠和多瑙河、莱茵河边境修建防御工事。我曾经专门去英国中部横贯岛屿的“哈德里安长墙”参观，那就是哈德里安皇帝在位时期修的罗马版“长城”。今天在雅典市中心，还有哈德里安拱门，而罗马附近的提沃利小城有座哈德里安别墅。说起哈德里安别墅，值得着重强调，也值得花一整天的时间专程走出罗马城造访。因为它是今天意大利流派园林艺术的鼻祖。

大致来说，欧洲的园林艺术分三派：英国式园林喜欢模拟自然，最接近中国古典园林艺术；法国式园林喜欢整整齐齐的几何线条，连树冠都修剪成

哈德里安别墅

圆柱正方这样的形状，追求气势宏大；而意大利式园林借山势和流水制作喷泉景观则是一绝。意大利式园林的鼻祖，就是哈德里安皇帝在罗马城外30多公里处给自己修的这座私人别墅。这座别墅当初竟然占地18平方公里之巨，虽然今天很多建筑物历经两千年的风雨与人为劫掠，只能大致从残骸里看出全盛时期的面目，但仍然令人惊讶于古人的审美情趣。

它最大的特点是以水作为整个院子的主要元素，设计复杂的引水管道贯穿全园建筑和景致，提沃利山上的河水被引进来，顺山势贯穿整个园区。当年这里有无数喷泉、水帘洞、瀑布和运河，据说最具匠心的一处是用流水环绕餐厅，皇帝和宾客可以倚靠在遮阳篷下的半圆形长椅上，以面前的水渠为桌子，让菜肴漂浮在水面上。

哈德里安留到今天的另一处罗马名胜是他的陵墓，就是今天梵蒂冈附近台伯河边的圣天使堡。从梵蒂冈圣彼得广场出来，直接走到台伯河边就到了。圆形陵墓非常高大，在西罗马帝国末期被用作堡垒，成为城防工事的一个有机组成部分。当蛮族军队围城，战况紧急的时候，守军甚至抓起陵墓上的雕刻，当作滚木礌石砸下去——真是暴殄天物啊。到中世纪，这里完全变成了一座堡垒，堡垒顶上雕塑一个擎剑的大天使长形象，所以被称为圣天使堡。为什么雕刻天使呢？据说公元590年教皇圣人格里高利在这里祈祷结束黑死病瘟疫时，看见了天使。

从天使堡的顶层可以俯瞰脚下的台伯河、罗马城和贝尼尼设计的天使桥。天使桥上两列天使，各个不同，是巴罗克风格的杰作。在普契尼的歌剧《托斯卡》结尾，女主人公托斯卡就是从天使堡上纵身跳下来的。

哈德里安皇帝还重建了阿格里帕的罗马万神殿。哈德里安在位期间唯一一次大的战争，是公元135年犹太民族再次起义，罗马军团以大规模屠杀的手段，彻底平息了犹太问题，从此犹太人开始在全世界流浪。

哈德里安病逝于公元138年，继承人是义子安东尼·皮乌斯（Antonius Pius）。皮乌斯皇帝在位23年，从没有打过仗，国泰民安，是垂拱而治的典型。他在公元141年给死去的妻子建造的庙，在他死后变成夫妻两个人的庙（Temple of Antoninus and Faustina）。在今天的罗马论坛废墟当中，是保存最好的建筑之一，就在论坛中段灶神庙对面。

皮乌斯之后是“五贤帝”的最后一位，马可·奥利略（Marcus Aurelius）。马可·奥利略皇帝公元161年到公元180年间在位，他就是电影《角斗士》里老皇帝的原型。他在位的后期，莱茵河多瑙河前线日耳曼民族各部落越来越不安分，日耳曼族系的马可尼部落犯边，奥利略皇帝御驾亲征，取得决定性胜利，但是在公元180年，他在军中感染瘟疫病死。奥利略皇帝本人还是一位哲学家，而且是斯多葛派哲学家里面最重要的一个，在行军打仗的空隙，著有《沉思录》。

我在卡皮托山上的博物馆里，找到了马可·奥利略皇帝骑像，它有两尊，博物馆里的是真品原件，外面广场上的是复制品。这可能是世界艺术史上最好的英雄骑像，皇帝骑在马上，英姿焕发，手指前方，应该是在广场上向整装待发的千军万马慷慨陈词。后世大多数表现英雄骑马的雕像都采取一手前伸的姿势，多多少少都是向这座雕像致敬。奥利略皇帝还有一座和图拉真皇帝一样的螺旋形浮雕纪功柱，现在在罗马科罗纳广场上（Piazza Colona）。

既然提到电影《角斗士》，那自然要接着讲到奥利略的儿子，电影里面年轻的坏皇帝的原型，公元180～191年在位的康茂德皇帝（Commodus）。

赛维鲁凯旋门

他的父亲是五贤帝的最后一位，而帝国的衰落从康茂德开始。康茂德个人精力旺盛，身体强壮，但是不喜欢过问政务，只喜欢打猎、赛车等等体育运动，甚至亲自参加角斗。如果和人角斗，皇帝自然总归是赢的，不会有任何危险，但他也与野兽角斗，据吉本的《罗马帝国衰亡史》，康茂德曾经一天杀死了100头狮子，也曾经一天杀3头大象。不过康茂德皇帝不是在角斗的时候被角斗士杀死的，而是他在洗澡的时候被人勒死在澡盆里。

在卡皮托博物馆里，奥利略皇帝骑像旁边，也有康茂德的胸像。在雕像中，他头上戴了一个狮子头，那是打猎的战利品，同时也说明他在模仿古希腊神话中的大力神赫克里斯。因为传说和艺术作品中，大力神赫克里斯都是身披狮子皮，头顶狮头盔，手执狼牙棒的形象。

康茂德死后，公元193年是“五帝之年”，先是元老院选出的皇帝被近卫军杀死，然后近卫军拍卖皇帝头衔，出价最高的称帝，而赢得拍卖的，又必须面对三位领兵在外的罗马总督的挑战，最后，潘诺尼亚（Pannonia）行省总督塞维鲁 （Septimius Severus）进军罗马，杀死拍卖的胜者，又打败另外两个总督，结束了帝国的无政府状态，开始了塞维鲁皇朝。塞维鲁是第一个出生于非洲的罗马皇帝，也是战士皇帝。他在位18年，提高军费，扩充军团数量，东征帕提亚，继图拉真皇帝之后，又一次占领帕提亚首都泰西封。这是罗马帝国两百年全盛时期的尾声。塞维鲁为纪念这次武功而建造的塞维鲁凯旋门，现在坐落在罗马论坛废墟的尽头、元老院旁边、登上卡皮托山的坡道起始处。

塞维鲁的儿子是卡拉卡拉皇帝（Caracalla，这不是真名，是绰号）。211年塞维鲁皇帝在巡视边疆时病死于不列颠，两个儿子被拥立为并肩的皇帝，但很快卡拉卡拉就刺杀了自己的弟弟盖塔。卡拉卡拉在位6年，是罗马史上著名的暴君，但他在位时期有一项特别重要的举措，就是给帝国境内所有的自由人以罗马公民身份。从此，“罗马人”不再是罗马城或意大利盟邦的特权，整个帝国的人无论出身哪里，都是“罗马人”。

今天在罗马城南，保存了卡拉卡拉修建的规模庞大的浴场遗迹，叫作“卡拉卡拉浴场”。文艺复兴时期，罗马人在发掘卡拉卡拉浴场的时候，曾经出土了轰动一时的《法尼斯公牛》和《休息的大力神赫克里斯》两件雕塑，上一章写那不勒斯国家考古博物馆藏品的时候提到过，都是艺术史上的传世名作。

公元217年卡拉卡拉被刺，之后的两任皇帝也都被杀，后来近卫军在222年拥立13岁的亚历山大·塞维鲁（Alexander Severus）登上皇位。亚历山大·塞维鲁少不更事，不是个坏皇帝，只是太软弱，无法建立军功得到军队的拥戴，于是在13年相对平静的统治之后，他率领军团在莱茵河与日耳曼蛮族作战，想要用收买的办法让日耳曼人退兵，被罗马军团所蔑视。军团兵变杀死了这个塞维鲁皇朝的最后一帝。

罗马帝国从五贤帝的最后一位马可·奥利略开始，就面临着越来越大的日耳曼蛮族入侵的压力，到塞维鲁皇朝的最后，又在东方面临萨珊波斯帝国的挑战。从亚历山大·塞维鲁被杀的235年开始，之后50年的时间里，罗马帝国走马灯似的换了25个皇帝，面临经济、军事、政治上的重重危机，内忧外患，非常混乱。这段时间，历史上称为“三世纪危机”。

284年戴克里先皇帝（Dioclesian）出来重振国威，稳定内外局势，使罗马暂时摆脱了近一个世纪的危机。在戴克里先大帝的改革措施当中，有一项是将帝国分为两部分，由东西两位皇帝来统治，尊号“奥古斯都”。他任命马克西米利安（Maximian）为西帝国皇帝，自己做东帝国皇帝。这两位奥古斯都皇帝之下，各有一位“恺撒”，用今天的话讲，就是助手、副统帅，兼法定继承人。

帝国的分治在戴克里先时代，首先是军事形势的需要，到了后世，逐渐因为文化、民族等等差异而使东西两帝国渐行渐远。罗马是环绕地中海的国家，东西距离远大于南北。依靠了境内发达的战略道路网络，不列颠境内的军团，有时可以在两周之内强行军赶到多瑙河前线，但是要在帝国东西两线之间统一调动兵力，比如说从不列颠或者西班牙去叙利亚，那就很困难了。而蛮族进攻的两个世纪里，帝国生存的首要条件，就是有效地保卫帝国边境，因此东西两位皇帝分治，在军事上，也算顺理成章。

按照中国传统的政治观念，天下大一统，天无二日，国无二君。在4世纪的罗马，情况并非如此，东西帝国之间并非水火不容的关系，其实更多的是声气相通，互为奥援。从法理上，西帝国的皇帝要东帝国承认才算数，反之亦然。

305年戴克里先和西帝国皇帝马克西米利安同时退休，这是罗马史上首次皇帝自动退休的情况，戴克里先在亚得里亚海边，即今天的克罗地亚斯普利特（Split）城给自己造了一座宫殿颐养天年，到今天戴克里先宫还是斯普立

罗马论坛安东尼皮乌斯皇帝夫妇神庙

特的主要名胜。

东西帝国两位副王（恺撒）顺利晋升为皇帝（奥古斯都），但是第一任西帝国奥古斯都的儿子马克森提乌斯（Maxentius）和第一任西帝国恺撒（也就是第二任西帝国奥古斯都）的儿子君士坦丁（Constantine）都起来争夺皇位，想成为整个帝国的皇帝。退休的老皇帝戴克里先弹压不住，病死于311年。

312年，君士坦丁在罗马城外的米尔万桥之役打败马克森提乌斯，不但登上皇位，而且成为东西帝国的共主。相传君士坦丁在米尔万桥战役前一天夜里，看见空中燃烧的十字架，第二天果然打了胜仗，因此君士坦丁皇帝把基督教定为罗马帝国的国教。基督教文化和希腊—罗马文明合流，堪称西方史上最重要的事件。今天在罗马大竞技场侧面的君士坦丁凯旋门，就是为纪念米尔万桥之战而建。

罗马城里另有两处纪念君士坦丁大帝的古迹。在罗马论坛西入口右手边特别巨大的三座拱形结构的砖混建筑，是君士坦丁巴西利卡（Basilica）。所谓巴西利卡，在古罗马是政府的公共建筑，一般用于处理法律事务，相当于今天的市政厅或者法院办公楼。巴西利卡建筑样式因为规模大，容纳的人多，拱形屋顶又保障了内部空间不会被立柱所分隔，因此被基督教借鉴作为教堂的基本样式，所以后来罗马的教堂才被称为巴西利卡。在这座巨型的君士坦丁大会堂里，原先立着的皇帝的巨型大理石雕像，在后世的战乱当中坍塌，残余的雕像头颅、手指和脚，现在保存在卡皮托博物馆的院子里供游客参观。从雕像残存的头颅上，我们还能看到君士坦丁大帝的面貌。

君士坦丁在欧亚交界的博斯普鲁斯海峡边，古希腊殖民城邦拜占庭故城的遗址上建了君士坦丁堡，作为帝国的新都。337年君士坦丁死后，罗马帝国相对平静了一段时间。公元378年，受到匈人压迫的日耳曼部族哥特人移民进入帝国边境并发生起义，哥特人的骑兵大败罗马军团，这一年的阿德里安堡战役，成为骑兵取代步兵作为战场上决定性兵种的里程碑事件。

但是罗马两千年历史上山重水复的例子已经不止一次了，这次出来做定海神针的，是提奥多西皇帝。提奥多西在位期间击败哥特人的挑战，将东西两帝国重新统一于一顶皇冠之下，成为罗马帝国最后一位两帝国共主。395年提奥多西死后，他的两个儿子分别继承两个皇位。提奥多西皇帝在位期间，

君士坦丁凯旋门

为了确立基督教唯一正统国教的地位，大力清除帝国境内传统古希腊罗马多神教的文化遗迹。古代奥运会就是提奥多西禁止的，奥林匹亚的宙斯神殿和其他各个神庙、希腊德尔斐（Delphi）的阿波罗神殿、提洛岛（Delos）上的神庙等等，这些古希腊的文明遗迹，现在只留下残垣断壁，都是提奥多西皇帝下令拆毁的。

这时的历史，已经走到公元4世纪末和5世纪初，民族大迁徙对罗马世界的冲击已经无可抵挡。大厦将倾，总是从内部最先崩坏，当年提奥多西大帝手下有两员日耳曼蛮族大将，其中之一西哥特人阿拉里克（Alaric），在提奥多西死后不久，举兵反罗马，而汪达尔人（Vandal）斯提里科（Stilicho）出任西帝国军队总司令，忠心护主。斯提里科曾经屡次击败阿拉里克，可惜功高不赏，自古皆然，西罗马皇帝荷诺留（Honorius）自毁长城杀死了斯提里科，于是无人可以克制的一代枭雄阿拉里克，成为700年来第一个举兵攻陷罗马的蛮族首领，此事发生于公元410年。阿拉里克本人死于同一年。

第四节　欧洲正统

前面追述了罗马兴衰的千年历史，回到本章的标题，为什么说罗马城建立了以后两千年欧洲历史的正统呢?

因为在罗马帝国之前，欧洲人从来没有过大一统帝国的政治概念。大一统的帝国是个东方概念，埃及、亚述、波斯这些近东古代帝国，统治下拥有无数半独立的不同文化、不同种族的地区，这些地区可以保持各自的文化和宗教信仰，甚至保留自己的行政管理系统，只要在名义上接受一个共主的统治就行。而帝国中央政府对属下各民族的控制力有强有弱，在有些地区和有些时间段能够做到政令统一，大多数时间和地区也只是派出一个名义上的总督作为管理者。但无论如何，帝国政权对境内各地有军事保护之责，有税收之权，因此“普天之下，莫非王土”。

但在西方历史源头的古希腊，一直都奉行小国寡民的信条，各个城邦不相统属。到了晚期，马其顿崛起以后，亚历山大大帝成为希腊诸城邦之首，在东征期间接触到波斯帝国的管理实践，再加上他从小受到老师亚里士多德的教导，逐渐开始接受大一统帝国这个政治理念。但是他英年早逝，刚刚征服了大片地区就在班师途中病亡，没有来得及把理念付诸实践。况且以希腊城邦热爱自由的传统，即便给亚历山大大帝再多20年的时间，他也未必能把希腊整合成单一的马其顿帝国。

于是，建立西方历史上第一个真正大一统帝国的历史责任，就落到了后起的罗马身上。

其实罗马和意大利半岛的各个城邦，开始也和希腊一样是小国寡民，就算到了共和国时代，征服的地区越来越大，政治体制上仍然维持贵族共和。恺撒的权势太大，就被共和派的元老们刺杀了。恺撒的继子奥古斯都·屋大维一统整个罗马世界，当时为了尊重罗马的共和国传统，他从来没有自称皇帝或国王，他集罗马最高头衔和权力于一身，但名义上，罗马国家的主权主体仍然是“元老院与罗马人民”。

在罗马统治范围内，并非人人都有公民权。罗马公民权在被统治地区的人民和罗马元老院的不断斗争中逐渐扩大，最初是罗马的自由人才是“罗马人”，后来偶尔会把公民权授予为罗马立功的异邦人士。到苏拉和马略争雄的时代，通过“同盟战争”，才扩大到所有拉丁盟邦都拥有罗马公民权。公元3世纪初的卡拉卡拉皇帝时代，才授予所有帝国范围内的自由人罗马公民权。直到此时，整个帝国才可以说“率土之滨，莫非王臣”。

而在政治制度方面，罗马共和国经过了帝国初期屋大维之后几代最高领导人“元首制”的过渡，大致上在韦伯芗皇帝时代进行了重大改革，“元首”的权力越来越集中。而“元首制”的真正结束，要到戴克里先皇帝结束“三世纪危机”，两分帝国的时代了。就连我们今天所用的“皇帝”（英语是Emperor）这个词，也是逐渐形成的。

英语Emperor这个词的拉丁文词根是Emperium，古罗马时代是“统率权”，也就是兵权的意思。一位伟大的将领打了胜仗，会在战场上被他的士兵们欢呼为“安普若”（Emperor），就是统帅之意。当然，历代罗马帝国的元首或者皇帝，都有统率权（Emperium），慢慢的“安普若”这个词就等同于帝王了。

其实，古罗马的皇帝并不叫Emperor，他们的尊号不是奥古斯都就是恺撒。所以说，所谓的“罗马帝国”体制是逐渐形成的。

罗马帝国一经形成，其统治范围庞大，文明程度较之周围那些日耳曼、凯尔特等蛮族超出太多，以至于后来数千年的欧洲都在政治制度方面模仿罗马帝国。

首先我们要知道，皇帝和国王不是一个级别的，这就是罗马给欧洲留下的政治遗产。整个欧洲，一直到近代，可以有无数个国王，但是至少在理论上，皇帝只能有一位。因为罗马帝国时代各个蛮族的部落联盟首领叫作国王，比如西哥特王、东哥特王、汪达尔王、匈王等等，他们都至少在名义上臣服于罗马皇帝。

西罗马帝国灭亡以后，什么英国国王、法国国王、西班牙国王等等，也是数不胜数。但“皇帝”在欧洲却又高了一个级别，理论上是继承西罗马帝国正统的唯一的欧洲之主。

遵循这个古罗马传统，无论是公元800年查理曼大帝称帝，还是962年奥托一世称帝，从法统上来说，他们都声称是476年灭亡的西罗马帝国的继承者，不是建立新的帝国，而是罗马帝国的新皇帝。所以他们要由教皇加冕，显示自己宗教地位上的正统，还通过外交和战争的压力，取得了当时尚在的东罗马帝国皇帝的承认。

东罗马帝国（也就是首都位于君士坦丁堡的拜占庭帝国）才是真正从罗马直接继承下来的法统。虽然欧洲中世纪的所谓“神圣罗马帝国”是个日耳曼民族建立的德意志帝国，但至少从法统上说，它认为自己继承西罗马帝国，所以才古怪地叫作“神圣罗马帝国”。事实上，它“既不神圣，也不完全是德意志的，更不是罗马的”。

上千年中，神圣罗马帝国皇帝是西方唯一正统的皇帝，首都多次辗转迁徙，最后几百年是在维也纳的哈布斯堡皇朝。而在东方，东罗马帝国继续存在了一千年，就是拜占庭帝国。

1453年拜占庭帝国被土耳其灭亡以后，俄罗斯大公伊凡三世以末代拜占庭皇帝女婿的身份，声称自己有资格继承拜占庭帝位，于是称沙皇。其实原文就是“恺撒”，也就是东罗马帝国的副皇帝头衔。中文里的“沙皇”是音译加意译创造出来的一个词，“沙”是“恺撒”的音，而“皇”则是意译皇帝。所以沙皇在法理上——至少他们自己认为——是继承东罗马传统的皇帝。于是，欧洲有两位皇帝，神圣罗马帝国继承西罗马，俄国沙皇继承东罗马。

上千年的时间，欧洲的其他君主就算再强大，名义上也只是国王，不能称皇帝。到了近代，拿破仑称帝，短时间内建立法兰西帝国，其实他也是想继承西罗马帝国正统，而不是凭空创造一个法兰西帝国。虽然拿破仑在1804年就建立了帝国，当上了皇帝，但是到1806年他打败奥地利，强迫维也纳的哈布斯堡皇帝退位，结束了千年的神圣罗马帝国以后，他才算是名正言顺。

后来拿破仑失败退位前，还为自己的小儿子争取“罗马王”的地位跟列强讨价还价。这个“罗马王”，完完全全是从神圣罗马帝国继承来的头衔。最初叫作“德意志国王”，因为中世纪早期查理曼大帝当上皇帝的时候，身兼帝国以内德意志王国、意大利王国、法兰克王国、勃艮第王国四大国王头衔，所以在整个中世纪，在任的神圣罗马帝国皇帝，先是被选举为德意志国王，然后再加冕登基“晋升”皇帝。再后来，这个“德意志国王”的头衔改称“罗马人的国王”，担任“罗马王”的人，也就是未来皇帝大位的继承人。所以，拿破仑在退位前，还念念不忘想让列强承认自己的儿子是“罗马王”。

拿破仑失败以后，法国又变成了王国，不是帝国。奥地利那边呢？神圣罗马帝国解体以后，哈布斯堡家族在自己的世袭领地另外组建了一个奥匈帝国。其中奥地利是德意志神圣罗马帝国原来的组成部分，而匈牙利原来独立于神圣罗马帝国之外，只是王位由哈布斯堡家族的皇帝兼任罢了。到1806年组建奥匈帝国，哈布斯堡家族的弗兰西斯皇帝不当神圣罗马皇帝，转任奥匈帝国皇帝。一战结束的时候，奥匈帝国才解体。

1870年到1871年普鲁士打赢了普法战争，统一德意志各邦，终结法兰西第二帝国的同时，自称德意志第二帝国，是因为它声称继承德意志神圣罗马帝国（第一帝国）。所以德意志第二帝国从1870年普法战争以后成立，维持到第一次世界大战结束。这样，欧洲近代列强当中，就出了德意志、奥匈、法国、俄国四个皇帝。除了法兰西帝国结束于普法战争，其他三个帝国都是一战后解体的。罗马帝国遗留下来的帝国正统，可以说直到1918年才完全烟消云散。

提到帝国，也许有人会想起英格兰这个“大英帝国”“日不落帝国”，其实从法统上，它不算正牌的帝国，至少是个没有皇帝的帝国。如果较真，从法律上来讲，英国从文艺复兴末期就是帝国了，那时候英国还没有什么像样的海外殖民地呢。亨利八世国王为了离婚，跟罗马教廷闹翻，开始宗教改革。

在当时传统下，国王的宗教权力要服从教皇，而作为皇帝（当时西欧唯一的合法皇帝是神圣罗马帝国皇帝），至少和教皇平起平坐。虽然实际上经过中世纪多次斗争，皇帝在教权上受制于教皇，但至少皇帝的地位并不低于教皇。

亨利八世一气之下，命令英国国会通过一项法案，宣布英国为帝国，自已给自己升官当上了皇帝，表示自己不必听命于罗马教廷。不过为了尊重传统起见，英国王室向来都自称国王和女王，没有正式称皇帝和女皇。于是，英国成了不伦不类的以国王为元首的帝国。

直到19世纪的维多利亚女王时代，英国已经彻底征服了印度。因为印度许许多多的土邦主，相当于欧洲的国王，英国的元首作为印度元首，也是“万王之王”，所以从维多利亚女王开始，英王取得印度皇帝（女皇）头衔。英国虽然是帝国，但元首却不算欧洲皇帝，而是英国国王，兼任印度皇帝。

二战之后印度独立建立共和国，自然没有了皇帝，英王乔治六世放弃印度皇帝头衔。所以，所谓的“大英帝国”尽管统治了全世界广阔的殖民地，是人类历史上最广阔的帝国（比成吉思汗的蒙古帝国面积更大），但就正统而言，它并没有帝国之名，英国国王也不是欧洲的皇帝。

阿尔卑斯山的彼方——意大利行走手札

第三章

Chapter Three

拉文纳：帝国的余晖

圣维塔莱教堂内查士丁尼皇帝与宫廷马赛克画

罗马的历史来到了5世纪，罗马城即将从帝国舞台的中心退出，取而代之，在此后200多年成为整个意大利政治焦点的城市，是无论当时还是今天都不那么起眼的东海岸城市拉文纳（Ravenna）。

拉文纳在东海岸，毗邻亚得里亚海，它的位置偏僻，不在今天威尼斯—佛罗伦萨—罗马—那不勒斯这条最热门的旅游线路上，所以很少有国内的游记提到它。我特地从威尼斯绕道来此，是因为作为历史爱好者，我对这个地方的历史有着特殊的浓厚兴趣。拉文纳在西罗马帝国晚期一度取代罗马和米兰成为帝国的首都，遗留下很多艺术和建筑的杰作，尤其是马赛克拼贴画，保存下来的遗迹可谓举世无双。

第一节 罗马版的慈禧太后：普拉西迪亚

拉文纳最重要的景点，是圣维塔莱教堂（Basilica San Vitale）和普拉西迪亚太后墓(Galla Placidia)。这两处古迹在同一座院子里，外表看来都是非常俭朴的红砖建筑，既不高大，也没有大理石贴面装饰，甚至雕塑都没有一个，但是内部覆盖整面墙和天花板的马赛克拼贴画，富丽堂皇得令人窒息。

普塔西迪亚皇太后的墓是一座低矮的平房，中央比旁边高出一层，内部的主要空间是一个长形穹顶的房间，里面放了三具大理石棺椁。正中间是普拉西迪亚，两边的棺椁里一个是她的丈夫——君士坦提乌斯三世皇帝，另一个则说法不一，有的说是她的哥哥——罗马皇帝荷诺留，也有说是她的儿子——瓦伦提尼安三世皇帝。

三座棺椁侧面的整面墙壁都镶满了宗教题材的马赛克壁画，尤其是普拉西迪亚石棺的正上方穹顶上，铺满深蓝色为底，金色马赛克制作的无数繁星，正中有一个巨大的金色十字架。陵墓的内部气氛因为这蓝色星空顿时显得庄严肃穆。

这位墓主是西罗马帝国晚期杰出的女性政治家，身世显赫，她的父亲是皇帝，哥哥是皇帝，前后两任丈夫一个是国王另一个还是皇帝，儿子自然更是皇帝，连侄子都是皇帝。但这个女人一生却也颠沛流离，不断地和罗马史上各种各样的著名强人钩心斗角，政治对手当中甚至包括“上帝之鞭”匈王阿提拉这样的不世枭雄，却还能苦苦支撑罗马帝国的骨架不倒，将其传给了

圣维塔莱教堂外观

子孙，确有些像是晚清“同光中兴”时期，支撑清朝挨过政治危机的慈禧太后年轻时代的作为跟手段，也是历史上一段传奇。

故事要从罗马帝国晚期，4世纪的君士坦丁大帝和提奥多西大帝讲起。上一章里，我们追述罗马史，说到戴克里先皇帝结束了罗马的“三世纪危机”，并且两分帝国。在这个时期，西罗马皇帝的首都不是罗马，而是米兰。没过多久，戴克里先退休但仍然在世的时候，东西罗马帝国就又发生了军阀争霸的乱局，最终君士坦丁皇帝在公元312年罗马的米尔万桥战役击败竞争者，当上了东西两个罗马帝国的共主。

君士坦丁皇帝在东罗马帝国建设君士坦丁堡，作为东帝国的首都，而西帝国的行政首都仍然是米兰。君士坦丁大帝发布《米兰敕令》，停止迫害基督教，但是皇帝本人终其一生并没有皈依为基督徒，甚至关于他临终前受洗礼这个说法，后世的历史学家也有争议，认为是后世基督教会编造的历史。

君士坦丁皇帝本人是否皈依这个问题，我们可以暂且存疑。但有一点是肯定的，那就是，整个公元4世纪，基督教在罗马帝国的地位并不稳固，有些皇帝支持基督教，有些仍然反对，而罗马城里还有大批贵族和平民仍然信奉罗马的原始多神教。君士坦丁死后，帝国再次陷入内忧外患，这次的主因不是军阀混战，而是日耳曼蛮族大迁徙，把东西两个罗马帝国的边境冲击得七零八落。

首先是匈人部落从亚洲大草原东向，逼迫当时已经相当强大的日耳曼各部落向西迁徙。近代的法国历史学家从这支拥有可怕战斗力的游牧部落的名字Huns或者Hunni，联想到了中国汉代的匈奴人，首先提出假设说，欧洲历史上的Hunni人，就是被汉朝击败而西迁的北匈奴。

实际上，欧洲历史上的Hunni人和中国历史上匈奴的关系在现代史学界并没有定论，现在的科学家使用先进的生物技术也无法证实或者证伪这两个种族之间的DNA血缘关系。东汉远征南匈奴，勒石燕然山，北匈奴远遁不知所踪，这些事件发生在公元1世纪末；而Hunni人第一次出现在欧洲历史上则是公元4世纪后期，中间这将近300年时间，亚洲大草原上的各个游牧民族一直在不断地迁徙和融合，旧的民族消亡，新的民族产生，这些都发生在没有周边文明国家史书记载的大草原腹地，所以谁也不知道究竟发生了什么。读音上的近似可能是纯属巧合，也可能是因为，来到欧洲的这些游牧民族打着历史上威名远震的匈奴人的旗号。因此，我在书中把Hunni人翻译为“匈人”，就是刻意避免使用匈奴的称谓，以示区别。

公元400年前后，早期匈人王国虽然战斗力极为强悍，但他们和东西两个罗马帝国之间还隔着日耳曼诸蛮族部落，本着“敌人的敌人是朋友”这个原则，匈人和罗马帝国的关系总体上还算不错，匈人甚至经常充当罗马的雇佣军和日耳曼人打仗。日耳曼人中强大的一支西哥特人在匈人的逼迫下迁入西罗马帝国的疆界之内避难，不久因为受到帝国政府的压迫盘剥愤而起事。在公元378年阿德里安堡战役，西哥特人决定性地全歼罗马大军，打死了西罗马皇帝瓦伦斯。同时，这一战役在军事史上标志着称雄800年的古希腊-罗马重步兵方阵体系完败于新的骑兵作战体系。从此以后，东哥特人、西哥特人、汪达尔人、夸迪人、阿勒曼人、法兰克人等等日耳曼蛮族，一波又一波地入侵并劫掠东西两个罗马帝国。帝国在西欧、不列颠、北非等地的领土时常被

普拉西迪亚太后墓外观

蛮族或者自己反叛的将领割裂出去，造成事实独立，而罗马帝国的军队本身也越来越多地依靠各个蛮族的雇佣兵作为将领和兵源进行作战。

在阿德里安堡战役后帝国处于一片混乱中，罗马帝国出了一个能干的将领提奥多西。他率领大军东征西讨，总算稳定了帝国的形势，制止了日耳曼诸蛮族进一步入侵，并且在内战中打败所有对手，登上了东西两个帝国的皇位。这个提奥多西皇帝，是历史上最后一位同时头戴东西两帝国皇冠的强人，还开创了提奥多西皇朝。但是像他前面的戴克里先和君士坦丁两位身兼两帝国皇位的前辈一样，他只是让帝国有了短暂的中兴希望而已。

提奥多西还是罗马史上第一个真正把基督教作为国教强行推广，并且严厉镇压各种原始多神教的皇帝。就是他下令捣毁了帝国境内所有的古希腊罗马多神教神殿，像希腊的奥林匹亚、雅典、德尔斐以及塞浦路斯、土耳其这些地方的古老神庙。今天我们只能看到遗迹，甚至连废墟都只剩了一两根石柱，当初都是提奥多西皇帝下令捣毁的。希腊的古代奥林匹克运动会也在他的统治期间被迫停办，直到1896年才在雅典恢复。因为提奥多西皇帝如此卖

普拉西迪亚太后墓内部

力地强推基督教，他死后被教会戴上了一顶 “大帝”的冠冕。

公元395年，提奥多西皇帝的长子——18岁的阿卡迪乌斯继承东帝国皇位，次子——年仅10岁的荷诺留继承西帝国皇位。在提奥多西南征北战的这些年里，他手下有两员得力大将，都是出身日耳曼蛮族能征惯战的军事高手，一个是汪达尔人斯提里科，另一个是西哥特人阿拉里克。这两位青年将领未来将是帝国舞台上的主角，也是一生的对手。

提奥多西将自己的侄女塞蕾娜公主收为义女，嫁给了斯提里科，并授予这位女婿西罗马帝国大将军的要职，让斯提里科辅佐10岁的性格懦弱而昏庸的荷诺留皇帝。熟悉罗马史的人都知道，罗马皇帝的女婿或者继子，差不多拥有和亲子一样的继承权，所以提奥多西执意把西帝国的皇位传给幼子荷诺留皇帝，而不是索性传给女婿斯提里科，却又让斯提里科执掌兵权，这个安排就有点奇怪了。有可能提奥多西皇帝临终的时候，一是顾忌斯提里科的蛮族血统，二是毕竟偏心自己的亲儿子。但如此一来，他身后的罗马帝国最终败亡的命运也就注定了。

提奥多西皇帝还有一个小女儿，也就是普拉西迪亚。提奥多西死的时候，普拉西迪亚公主才6岁，寄养在姐夫大将军斯提里科位于罗马城的家中。为了加强和皇室的关系，斯提里科为自己只有几岁的儿子和小姨子普拉西迪亚定下了娃娃亲，后来还把自己的女儿嫁给小舅子荷诺留皇帝。

提奥多西皇帝死后，女婿斯提里科以大将军的身份成为托孤重臣。军中另一位青年将领阿拉里克对于老皇帝的偏袒心怀不满，叛罗马而去，回归自己的部落，做了西哥特的国王，并带领西哥特人在东西两个罗马帝国不断犯边劫掠，成为当时帝国的头号心腹大患。而帝国的大将军斯提里科始终都比阿拉里克技高一筹，两个人面对面打过几场大战、无数次小战，始终是斯提里科占上风。但阿拉里克也是一位了不起的政治家和组织者，他屡败屡战，每次在战场上大败之余都能重整旗鼓，始终得到自己部下的忠诚。

就是在这两个英雄长达13年的较量中，公元402年，阿拉里克举兵围困当时朝廷所在地米兰，斯提里科及时赶到击败阿拉里克解围。这次围城把18岁的荷诺留皇帝吓得不轻，于是决计迁都到东海岸的拉文纳。拉文纳城外四面都是沼泽，易守难攻，从此以后，拉文纳就成了西罗马帝国的末代首都，300多年都是帝国在意大利半岛上的政治中心。

荷诺留皇帝渐渐长大成人，虽然总是龟缩在拉文纳小朝廷里面不敢出来作战，但却对手握重兵的斯提里科越来越多猜忌。公元408年，荷诺留下令逮捕并处决了这位国之干城。斯提里科一死，世上再也无人可以克制西哥特王阿拉里克。410年，阿拉里克席卷意大利半岛如入无人之境，兵临罗马城下。罗马，这座700年来从未被攻陷的永恒之城，终于匍匐在阿拉里克这位一世枭雄的脚下。当时普拉西迪亚公主22岁，被阿拉里克劫走，随着劫掠之后的西哥特军队离开了罗马城。

阿拉里克在撤出罗马不久就在军中病亡，继任的西哥特王是阿拉里克的妹夫阿陶尔夫。从410年攻克罗马，到411年阿拉里克病逝，再到414年阿陶尔夫被罗马大将军君士坦提乌斯所杀，这五年间，西哥特部落大军从意大利南部转战高卢和西班牙，普拉西迪亚公主一直被囚禁在军中。同她小时候定娃娃亲的斯提里科的儿子早已和斯提里科一同遇害，她哥哥荷诺留皇帝是个同性恋，没有子嗣，所以和她结婚的人，未来就有登上皇位的可能性，因此普拉西迪亚是个奇货可居的人质，西哥特人自然不肯释放她，始终对她加以优待。

414年，已经丧偶的西哥特王阿陶尔夫自己娶了普拉西迪亚，并借此机会和帝国朝廷讲和，西哥特人从到处游荡的一个部落，变成了定居在法国南部以图卢兹为中心的一个拥有比较固定疆界的国家。随着西哥特王和皇帝妹妹联姻，隐隐出现了一个哥特蛮族做皇帝的可能性。但是帝国大将军君士坦提乌斯不答应，大将军从皇帝那里得到 “救回公主你就是驸马”的承诺，急如星火地带领大军闪击西哥特王国，于415年俘杀阿陶尔夫。西哥特王国向帝国屈服，被迫成为帝国的臣民和盟友。

大将军君士坦提乌斯成为普拉西迪亚长公主的第二任丈夫，同时也是当然的皇位继承人。421年2月，荷诺留皇帝任命自己的妹夫兼大将军为西帝国共同执政的皇帝君士坦提乌斯三世——不要忘记东西帝国理论上各自可以有正副两位皇帝，而普拉西迪亚也就同时拥有了公主和皇后的双重身份。这位一字并肩王起自军旅，战功赫赫，又是罗马人，本来是比政治上和床笫间同样软弱的荷诺留皇帝更加合适的保卫帝国的人选，可惜他在皇位上只待了9个月就突然暴毙。守寡的普拉西迪亚皇后带着年幼的儿子瓦伦提尼安，逃到东罗马帝国的首都君士坦丁堡。当时东帝国的皇帝是她的侄子，也就是普拉西迪亚跟荷诺留皇帝兄妹的大哥的儿子。

两年之后的423年，西帝国荷诺留皇帝，在皇位上待了漫长的28年之后，终于驾崩了。一段时间的犹豫后，东罗马皇帝派兵护送姑妈普拉西迪亚带着5岁的小皇帝瓦伦提尼安三世返回拉文纳，经过短暂的战争，他们击败了抢夺西罗马皇位的对手，瓦伦提尼安坐上皇位。从公元425年到437年瓦伦提尼安三世年满18岁亲政之间的13年间，普拉西迪亚皇太后摄政，接下了西罗马帝国这艘渐渐下沉的巨轮的舵手位子。即便儿子亲政之后，皇太后仍然在帝国事务上保留了自己的影响力，直到450年去世为止。普拉西迪亚摄政时期的政治对手绝不易与——权倾朝野的大将军埃提亚斯、“上帝之鞭”匈王阿提拉、一代天骄日耳曼汪达尔国王盖撒里克，这些彪炳史册的名王大将都是她的同时代人。

过去50年中，可怕的匈人帝国主要忙于欺凌周围那些同样彪悍的日耳曼部落，总体上和帝国朝廷保持着结盟关系。盟国自然要交换人质，后来的“上帝之鞭”阿提拉大帝曾在罗马做过人质，罗马大将军埃提亚斯年轻时候也在匈人帝国当过人质。

普拉西迪亚太后执政初期，在一场帝国争夺权势的内乱中，帝国北非总督引狼入室，邀请日耳曼系的汪达尔人进入北非帮助自己反叛朝廷。当时汪达尔虽然国小兵弱，被更强大的哥特人压制在西班牙南部，僻处一隅。但新的国王盖撒里克却是一时人杰，论起军政才能，还在更有名的匈王阿提拉之上。他敏锐地抓住这次机会，率领自己的小部落渡海进入北非，反客为主，一举占领广袤的北非。至今英语等西方语言里面的破坏、劫掠一词还叫Vandalizm，字面意思是“汪达尔主义”，就是从汪达尔人的这段历史来的。

盖撒里克占领北非之后还使用高超的外交手腕使自己摇身一变，成了罗马帝国名义上的属国和盟国，此后他的子孙稳稳地占据北非120年之久。普拉西迪亚太后没有进一步对北非加以讨伐，她有更棘手的危机迫在眉睫。她不得不任命执掌兵权的埃提亚斯为罗马大将军，而埃提亚斯一直是太后和皇帝母子的政敌，还一度阻止小皇帝继位，甚至在拉文纳城下和朝廷兵戎相见。而在国际事务当中，440年代年轻的匈王阿提拉开始了横扫欧洲的征服，所到之处无人能敌。因此普拉西迪亚又不得不依赖自己厌恶的埃提亚斯大将军跟西哥特等蛮族国家，来抵抗阿提拉这支“上帝之鞭”。

阿提拉的大军裹挟着无数来自亚洲草原和日耳曼各部的蛮族联军，先是猛烈地打击在莱茵河流域的日耳曼系统的勃艮第人，再和西罗马联手入侵高卢的西哥特王国。然后，“上帝之鞭”落到了东罗马帝国的身上，阿提拉横扫整个巴尔干半岛。到当时为止，匈人大军还没有真正打击过西罗马军队，也许是因为大将军埃提亚斯曾在匈人王国做过人质，一直奉行亲匈人的政治路线。但是450年，就是普拉西迪亚太后去世之前，西帝国祸起萧墙。

瓦伦提尼安三世皇帝的妹妹，也就是皇太后的小女儿荷诺里娅公主，是个不安分的问题少女。她先是和宫廷大臣私通，怀孕以后才被发现，后来又计划帮助情夫登上西罗马皇帝的宝座。政治阴谋被发现以后，怒不可遏的皇帝哥哥处死了她的情夫，并把荷诺里娅幽闭在了东帝国首都君士坦丁堡的修道院中。

公主在幽闭中突发奇想，派人给匈王阿提拉送去了自己的戒指，要阿提拉来营救自己，许诺事成之后和阿提拉结婚。阿提拉对素未谋面的公主未必感兴趣，但如果成了皇帝的妹夫，他将获得未来继承罗马皇冠的有利地位。所以他利用这个借口，要挟皇帝和太后承认自己的女婿身份，并用半个西罗马帝国作为嫁妆。他知道朝廷不可能答应这个要求，立即开始了集结大军南征的准备。普拉西迪亚皇太后就在这个节骨眼上溘然长逝。

普拉西迪亚驾崩后一年，原先亲匈人的大将军埃提亚斯，跟东哥特国王提奥多里克联手，在高卢的沙隆与阿提拉大军激战。此战双方都集结了欧洲、亚洲各个种族各个部落的雇佣军，号称“百族会战”。此战的结果，匈人大军被击败，但是罗马联军方面的主帅之一，东哥特国王提奥多里克阵亡。无论如何，阿提拉所向无敌的脚步终于被制止了。此后两年，仍然有余力肆虐意大利半岛的阿提拉，莫名其妙地死于自己的婚床之上。后来他的儿子带着匈人部落东返，却在半路遭到各个蛮族的联手截杀，曾经令人谈虎色变的匈人几乎被屠杀殆尽，余下的融入附近其他民族，匈人被灭族了。今天的保加利亚人和匈牙利人，其祖先分别是来自亚洲草原的保加尔人和马扎尔人，他们都声称本民族的血液里，融入了阿提拉匈人的血统。

得胜的大将军埃提亚斯也没有好下场。皇帝瓦伦提尼安三世受够了这个权臣对自己母子两代的欺凌，在阿提拉暴毙的第二年（454年），趁埃提亚斯朝见的时候，亲手一剑杀死了这位大将军。瓦伦提尼安三世本人在一年以后的455年被刺身亡。他是西罗马帝国历史上最后一位还配被称为皇帝的人，他死后，提奥多西王朝也就终结了，历三世四帝。此后直到西罗马帝国灭亡的476年只有22年时间，经历了北非汪达尔人再次攻陷罗马城，还有走马灯一样短命的僭主和傀儡皇帝，西罗马的灭亡，已经注定了。

今天站在普拉西迪亚陵墓里，看着这帝后两代的三具石棺，只要稍微了解这段帝国末期的历史，就会感慨万端。普拉西迪亚这个罗马晚期最具传奇色彩的女人，一生几乎贯穿整个晚期西罗马帝国史，和阿拉里克、阿提拉、盖撒里克这些绝世英雄和枭雄打交道。从摄政以后，整个西罗马帝国都压在她的肩膀上，她必须依靠自己的智慧和韧性支撑罗马朝廷的政局，居然从不落于下风。

应该说，普拉西迪亚是那个时代最杰出的女性政治家。普拉西迪亚太后的遗体一直在这里完好地保存到文艺复兴以后的16世纪。但16世纪时，儿童玩耍引起的一场大火焚毁了皇帝太后的遗体，现在我们所看到的，只是空的石椁。

第二节　帝国反击战

西罗马帝国灭亡之后，位于君士坦丁堡的东罗马朝廷立刻做出了反应。东帝国当时也处于被蛮族轮番入侵的境地，尤其是遭到阿提拉匈人帝国的打击，元气大伤，它反击的方式是“以夷治夷”，派出了臣属于自己的另一支强大的哥特部落——东哥特人进入意大利，为自己作战。

东哥特王国和西哥特王国都是日耳曼部族，但不是一个国家。在第一次攻陷罗马，后来又和西罗马帝国联手在沙隆会战中击败匈王阿提拉之后，西哥特以今天法国南部图卢兹为首都建立国家，逐渐退出了历史舞台的中心。东哥特人取代他们在民族大迁徙中的明星角色。

这位东哥特国王提奥多里克，青年时代作为友好属国的王储，在东帝国首都君士坦丁堡做过人质。就在西帝国灭亡前4年，提奥多里克成年，结束人质生涯回归东哥特，此后10年他的东哥特军队时而入侵东罗马，时而接受招安。

488年，也就是西帝国灭亡以后13年，东罗马帝国为了引开这股善战的祸水，资助这位33岁的东哥特国王举族向西，裹挟着其他日耳曼和斯拉夫民族的军队，向意大利半岛进发，打着东帝国的旗号，替东帝国征讨那些灭亡了西罗马帝国并控制意大利的军阀。提奥多里克经过五年艰苦作战，征服了整个意大利半岛直到西西里，他的东哥特王国控制的疆域还包括巴尔干北部。

东哥特提奥多里克大王墓

在这个幅员广阔的东哥特王国里，提奥多里克只在名义上对东罗马称臣，享有充分的自治主权。他放下屠刀，励精图治，制定法律，跟北非的汪达尔国、高卢的西哥特国、德意志境内的图林根国等其他日耳曼王族联姻，东哥特统治的意大利获得了难得的一段和平繁荣的时期。当时整个欧洲基本都被日耳曼各族的王国统治，渐渐进入稳定时期，因此提奥多里克被整个日耳曼民族的各国尊称为 “大王” （the Great） 。

提奥多里克大王死于526年，他做了55年东哥特国王，享寿72岁，在那个时代算是高寿了。今天，在拉文纳城外，也有提奥多里克大王墓。它在城东，跟市中心的普拉西迪亚太后墓、圣维塔莱教堂、但丁墓这些名胜隔着铁路，维护得并不精心，进入墓园有种荒烟蔓草、斜阳草树的感觉。陵墓本身是一座两层楼十边形的大理石建筑，下层室内直径大概有10米左右，空空荡荡，二层楼中央摆放着提奥多里克大王的紫红色大理石棺椁，没有盖子，因为里面的遗体早在6世纪就已经被拜占庭帝国搬出来了，现在看上去空空荡荡的像个澡盆。

在墓园里草坪小道的两边，那些一米来高的照明灯设计得很有意思。灯的顶部做成古代哥特武士的圆形铁盔形状，铁盔的面罩打开就形成了灯光透射出来的孔洞。这座陵墓把帝国晚期日耳曼蛮族的建筑样式保存得很好。因为提奥多里克下葬不久，东罗马帝国就发动了恢复帝国版图的再征服战争，这里被罗马收复之后改成基督教堂的一个附属建筑物，从那时起到现在改动不大。

东哥特的提奥多里克大王死后仅仅一年，一代雄主查士丁尼在君士坦丁堡登基，成为东罗马帝国的新任皇帝。他被称为“最后的罗马皇帝”，因为他力图恢复罗马帝国的旧疆界。在他之后，东罗马帝国满足于偏安一隅，只能称为“拜占庭帝国”，不能称为“罗马帝国”了。而且，查士丁尼是最后一位以拉丁语为母语的东罗马皇帝。

查士丁尼朝不仅有青年名将贝利撒留横扫北非和意大利本土的光复中兴，而且在政治、艺术、宗教、法律等方面都取得了极高的成就。《查士丁尼法典》是今天西方法律系统的鼻祖，罗马法的集大成者。查士丁尼朝在君士坦丁堡建成的索菲亚大教堂是建筑艺术和工程学的奇迹，它的大穹顶在整个欧洲中世纪都没有人能够复制，直到文艺复兴时代的佛罗伦萨教堂穹顶才有超越。索菲亚大教堂在1453年土耳其征服东罗马帝国以后改为清真寺，现代土耳其将它世俗化成为博物馆。在一千年的时间里，它都是全世界最大的教堂，直到今天，以内部空间而论，仍然是世界第四大古代教堂。

查士丁尼皇帝的执政风格最大的特点就是知人善任。他一手提拔了青年军官贝利撒留，又从身边的太监老仆人中选拔了一个纳尔西斯，结果两个都是绝代名将。他所委派的《查士丁尼法典》的主编、重建索菲亚教堂的建筑师等都是很有才干的人，每个人都干出了一番青史留名的大事业。

查士丁尼的皇后提奥多拉，更是一个让后世觉得匪夷所思的皇后人选。她出身寒微，父亲是君士坦丁堡大斗兽场的动物饲养员(喂熊的)，后来她当了女演员，演出过很受欢迎的喜剧和马戏，属于演艺圈明星一流的人物。令人惊讶的是，提奥多拉还在亚历山大城当过妓女，而且很有名，从亚历山大城一路高张艳帜经过叙利亚到了君士坦丁堡。换句话说，东罗马帝国最强大的皇帝的皇后，曾经是国际级的名妓。

但提奥多拉皇后在社会底层历练过多年，见过生活的困苦，所以意志非常坚强，比皇帝本人还强，为人处世也有手腕。皇帝和皇后经常在朝政方面扮演不同角色唱双簧，配合默契，比如皇帝支持基督教正统派严厉镇压异端，皇后就扮演怀柔派对基督教一体论异端取亲和态度；京城里的暴民流氓集团分蓝绿两党，皇帝明里支持蓝党，皇后就支持绿党，结果是帝后分别控制京城里的流氓势力。其实如果撇开“生活作风问题”看，提奥多拉皇后在政治上不失为皇帝的贤内助，起过很大的正面作用。

皇帝即位不久，在京城发生城市乱民的“尼卡暴动”，全城几十万平民起来要推翻皇帝，近卫军只有3700人，还分散在全城各处。当时整个朝廷人心惶惶，查士丁尼皇帝本人都已经丧失了抵抗的勇气，大家都在议论着怎样逃出首都，结果皇后提奥多拉说了一句话：“我相信皇权是最好的坟墓，紫袍是最好的尸衣。”因为紫袍是罗马皇帝专用的衣服，这句话的意思和中国古代那句“君王死社稷”是一样的。因为皇后的坚持，大家才定下心来，重新计议，结果皇帝让27岁的青年将军贝利撒留提宝剑出宫召集城里各处卫戍部队和近卫军，54岁的老总管太监纳尔西斯拎着钱袋出后门，去收买暴民领袖做分化工作。这两位还真是配合默契，等纳尔西斯离间了起义的各个党派，贝利撒留一马当先冲进皇宫外的竞技场，大开杀戒，据说那一天在大竞技场杀了3万人之多。“尼卡暴乱”的平息，让东罗马帝国稳定了内部，为向西光复西帝国的疆土创造了条件。

在这个中兴运动中，年轻的贝利撒留是一柄出鞘的宝剑。533年他只带1.6万东罗马军远征北非日耳曼蛮族汪达尔人的王国。半年之内经过两次主力会战，他一举横扫整个北非，为东罗马帝国收复了这一片广阔的土地。汪达尔人从此作为一个民族国家消失了，很多汪达尔人留在非洲做罗马的臣民，后来又做阿拉伯帝国的臣民，渐渐地与当地其他部族同化。

如愿以偿拿下北非以后，查士丁尼皇帝的下一个战略目标就是意大利的东哥特王国。贝利撒留于535年秋天渡海突袭西西里岛，未遇重大抵抗就横扫整个岛屿，然后花了一些时间平定北非和自己军中的哗变，再横渡墨西拿海峡北伐意大利本土。这次哥特战争一直持续到539年年底，贝利撒留手中的兵力始终不足，因为皇帝开始担心这样声望卓著的大将领兵在外可能会黄袍加身拥兵自立，所以不给他充足的增援，还一度派太监总管纳尔西斯来监军。

但贝利撒留以一支孤军对抗一国，其中打得最精彩的一仗是罗马之战，他用不足5000正规军加上临时征召的当地市民，凭借罗马城墙工事，对抗数倍于己的东哥特王国围城部队。史书说围城大军有15万人，现代历史学家挤去史书中的水分估计也有3万敌军。罗马被围一年多，哈德里安皇帝陵墓（就是今天梵蒂冈附近台伯河边的圣天使堡）上面的古罗马雕塑，就是在这次围城战中被拆下来，当作守城的滚木礌石毁掉的。结果，贝利撒留以绝对劣势兵力不但守住了城池，而且多次反攻，再在敌军撤围的时候乘势掩杀，一举击溃哥特王国的主力野战军。

经过三年半的苦战，贝利撒留征服了意大利半岛全境。这就是第一次哥特战争。但是战争对意大利的经济破坏太严重，四年以后东哥特人意图复辟，当地人群起拥戴，短时间之内东哥特人再次征服了意大利全境。

查士丁尼皇帝自然又派出贝利撒留平叛。但是贝利撒留此前征服北非和意大利的功劳太大，引起皇帝的猜忌，皇帝只给贝利撒留几千人马，结果贝利撒留尽管每次都能打胜仗，但是在整个意大利境内按下葫芦浮起瓢，无法完全征服哥特王国。后来皇帝召贝利撒留回君士坦丁堡，改派身边深受信任的老太监纳尔西斯作为领兵统帅。

纳尔西斯是亚美尼亚人，史书上从未记载他究竟为什么做了太监，只知道他一直在宫里管理皇帝的私人金库，后来为皇帝管理文书档案。此时他已经73岁，从未带兵打过仗，只在几年前带领一支援军接应贝利撒留，给贝利撒留做过监军，却和主帅不和，被召回宫廷，这是他唯一的军事经验。但纳尔西斯居然是世界历史上绝无仅有的太监名将，到老来独立指挥哥特战争，居然未尝一败，应该算是军事天才一流的人物。

纳尔西斯经过四年艰苦作战，再次平定意大利全境，其中小规模作战无数，大型主力会战有三场，不仅打死了两任东哥特国王，还击败了入侵意大利的另一个日耳曼部落法兰克人。战争全面胜利之后，纳尔西斯以拉文纳为首府，做了东罗马帝国驻意大利的总督，直到568年退休之后又活了4年，到94岁高龄才病逝。

年轻的贝利撒留病死于565年，享年60岁，查士丁尼皇帝比贝利撒留晚死几个月，享年83岁。君臣三人在三年内相继去世的时候，东罗马帝国的中兴也就结束了。这场征服战争消耗了帝国太多的实力，北非和意大利也因战争变得残破不堪，鼎盛时期人口120万的罗马，此时居民仅只数千，几乎变成一座空城。难怪仅仅20年后，另一支日耳曼蛮族伦巴德人征服意大利会如此轻而易举。

西罗马帝国末期和查士丁尼光复时期，拉文纳一直都是帝国的首都或者首府。查士丁尼统治时期，拉文纳城建造了圣维塔莱教堂，是帝国意大利总督府在拉文纳的主教堂。今天这座教堂和前面讲到的普拉西迪亚太后墓在市中心的同一所院落里，也被列入了联合国《世界遗产名录》。它外观上并不起眼，但内部装饰的从顶至底的罗马时期镀金马赛克拼贴画富丽堂皇。尤其是圣坛上方侧面有占显赫地位的马赛克画，一面是查士丁尼大帝和他的宫廷大臣，另一面是提奥多拉皇后和内宫贵妇。从这两幅同时代的壁画上，我们能见到皇帝皇后的“真容”。在查士丁尼身后两侧的文臣武将当中，肯定有贝利撒留和纳尔西斯，但是因资料缺乏无法区分。

其实如果懂得建筑艺术史的话，这座圣维塔莱教堂本身的结构和外观也颇有可看之处。

古罗马人用大拱顶建造公共建筑，创造了无支撑又无分隔的内部空间。又因为罗马人发明了混凝土这种建筑材料，公共建筑可以做得很大，比如上一章里提到的罗马论坛入口右侧的君士坦丁巴西利卡，虽然只剩一面墙，其体量之大还是让人惊讶。

罗马帝国给后世欧洲留下的建筑样式，最著名的是两种。一种是所谓巴西利卡（Basilica）,罗马时期用于建造公共会堂和法院。典型的巴西利卡呈长方形，内部两排列柱把空间分隔成三条纵向的走廊，中间走廊宽屋顶更高，两侧走廊窄，屋顶低于中央走廊的屋顶。中央走廊尽头有凸出的半圆形后殿，后殿屋顶呈拱形。后来基督教的教堂沿用了罗马巴西利卡建筑形式来建造教堂，就是因为看重它广阔而且无遮挡的内部空间（只有纵向两列柱廊分隔）。到今天，巴西利卡这个词的含义变成了大教堂，比如梵蒂冈的圣彼得大教堂，名字就是圣彼得巴西利卡。

古罗马给后世留下的另一种建筑样式是圆形或者正多边形的，一般都用拱顶的建筑，有些在正面还用古希腊神庙式样的大门，最著名的例子是罗马万神殿。西罗马帝国灭亡以后，东帝国统治意大利的首府是拉文纳，作为拉文纳主要教堂的这座圣维塔莱教堂，还有首都君士坦丁堡（今天的伊斯坦布尔）的皇家主教堂索菲亚大教堂，都是这种正多边形的建筑。这种建筑样式，在东欧开启了拜占庭式建筑，在西欧则影响了查理曼帝国的加罗林式建筑和稍晚的罗曼式建筑。这几种建筑样式的柱子之间都用半圆拱顶，为了支撑中央的大拱顶，墙必须做得很厚实，才不会被压得四面坍塌。在圣维塔莱教堂外面，还有几座粗壮的室外扶壁顶住二楼外墙的棱角。这种支撑墙体的扶壁在后世欧洲的罗曼式建筑里常用，不过经常是不开口的低矮敦实的形状。

圣维塔莱教堂内部

拉文纳城属于艾米莉亚—罗马尼亚地区（Emilia-Romagna），这是个夹在北面威尼斯和南面佛罗伦萨之间的狭长地带，中世纪时属于教皇国。这个区域从东海岸的拉文纳和里米尼（Rimini）开始，向内陆伸展，还包括交通枢纽博洛尼亚（Bologna），还有帕尔马(Parma)、摩德纳(Modena)。博洛尼亚以西是“豪车峡谷”，那里集中了法拉利、玛莎拉蒂、兰博基尼等意大利著名跑车的总部。每一个都有自己的博物馆或者工厂开放给跑车爱好者参观。

不过，艾米莉亚—罗马尼亚地区最令人称道的还是美食，有好几种意大利的经典美食都发源于此，比如博洛尼亚发明的一种香肠就以这个城市命名。正宗的博洛尼亚香肠是猪肉肠，里面必须含有小块的肥油（美国法律规定在美国出产和销售的博洛尼亚香肠不能有肥油），在制作时放进去的各种调味料中，有一味桃金娘果（Myrtle berry），使这种香肠的味道与众不同。

帕尔马干酪（Parmigiano cheese）和帕尔马火腿（Proscuwtto di Parma）是帕尔马城为意大利美食贡献的另外两种须臾离不开的食材。我自己对奶酪的鉴赏力不强，但是对帕尔马火腿极其热爱，用它做头台凉菜，或者夹在面包里都很鲜美，甚至晚上看电视的时候，端一杯酒，拿两片帕尔马火腿当作零食都特别惬意。这个地区对于各种肉制品和面食的做法精益求精。

在意大利，头台之后有两道菜，第一道叫Primo，是汤、意面或者烤饭（risotto）、各种意大利饺子（ravioli）。意大利人对于面条和饺子特别讲究，各种形状、各种做法都有自己不同的名字。第二道热菜叫Secondo，是主菜，最后还有甜点。这一套下来至少是两个人的量，如果是单人的话，只要前菜和第一道面条或者第二道热菜已经足够。

在Primo中，艾米莉亚—罗马尼亚地区的名菜太多了。Tagliatelle al ragu是肉酱宽面条，所有的餐馆都有这道菜。Tagliatelle是意大利的宽面。而肉酱就各有各的做法了，在酱汁里，至少都会有切碎的芹菜、胡萝卜、洋葱做配料，主料是牛肉末，这是基本款。不同在于，有些家加猪头肉、香肠、鸡肉、小牛肉，而酱汁呢，可以是肉汤，也可以加白葡萄酒、牛奶、奶油，每家餐馆各显神通。一般作为Secondo主要热菜的当地香肠Cotechino，有肥肉颗粒，切得很厚，和鹰嘴豆和土豆泥一起上桌，是新年的传统菜肴。

意面方面，当地人热衷于制作各种复杂的小饺子，他们不会笼统地称为ravioli，而是分别有自己的名字。比如Tortellini是只有拇指甲盖那么一丁点，却包成抄手的形状；如果包得大了，叫作Tortelli，四四方方的，四边有波浪形的褶皱。它们里面包的馅是奶酪，还有菠菜、南瓜之类的蔬菜。意大利人吃饺子不像我们那样用水蒸煮再蘸汁，他们是把饺子和酱汁一起上桌，和意面一样，而酱汁可以是肉汤，也可以是融化的奶油、帕尔马干酪。当然，在这个地区，用帕尔马干酪做酱汁会非常正宗。

阿尔卑斯山的彼方——意大利行走手札

第四章

Chapter Four

威尼斯与维内托地区：飞狮之邦

威尼斯与维内托地区：飞狮之邦

时间的脚步匆匆，延续千年的古罗马从一个七丘之上的城邦崛起为权势冉冉上升的共和国，再到威加海内的大帝国，走到公元5世纪，西罗马帝国终于灭亡了。即便6世纪东罗马帝国短暂地回光返照，曾经光复了北非和意大利全境，可是没过多久，东方的阿拉伯帝国兴起，自东向西横扫北非，同时又一个日耳曼蛮族伦巴德人从北方入侵意大利，打得东罗马帝国在意大利只剩下拉文纳等几个据点而已。

751年伦巴德国王最终占领了拉文纳。伦巴德人在意大利也没有得意多久，8世纪中期，已经占领高卢全境的另一个日耳曼国家法兰克人已经强大到号令欧洲，莫敢不从。法兰克王国的摩洛温王朝实权掌握在宫相手中，宫相的职务也是世袭的。732年法兰克宫相查理在图尔战役击溃了已经从北非占领西班牙全境并入侵高卢的阿拉伯军队，挽救了整个西欧的命运，所以他被尊称为查理·马特，意思是“铁锤查理”。

铁锤查理的儿子“矮子丕平”接任宫相，并在伦巴德国王占领东罗马—拜占庭总督首府拉文纳的同一年篡位，登上法兰克国王的宝座。因为丕平的法兰克王国信奉罗马天主教正统，而当时大多数日耳曼族的国家都是基督教一性论异端的信奉者，所以丕平和罗马的教廷始终保持良好关系。当罗马教廷和意大利的伦巴德王国发生冲突的时候，他指挥法兰克军队南下入侵意大利，击败伦巴德人，为罗马教皇撑腰，把伦巴德的统治压缩到罗马以南几个分裂的小公国，同时把罗马周围的一片广大地区献给了教廷。这次奉献史称“丕平献土”，为以后一千年意大利中部教皇国的存在打下了基础。

“矮子丕平”的儿子是查理曼大帝。查理曼大帝几乎征服了整个西欧，他在意大利境内的功业就是征服了整个意大利北部，把它整合成一个意大利王国，并在米兰戴上意大利王国的铁王冠。作为整个西欧的共主，查理曼大帝身兼德意志国王、意大利国王（正式头衔叫作隆巴德人之王）、法兰克国王、勃艮第国王，并在公元800年由教皇加冕成为 “罗马人的皇帝”。从法理上来说，他是复活了灭亡三个多世纪的西罗马帝国，并成为西罗马皇帝。

从丕平和查理曼的北意大利王国开始，意大利南北部的历史走向就完全不一致了。我们在第一章讲了意大利南部，先是阿拉伯人占领西西里，伦巴德人占领罗马以南，然后北欧海盗诺曼人征服西西里和意大利南部。此后中世纪的西西里和意大利半岛南部时分时合，不是在西班牙人就是在法国人的统治之下。而北部从法兰克帝国的意大利王国开始，是神圣罗马皇帝、教皇和法国三方势力角逐的舞台。南北之间的意大利中部以罗马—拉文纳走廊为中心是教皇国。这南、北、中三大部分各自又分离成很多个大大小小的公国、城市共和国，直到1870年代整个意大利才再次统一在同一顶王冠之下。

第一节　由避难所起家的贸易帝国

其实跟意大利其他城市相比，威尼斯的历史算不上长，起码古罗马时代没有它。也难怪，这个地方原本就是海滨的沼泽和岛屿，实在不适于居住。可是罗马帝国灭亡的战乱年代，当地人为避兵祸而逃到这块人迹罕至的地方建造了城市，起码它有易守难攻的优点。保命要紧，生活条件嘛，不去管它了。拉文纳也是因同样的原因而成为帝国晚期都城的。在贝利撒留和纳尔西斯为了光复帝国而与哥特人艰苦作战的岁月里，威尼斯刚刚有个雏形。

既然威尼斯是躲避伦巴德人入侵的孤岛城市，它肯定不会承认伦巴德人的王国统治，而向东罗马帝国效忠。在8世纪早期，威尼斯人选举出了第一个城市领袖Orso Ipato，东罗马/拜占庭帝国朝廷承认他为第一位威尼斯公爵。原文叫作Doge，是从拉丁语的公爵（Dux）这个词变来的。虽然名称叫作“公爵”，但其实威尼斯Doge必须经选举产生，是终身制但不能世袭。而且为了权力制衡，威尼斯很快确立了两位Doge并立的制度，就像古罗马共和国的两位执政官那样。所以这个威尼斯Doge的头衔，应该翻译成“执政”，而不叫威尼斯公爵。

当时威尼斯城里的政治势力分为亲拜占庭派、亲法兰克派、共和派，在位的执政也常常想要更进一步把地位传给子侄，把威尼斯变成世袭的公爵国家，但总是不成功。威尼斯曾经帮助拜占庭帝国夺回了意大利首府拉文纳，所以和拜占庭帝国的关系很好。9世纪查理曼大帝的次子丕平继承了查理曼的意大利王位，曾想要把这个新兴的城市纳入版图，结果围城战被挫败，自己也在同年病死。他死在父亲查理曼大帝之前，查理曼和拜占庭帝国妥协，承认威尼斯属于拜占庭的势力范围，拥有亚得里亚海贸易特权，事实独立。这样就奠定了日后威尼斯名义上作为拜占庭帝国臣属，实际上独立自主的特殊地位。同时，查理曼的法兰克帝国和拜占庭帝国互相承认，等于是东帝国承认了查理曼继承西帝国正统的合法性。

威尼斯背靠大海，既然在陆地上打不过强大的法兰克帝国，于是他们的发展战略转而面向大海，逐渐建立起发达的造船业和海军。828年发生了一件在威尼斯历史上具有重大意义的事情。我们知道基督教的《圣经》由《新约》和《旧约》组成，其中《旧约》是犹太人的著作，成书远在耶稣基督之前，而《新约》是耶稣基督遇难以后，他的弟子们写成的。所以犹太教信奉《旧约》，而不承认《新约》。《新约》全书第一部分，也是最重要的部分是《四福音书》，分别由耶稣基督的弟子即十二使徒中的约翰和马太，以及基督的再传弟子马可和路加撰写。《四福音书》是关于耶稣基督生平的权威著作，所以四位福音书作者，即便在基督教圣徒当中，地位也是特别尊崇。据说当初是圣马可最早来到威尼斯，让当地人皈依了基督教，所以威尼斯奉圣马可为本城的主保圣人。

圣马可住在埃及的亚历山大，也因为传教遭到迫害死在那里，死后遗骨埋在亚历山大。828年，两名威尼斯商人把圣马可的骸骨从亚历山大城偷运回威尼斯。在中世纪的欧洲，人们都很迷信，拥有圣者的骸骨是一件特别给城市增添荣耀的事情，既提高了城市的地位，又能带来很多朝圣者，这些朝圣者跟今天的游客一样，他们的消费会刺激本地的经济发展。威尼斯能得到地位如此尊崇的圣人的遗骨简直喜出望外，为了容纳宝物，接待源源而来的朝圣者，威尼斯就开始建造一座宏伟的大教堂。这就是今天在城市中心点圣马可广场上的圣马可大教堂。

看过一些西欧国家教堂的游客都会发现，圣马可大教堂和西方中世纪流行的高耸的哥特式教堂大异其趣，甚至也没有西欧早期的罗曼式教堂那么高大。这就对了。上一章提到古罗马的建筑风格直接影响了中世纪早期西欧的罗曼式建筑，还有东罗马帝国境内的拜占庭式建筑。而西欧的哥特式建筑是后来到了12世纪才从法国发源的。因为威尼斯名义上是拜占庭帝国的臣属，圣马可大教堂始建于828年，后来又在11世纪重建，它的建筑风格，是经典的拜占庭式。这一点从教堂正立面外部的黄金马赛克拼图，还有繁复的圆拱顶形状可以一眼分辨出来。

教堂正立面上的黄金马赛克拼图，描绘了威尼斯商人从埃及的穆斯林手中偷回圣马可骸骨的故事。马赛克拼图是古罗马的典型艺术形式，被东罗马/拜占庭帝国的教堂建筑继承下来，再传到俄罗斯的东正教堂（拜占庭帝国在1453年灭亡以后，俄罗斯自称其继承者和东正教会的保护人）。西欧的罗曼式和哥特式建筑一般不喜欢用拼贴画装饰，而且西欧的教堂形状是长方形，接近长方形尽头向两侧伸出短的横臂，就像他们的十字架——横短竖长，而且竖的头短尾长，这叫作“拉丁十字”。十字架有各种形状，比如拉丁十字、等臂的“希腊十字”，还有四端变成八个尖角的“马耳他十字”等等。这座圣马可教堂的平面图不是拉丁十字形，而是等臂的希腊十字形，基本上呈正方形中央对称。这是拜占庭式教堂喜欢的形状。

圣马可大教堂内部的马赛克壁画更多，更加富丽堂皇。这些壁画几乎描绘了整个基督教的历史。从一进教堂开始，首先看到的是启示录和末日审判，随着你走向圣坛，周围的壁画大致上逆着时间顺序，从耶稣基督被钉上十字架以后复活，到基督遇难，到他的生平，还有基督诞生，再往前是《旧约》里的场景。在最远端圣坛上方的壁画，则是耶稣基督像，象征他既是世界的开始，又是世界的终结。参观教堂本身免费，但是得注意夏天游客穿的衣服必须遮盖住肩头和膝盖，穿无袖T恤和超短裙、短裤的游客还要临时借衣物遮盖好了才行。

教堂里面的纯金圣坛、珍宝馆和二楼大阳台上的圣马可博物馆要分别收费。我觉得二楼的圣马克博物馆里面的四匹青铜马最值得注意去看，它们是古希腊的作品，当初是镀金的，有红宝石的眼睛，当然现在黄金和宝石都没有了，但马的神骏姿态仍然栩栩如生。据说，这四匹马铸造于亚历山大大帝时期，原来拉着太阳神阿波罗的战车，公元1世纪被罗马暴君尼禄迁移到罗马，4世纪君士坦丁大帝迁都，又把它们带到君士坦丁堡。最后，中世纪的第四次十字军不但没有打穆斯林，反而攻陷了拜占庭帝国的首都，这四匹马又被威尼斯军队从君士坦丁堡带到威尼斯。

威尼斯不是拜占庭帝国的臣民吗？怎么反而攻陷并劫掠了帝国首都君士坦丁堡呢？这还要回头接着追溯威尼斯的发展史。

威尼斯人凭借高超的航海技术和强大的舰队，开始沿亚得里亚海对岸南

青铜奔马

下扩张，逐个击败定居在当地的斯拉夫部落和阿拉伯海盗，还数次出动舰队帮助拜占庭帝国跟当地海盗还有阿拉伯海军作战。在公元1000年的拉斯托沃海战（Lastovo）中终于永久地消除了亚得里亚海上斯拉夫海盗对贸易路线的威胁，打败了同为拜占庭帝国属臣的克罗地亚国王。由此，威尼斯执政官被君士坦丁堡朝廷封为达尔马提亚公爵，名义上仍臣服于拜占庭帝国，实际上早已有了足够的军事和经济实力，谋求在地中海上垄断贸易，建立海权

委罗内塞 利未家的宴会 威尼斯学院画廊

帝国。

1070年代，西欧神圣罗马帝国皇帝亨利四世和罗马教皇格里高利七世争夺教职任命权的斗争中，威尼斯保持中立。大致也在这个时代，北欧海盗诺曼人征服西西里岛并逐渐占领南意大利。当时罗马的教会跟拜占庭帝国的教会大分裂，基督教分成了罗马天主教和希腊东正教两支，罗马教皇和君士坦丁堡大牧首互相把对方革出教门。诺曼王国信奉罗马天主教，无论在宗教信仰还是在领土扩张方面都是拜占庭帝国的敌人，因此在巴尔干半岛和拜占庭帝国发生战争。威尼斯在战争当中出兵帮助宗主拜占庭东帝国，虽然不胜，但拜占庭皇帝阿列克谢一世科曼诺斯下诏免除威尼斯商人在地中海的贸易税，从此奠定了威尼斯垄断从阿拉伯到欧洲的香料丝绸贸易的地位。

阿列克谢一世皇帝号召进行第一次十字军东征。来自西欧的罗马天主教骑士大军，在威尼斯和拜占庭帝国的帮助下，反攻圣地，一举占领了圣城耶路撒冷。威尼斯从一开始就以海军积极参加历次十字军东征，在这个过程中，领土已经遍及亚得里亚海跟爱琴海岛屿的威尼斯渐有不臣之心，总想着以掠夺拜占庭这个昔日宗主为代价，进一步扩张自己的海上贸易帝国。

1204年第四次十字军发起的时候，威尼斯还跟往常一样，用自己的舰队和商船运送欧洲十字军并提供护航。而时任威尼斯执政官恩里克·丹多洛先让没有钱付运费的十字军帮助威尼斯镇压反叛自己的亚得里亚海港扎达尔（Zadar，现在属于克罗地亚）。成功以后，威尼斯海军和十字军没有奔赴圣地作战，而是开到拜占庭首都君士坦丁堡，卷入帝国朝廷争夺皇位的内斗之中乘机渔利。因为内斗中获胜的一方拒绝支付失败一方原先答应的给威尼斯和十字军的钱，结果威尼斯军队和西欧十字军倒戈相向，攻陷了君士坦丁堡。就是在这次不义的反客为主行动当中，威尼斯军队从君士坦丁堡掠走了这四匹古希腊铜马雕塑，顺带着还占据了拜占庭帝国的爱琴海各岛屿，尤其是克里特岛。

回到圣马可大教堂。这四匹铜奔马的真品在教堂二楼的博物馆室内，而四匹复制品在室外大阳台上原来摆放的位置。圣马克大教堂位于世界闻名的圣马可广场正东顶端，楼上的大露台是纵览整个广场最好的地方。整个圣马可广场呈东西长、南北窄的矩形，南、北、西三面的建筑物是连续的。其中南、北两个长边是行政办公建筑，正对圣马可大教堂的西侧短边是科若博物馆（Correr Museum）。如果广场东南侧执政府入门处的游客购票队伍太长，可以在科若博物馆买威尼斯博物馆的联票，凭联票不但可以参观市内各个博物馆，而且在入口处不需要排队。这是避免参观执政府门口排队的一条捷径。科若博物馆本身是威尼斯的城市历史博物馆，可以看到一些历史文物陈列和古代的盔甲兵器。

整个圣马可广场的主要进出口在东侧，因为东侧两座相连的主要建筑圣马可教堂和执政府，跟南北两个长边的办公建筑不相连，就在广场东侧一南一北留下两个出口。其中东北出口通向旧城曲折蜿蜒的街道腹地，出口处有座钟楼，顶上的铜人整点挥锤敲响大钟。塔身正面的深蓝色天文钟显示黄道十二宫，中间的蓝色部分还显示月相。而广场东南出口处有一座独立的百米来高的钟塔，正方细长带方锥顶。因为广场南面整个面向大运河的出口处，所以钟塔还兼有航标灯塔的用处。它建造于公元900年左右，1902年整个钟楼突然倒塌，钟楼顶端镀金的天使雕像正正好好掉在圣马可大教堂门口，居然还是直立站着的，当时传为一个奇迹。

圣马可广场的东南出口面对大运河，很宽阔，本身形成了一个小广场，威尼斯执政府就在这里。执政府的建筑非常精美，它建造于威尼斯国力鼎盛的时期，历代修缮，带有中世纪西欧盛行的哥特风格，但却混入了拜占庭和阿拉伯建筑的一些元素，形成威尼斯自己独特的建筑风格。

如果从建筑艺术史的角度来说，西欧在深受罗马晚期建筑影响的罗曼式建筑之后，12世纪从法国兴起的哥特风格席卷全欧，直到今天在德语国家、法国、英国和西班牙都能看到很多哥特式教堂。

哥特式建筑的特点，一是柱子之间的拱顶是尖拱。这是跟半圆拱顶的罗曼式建筑外观上最显著的差别，而且哥特式建筑不用壁柱和半圆拱做墙面装饰。哥特风格建筑往纵向发展，线条高耸，多用尖细的塔楼。室外轻盈纤细的飞拱壁支撑墙面。因为墙体不需要像以前的罗曼式建筑那么厚，所以可以在墙上大面积地开窗，色彩艳丽复杂的圆形玫瑰花窗和彩色玻璃图画是哥特式的显著特点，因此室内采光比罗曼式教堂有极大改善。哥特式的另一个特点是精美石工雕刻随处可见。教堂入口处层层重重的圣徒像，室外屋檐上的怪兽排水口，室内用红砖勾勒出的从立柱顶端到拱顶的肋拱线条，都给人特别深刻的印象。

但是哥特风格在意大利从来都不是主流，意大利本土的教堂和宫殿始终长期恪守晚期罗马和拜占庭建筑风格，经典的哥特式建筑很少，即便有那么几座也是结合了本土建筑样式的变体。比如米兰大教堂是哥特晚期的“火焰式”；托斯卡纳地区的锡耶纳主教堂跟Ovieto主教堂，说起来也算哥特式，但比例不够细高，而且保留了不少半圆拱顶、壁柱窗口这些罗曼式的元素。

威尼斯的这座执政府也是如此，你仔细看执政府二楼的连拱柱廊，柱子之间确实用尖拱顶连接，可是尖拱的两个腰弯曲了一下，形成三叶草形状的拱顶，每两个尖拱顶之间的正上方还有雕成四叶花瓣的圆形花窗。这样的柱式和花窗虽然算哥特式的，但在全欧洲其他地方绝无仅有，有时候被称为“威尼斯哥特式”。

执政府里面，有一处“真理之口”，和电影《罗马假日》里真理之口“吃掉撒谎人的手”的传说不同，这个口是兽头装饰的投信口，允许任何人给执政官投递匿名信，告发任何人。说是信访处也好，是恐怖统治的工具也罢，也许两者兼而有之。

执政府的大金色楼梯给人印象深刻，不仅大理石的楼梯雕饰华丽，而且楼梯天花板上用纯金箔覆盖，向觐见执政官的各国使臣，夸耀着威尼斯的富有和强大。

圣马可广场东北出口的蓝色钟塔

另外，执政府的大厅里，还有丁托列托（Tintoretto）所创作的世界最大幅的油画《天堂》。如果是直接画在墙上或者屋顶上的壁画，做得多大都不稀奇，可这幅是画在画布上的油画，居然占了大厅宝座背后的一整面墙壁，9米高，22米宽，这已经不能称为“杰作”（masterpiece），简直是“怪杰之作”（monsterpiece）了。

执政府背后的叹息桥连接府邸和监狱，闻名于世。经过叹息桥，可以去监狱参观。

这座执政府邸容纳了整个威尼斯的最高行政机构，它修建于威尼斯权力最鼎盛的中世纪。在13世纪的威尼斯，真可以说春风得意。东地中海的强权拜占庭帝国分崩离析，只在小亚细亚半岛一些地方苟延残喘，西征的蒙古大军风卷残云一般横扫中东穆斯林各国，打进巴格达，灭亡了穆斯林各国名义上奉为共主的阿拉伯哈里发。1221年威尼斯和蒙古签订了通商条约。这样，从东方到西方的商路畅通无阻，而且在东地中海这一段完全控制在威尼斯手中。

马可·波罗就是那个时代的人。实际上，马可·波罗生于今天克罗地亚的柯楚卡岛。2010年冬天我还专门造访过这位伟大旅行家的故居，但是因为当时整个达尔马提亚沿海地区都在威尼斯统治之下，所以马可·波罗在今天既可以说是克罗地亚人，也可以说是威尼斯人。

1310年起，威尼斯政府组建了两执政以外的另一个最高行政机构——十人团，贵族共治的共和色彩更重。14世纪威尼斯和匈牙利争夺达尔马提亚海岸的控制权受到重大挫折，因为它在地中海东岸的权势太大。1356年匈牙利国王路易一世、神圣罗马帝国皇帝兼波希米亚国王查理四世，还有几个意大利诸侯结成联盟对付威尼斯，联盟中的那不勒斯和热那亚都擅长海战。于是威尼斯人大败，匈牙利人占领了整个达尔马提亚。

1350～1381年威尼斯又和热那亚争夺东地中海控制权，先败后胜。但到了15世纪，奥斯曼土耳其帝国不但占领了整个小亚细亚半岛，而且沿着巴尔干半岛向北扩张，拜占庭帝国只剩下君士坦丁堡一座孤城。奥斯曼帝国和匈牙利—克罗地亚王国发生直接冲突，匈牙利自此由盛转衰，威尼斯人乘机用10万杜卡特的现金从匈牙利王位的争夺者拉迪斯拉斯手中买下了整个达尔马提亚海岸。

1408年匈牙利王位的争夺结束，胜利的一方是时任匈牙利兼克罗地亚国王，兼勃兰登堡选帝侯，后来又被选为神圣罗马帝国皇帝的西格蒙德。威尼斯和西格蒙德合约停战，停战结束后再出兵强占达尔马提亚。而西格蒙德在匈牙利是个弱势国王，曾被匈牙利贵族囚禁在城堡里面，脱身之后他的注意力转移到在西欧的领土争夺上，当时自然无心再夺回达尔马提亚，于是顺水推舟承认了当初这桩10万杜卡特的买卖。于是威尼斯占稳了达尔马提亚海岸。

威尼斯还在东北意大利扩张，占领维罗纳和帕多瓦。1430-1450年代是威尼斯帝国疆域的顶峰时期，它不但战胜了热那亚，还向西和米兰争夺领土，得到了布雷西亚、文森察、皮亚琴察等地。1453年以后威尼斯开始和奥斯曼土耳其帝国妥协，以保住东方贸易特权和在希腊的领地。但威尼斯的海上强权跟新兴的奥斯曼土耳其帝国霸权终归存在不可调和的矛盾，不久双方就爆发了战争。

威尼斯为了和土耳其争夺希腊的爱琴海岛屿，和短暂中兴的匈牙利结成联盟。可是在14—15世纪奥斯曼帝国勃兴的时候，无论什么样的欧洲力量组合，都挡不住土耳其人。1453年土耳其人攻陷君士坦丁堡，伟大的拜占庭帝国最终灭亡。1479年威尼斯和土耳其征服者艾哈迈德二世苏丹签订和平条约，丢掉了希腊的爱琴海岛屿并答应缴纳岁贡。

15世纪末，威尼斯仍算是欧洲强权之一。城市本身有18万居民，是仅次于巴黎的欧洲第二大城市。1500年代经过百年战争之后一段时间的恢复，国力逐渐强大起来的法国开始介入意大利事务，成为教皇、皇帝以外左右北意大利形势的第三股外来势力。威尼斯当时是意大利半岛上唯一的独立国家（如果不算教皇国的话）。威尼斯起初和路易十二的法国联盟得到克雷莫纳城，但又在土耳其新的攻势中丧失了雷班托港。

1508年爆发康布雷联盟战争（Cambrai）。教皇朱理二世、神圣罗马皇帝马克西米利安一世、法国、西班牙、匈牙利，这几大势力联手对付威尼斯。1509年在米兰附近的阿尼亚德洛（Agnadello）战役，威尼斯大败于法王路易十二亲自指挥的法军，马基雅维利在其名著《君主论》中说威尼斯此战丧失了过去800年得到的土地。不过此后7年的战争中，威尼斯又夺回不少地方，而且凭借向西班牙割让意大利南部港口这个让步，换取西班牙和教皇退出战争。

时间进入16世纪，威尼斯在以上这些纷繁复杂的战争当中时赢时输，总体上还能不落下风，但如果抛开一城一地得失不论，从大历史的走向上，威尼斯已经在不可避免地走下坡路了。当时有两个历史大势都不利于威尼斯的长远发展：其一是西班牙葡萄牙主导的地理大发现，使得大西洋商路逐渐取代威尼斯所控制的地中海商路，成为财富的来源；其二是地中海东岸土耳其帝国的扩张，逐渐夺得制海权，阻挡了威尼斯的东方贸易财路。这两个大趋势，威尼斯都无力对抗。

它在神圣罗马皇帝兼西班牙国王（当时已经由强大的哈布斯堡家族查理五世担任）跟奥斯曼土耳其两大强权之间，保持有倾向的中立。因为威尼斯一方面害怕哈布斯堡帝国扩大在意大利的领土，威胁自己的独立，另一方面出于宗教原因又不可能和土耳其结盟。1565年奥斯曼土耳其对医院骑士团占据的马耳他岛发动围城战，铩羽而归。1570年威尼斯和教皇、皇帝组成神圣同盟对抗土耳其，于1571年著名的雷班托海战大胜，但威尼斯却在反对土耳其的神圣同盟战争中丢掉了塞浦路斯岛。

哈布斯堡的帝国（德意志诸邦外加西班牙、匈牙利、弗兰德斯地区）控制了巴尔干半岛上的波斯尼亚和克罗地亚，他们的边防军经常骚扰威尼斯边境。哈布斯堡的西班牙驻那不勒斯总督又频繁派舰队开进亚得里亚海，而威尼斯人一向把亚得里亚海看成是自己的内湖。所以在1610～1620年代，威尼斯和神圣罗马帝国的关系非常紧张。1628年围绕曼图亚公爵继承问题，威尼斯和法国联盟，与帝国和西班牙的另一方开战，威尼斯战败。战后1630年爆发黑死病，威尼斯死了三分之一的人口。此后威尼斯的国运衰败了。

回到威尼斯城里的圣马可广场。执政官府邸粉红色外墙和独特的“威尼斯哥特”式柱廊，见证了威尼斯国力冉冉上升直至顶峰的整个过程。执政府的临河码头上，耸立着两根12世纪的石柱，它们和圣马可教堂的铜奔马一样，也是从威尼斯军队第四次十字军攻陷的君士坦丁堡掠夺来的。其中一根石柱顶上站着飞狮像，作为威尼斯商业帝国的象征，这尊飞狮出现在无数圣马可广场的摄影作品当中。另一根石柱顶上站的雕塑是圣西奥多杀死鳄鱼，他是圣马可之前的威尼斯主保圣人。

游客可以从码头坐26路公共船，花10分钟摆渡到圣马可广场对面的圣乔治修道院教堂（San Giorggio Maggiore church and monastery）。登上教堂的塔楼，可以俯瞰圣马可广场全景，甚至整个运河与威尼斯老城的全境。登高俯瞰威尼斯最好的摄影点有三处：圣马可大教堂二楼的大露台可以看到整个广场，但是看不到教堂本身；广场上的钟楼能登高望远，但是本身位置所限，“只缘身在此山中”，不能很好地看到广场本身，而且广场上等待登塔的游客太多；圣乔治教堂钟楼的位置在三处当中最佳，只要上午趁游客还集中在圣马可广场的时候先去那里，也不需要排队等待太长时间。

圣马可广场和圣乔治教堂坐落在威尼斯大运河入海的终点处。从这里坐上闻名于世的刚朵拉小艇沿着S形的运河河道一路上溯，终点在火车站前，这一路运河两边，尽是14～16世纪威尼斯权贵富商的豪宅。意大利文的palazzo，无论在英文还是中文都翻译成宫殿，但它们不是王宫，其实在意大利所有豪宅都可以泛称palazzo。

威尼斯是一座建筑在海边沼泽泥泞中的城市，所有建筑物都无法直接打地基，运河两侧这些直接建在水上的豪宅，其实都是架在成百上千根木桩上面，这些木桩深达5米以上，穿过水底的泥泞层直接打进下面的硬地。木桩常年浸泡在水中，以不易腐烂的赤杨（Alder）树干为佳。但再不易腐朽的木材，在海水里浸泡上几十年也需要彻底更换。可以想象，威尼斯这些几百年的老宅，常年的维修是靡费巨万的麻烦事情，当初逃到这片沼泽地建立威尼斯的先民们，一定是对战乱恐惧到极端的程度，才会如此不惜工本地营造这座水上城市。

从圣马可广场沿大运河上溯750米，河南岸一座方方正正的白色大理石建筑，是威尼斯学院画廊的大门。这里和执政府两处，汇聚了艺术史上文艺复兴后期“威尼斯画派”三大师最精彩的作品。喜欢西方艺术史的游客绝对不容错过。

在绘画艺术史上，古罗马以马赛克拼贴画为特色。到了中世纪基督教会垄断科学和艺术的时代，哥特式艺术从建筑领域扩展到雕塑和绘画领域，那个时候的代表性绘画作品是教堂圣像画，当时的画家还不懂透视法，画不出立体感，绘画和雕塑中的人体比例也很可笑——几乎所有圣徒都是大头小身子，身子被拉得瘦高，为了显示宗教人物的庄严，人物的姿势四平八稳，极为刻板。

直到15世纪佛罗伦萨开始了文艺复兴，绘画技法有了革命性的突破。文艺复兴早期和全盛时期的那些大师们，比如多纳泰罗、拉斐尔等，都从研究透视入手，讲究的是人物的比例和构图，达·芬奇更是从科学的角度穷究人体比例（比如他的素描《维特鲁威人》）。讲究比例和构图的画风，到拉斐尔已经发展到极致的完美，后世再也无法超越。于是画家和雕塑家们开始另辟蹊径寻求突破。比如同为文艺复兴鼎盛三大师的米开朗琪罗，他后期的雕塑和绘画形体夸张到失真，用夸张的手法表达强烈的情绪。

在三大师之后，文艺复兴绘画的中心转移到威尼斯。威尼斯画派从色彩和光影明暗对比来寻求突破。最著名的大师也是三个人：提香、丁托列托、委罗内塞，其中前两位都出生在威尼斯。提香出生于1488年，比文艺复兴三大师中最年轻的拉斐尔只小5岁，但拉斐尔只活了37岁英年早逝，而提香高寿88岁，他在不到30岁的年纪就成了威尼斯艺术界的领军人物。1516年他的早期代表作《圣母升天》，今天还在威尼斯Santa Maria Frari教堂的主祭坛正中央，另一幅作品《佩萨罗的圣母像》也在这座教堂主走道的北墙上。提香死后就埋在这座教堂。

今天，从威尼斯学院画廊出来以后不走S形的大运河，而从陆路取直线走向运河起点的火车和汽车总站，那么Frari教堂差不多正好在这条弓弦路的中间点。这里除了提香的两幅著名作品和提香的墓，还有埋葬18～19世纪浪漫主义雕塑家卡诺瓦心脏的墓碑。提香的绝技是画面上艳丽的色彩，他还擅长自己调制特别的颜色，比如“提香红”。除了色调特别，而且经久不褪色，后世无人能够仿制。提香在后来接近半个世纪的时间里名满天下，接到的订单数不胜数。尤其他为奥地利和西班牙的哈布斯堡朝廷作画，所以他的主要作品大多数并不在威尼斯本地，而是散布于欧洲各大名城。比如1534年提香画的《乌尔比诺的维纳斯》是绘画史上最著名的躺卧裸像，现在在佛罗伦萨的乌菲齐画廊，19世纪法国印象派的开山画家之一马勒，还模仿提香的这幅作品，画了《奥林匹娅》。

提香的另外两幅著名代表作，一件是《巴库斯和阿里阿德涅》，描绘酒神巴库斯（希腊名字是迪奥尼索斯）遇见克里特岛米诺斯国王的女儿阿里阿德涅一见倾心的希腊神话传说。这幅画在伦敦的国家画廊。另一件是提香1548年为神圣罗马皇帝查理五世画的著名骑像，现在收藏在西班牙马德里的普拉多博物馆。其实这不是提香第一次为皇帝画像，1532年提香44岁的时候，因为为皇室画像而被查理五世皇帝授予宫伯头衔和金马刺骑士团的勋位，这对于并非大贵族出身的提香来说，是非常特殊的荣耀（提香的父亲是一座城堡的总管）。威尼斯学院的画廊收藏展出的提香作品有四五幅，其中比较著名的是《哀悼基督》和《圣母子》。

除了这位威尼斯画派领军人物的作品，学院画廊最出名的收藏还有两幅。一件是达·芬奇研究人体比例的素描《维特鲁威人》，不过素描和油画不同，纸质见光容易损坏，所以博物馆很少展示这幅著名的素描。另一件作品是巨幅的《利未家的宴会》，作者是威尼斯画派另一位大师委罗内塞。

委罗内塞真名叫作保罗·卡利亚里，1528年生于维罗纳，足足比提香晚了一代。那个时代的画家经常以绰号作为艺名流传后世，真名反而没有人知道。比如波提切利，意思是“小桶”；比如丁托列托，意思是“染匠的儿子”；委罗内塞也是绰号，意思是“维罗纳人”。他13岁在维罗纳学画，37岁上娶了师傅的女儿。

委罗内塞不到20岁就开始独立接绘画订单，在维罗纳的各个教堂绘画，1553年25岁来威尼斯，第一个工作就是为执政官府邸十人理事会大厅做装饰。委罗内塞的著名作品基本都是宗教题材的巨幅油画或者壁画，比如1563年的《迦拿的婚礼》，画的是耶稣基督在以色列北部加利利海传教，第一次行使神迹，把水变成酒的故事。这幅画原本是威尼斯圣乔治修道院的订货，就是圣马可广场河对面，可以登塔眺望全城的那座修道院。现在这幅画收藏在巴黎卢浮宫。

在威尼斯学院画廊里，另有委罗内塞另一幅代表作《利未家的宴会》。其实这幅画原本的名字是《最后的晚餐》，可是宗教裁判所看不惯委罗内塞过于写实的风格，还有随心所欲的场景和人物（他画了德国雇佣兵、小矮人等等）。仅仅10年前委罗内塞画《迦拿的婚礼》时候，还可以随便画什么人物，当时委罗内塞把自己、提香、丁托列托都画上去了。可是1570年代反德意志新教改革运动兴起，天主教会对绘画艺术像对书籍一样加以审查。像基督诞生、最后晚餐、基督受难这类重大宗教题材应该画什么不能画什么都有具体要求，因此宗教裁判所责令委罗内塞修改画的内容。委罗内塞也绝，他既没有修改画的任何内容，但也不去硬顶宗教审查制度的权威，只是回家把画的题目改了一下：我不画最后晚餐了，就画普通人吃饭，行不？利未是《圣经·旧约》里的人物，以色列种族利未支派的始祖。

在威尼斯学院画廊还有一幅委罗内塞的《雷班托战役》也很有名，反映的是1571年西班牙和威尼斯联合舰队大破奥斯曼土耳其海军的史诗性战役。

威尼斯画派的第三位大师丁托列托1518年生于威尼斯，也比提香小一代，比委罗内塞大10岁。他的父亲是染匠，意大利语叫Tintore，那么染匠

圣马可广场钟塔

四尊青铜马之一和钟塔

的儿子就叫Tintoretto，所以后来他在绘画史上就以“丁托列托”的绰号为人所知了。17岁的时候，丁托列托被父亲带到提香的工作室当学徒，只待了10天便被送回家。因为他画了一幅素描，据说提香看到以后对他的天赋感到嫉妒，拒绝再教他绘画。其实47岁的提香当时早已功成名就，不可能嫉妒这个小孩子的才华，可能是因为提香发现丁托列托作品表现出的风格和自己不符，不适合跟自己学习。

此后丁托列托和提香之间虽然互相尊重，但关系比较冷淡，极少往来。

丁托列托工作室门上的口号是“米开朗琪罗的构图，提香的色彩”。他的成名作圣马可系列《圣马可解放奴隶》和《圣马可遗体被运回威尼斯》就收藏在威尼斯学院画廊里，同系列《圣马可遗体的发现》在米兰布雷拉画廊。

除了学院画廊，威尼斯城里另有一处丁托列托作品集中陈列的地方，就是上文提到的埋葬提香的Frari教堂附近的圣洛克慈善医院。圣洛克慈善教堂内部的壁画和顶画装饰，完全由大师丁托列托一手包办，号称丁托列托的西斯廷教堂（罗马梵蒂冈西斯廷教堂的壁画由米开朗琪罗一手包办，是米开朗琪罗的巅峰代表作）。1565～1567两年和1575～1588这13年间，丁托列托为圣洛克慈善医院和教堂做的这项装饰工程仅大型绘画就有52幅。丁托列托还和委罗内塞一起给执政府画壁画。尤其是1577年执政府大火以后，所有的壁画装饰都要重做，前面在介绍执政府内部时提到的世界最大幅的油画《天堂》就是丁托列托的作品。其实最初为这个大厅创作壁画的项目是委罗内塞中标了，但未及开工委罗内塞就去世了，丁托列托接手这个项目，画出了他毕生的最高杰作。此后直到1594年逝世，丁托列托再也没有创作大幅作品。

威尼斯大运河两岸还有很多值得注意的古迹，除了学院画廊，至少还有两处值得特别介绍。里亚托桥Rialto是横跨大运河的四座桥当中最早的一座，几乎正好在大运河的中间点。1255年建成的是座木桥，中段可以移动以便航运船只上溯运河。后来威尼斯人口越来越多，木桥在14～15世纪坍塌了两次。1591年才建成现在这座单拱白色大理石桥，桥面有优雅的连拱柱廊遮盖，不惧风雨。桥上有很多商店，现在也是威尼斯上镜率最高的地标之一。

在运河河口圣马可广场的对面，感恩圣母教堂（Santa Maria della Salute）的大圆顶非常显眼。1630年代爆发的黑死病瘟疫让威尼斯失去了三分之一的人口，此后国势开始走下坡路。瘟疫结束之后，为了感谢圣母保佑，威尼斯开始建造这座感恩教堂。它是威尼斯最后一座纪念碑式宏伟建筑，是相当纯正的近代巴罗克式风格，装饰有很多雕塑。从建筑艺术史上来说，中世纪的哥特式风格最终被文艺复兴风格所取代。此后为了对抗德意志北部兴起的新教改革运动，教廷又从罗马开始推广巴罗克风格，强调内部装饰的戏剧性。

17世纪威尼斯最大的挫败是1645～1669年跟土耳其打了25年克里特战争，争夺岛上的坎迪亚要塞，就是今天的克里特首府伊拉克里翁。这场战争

感恩圣母教堂

里亚托桥

旷日持久，变成双方围绕补给线的海上战役，威尼斯失去贸易收入陷入消耗战。土耳其帝国虽然也在走下坡路，当时却正值大宰相科普鲁鲁祖孙三代当政的复兴时期。在战争的最后两年，科普鲁鲁宰相亲征，威尼斯失去克里特岛。直到19世纪末，克里特岛才脱离土耳其的统治归并于希腊。

威尼斯和土耳其大战的这几十年，欧洲大陆上正值德意志三十年战争末期。三十年战争结束之后法国又继续和哈布斯堡家族的西班牙交战，直至1659年。结果西班牙被拖到财政破产，所以这段时间欧洲列强也抽不出精力来支援威尼斯。不过1683年威尼斯迎来了世界局势的转机。那一年科普鲁鲁家族末代宰相卡拉·穆斯塔法亲率大军进攻奥地利，在维也纳围城战中大败。之后包括威尼斯在内的西方列强组成又一次神圣同盟大举反攻，卡拉·穆斯塔法大宰相兵败被杀。

在此期间威尼斯利用海军反攻爱琴海岛屿，占领希腊大陆的伯罗奔尼撒半岛。在威尼斯军围攻雅典卫城期间，土耳其守军用卫城顶上的巴台农神庙当火药仓库。偏巧威尼斯军队一炮命中弹药库，炸飞了巴台农神庙屋顶。所以直到今天，我们去参观雅典卫城，还会看到这样一座残破而没有屋顶的巴台农神庙遗迹。

1699年神圣同盟战争结束，威尼斯属于胜利的一方，但是没能拿回过去200年被土耳其夺取的所有领土。1714～1718年威尼斯和土耳其打了最后一仗，又丢了伯罗奔尼撒半岛。此时威尼斯的国力衰退到难以自保的地步，但是却生活奢侈文化繁荣。同时奥地利帝国跟俄罗斯在向土耳其帝国步步紧逼的过程中越战越强，抢占了大片巴尔干地区的土地。奥地利的的里雅斯特港、教皇国的安科纳港都在亚得里亚海，打破了威尼斯在亚得里亚海的贸易垄断。

法国大革命以后，虽然威尼斯在法国和反法同盟之间保持中立，但拿破仑率军征战北意大利，1797年5月法国对威尼斯宣战，迅速征服其本土，威尼斯从此完全丧失独立地位。1805年拿破仑打败奥地利，又把威尼斯并入法国控制的意大利王国。1814年拿破仑第一次退位以后，威尼斯归奥地利所有。所以，在电影《茜茜公主》的续集里，茜茜公主和丈夫奥地利皇帝弗兰茨·约瑟夫视察威尼斯，并受到当地人民的欢迎。最终1866年意大利王国打败奥地利获得独立，威尼斯回归意大利。

威尼斯地区最主要的美食，自然以海鲜为主。其中前菜比较有特色的是两种：一是维内托地区圣丹尼尔镇出产的火腿Prosciutto di San Daniele；二是Sarde in saor，是用大蒜、洋葱、橄榄油腌渍的沙丁鱼。主菜点任何海鲜一般都不会错，螃蟹、软壳蟹、螯虾、刀蚬、鱿鱼都是当地特色。今天的威尼斯并不以意面或披萨出名，在这里就不要点披萨了。至于意面，如果是海鲜意面那还可以。除了海鲜意面，还有海鲜烤饭（Risotto），尤其用墨鱼

丁托列托 《圣马可遗体的发现》 米兰布雷拉画廊

和墨鱼汁做的黑色的Risotto nero最好吃，nero是黑的意思。这道菜每每让我想起在西班牙吃的墨鱼汁海鲜饭，同样鲜美，但吃完之后不宜出席正式场合，因为双唇和牙齿都被染黑了。

另外，还有海鲜汤，意大利语叫作Zuppa di pesce。蔬菜方面，有一种白色极小的洋蓟（Artichoke），叫作Sant' Erasmo castraure，只在春天当季出现几天，是当地的特产。此外还有白芦笋，价格都很贵。秋天当地出产一种小的野生蘑菇Chiodini。冬天的特产呢？在特莱维索城有当季的Radicchio di Treviso，是一种红色的小白菜。

说到威尼斯美食，不得不提大名鼎鼎的提拉米苏。有人说就是威尼斯人发明了提拉米苏，也有人说是维内托地区的特莱维索城发明的。无论如何，意大利的这个地区都是最正宗、最美味的提拉米苏产地。这种甜点的历史不长，1960年代才发明出来，用意式特浓咖啡（espresso）、巧克力粉、马萨拉甜酒（Marsala）、甜马斯卡彭奶酪（Mascarpone）和手指饼干一层层制作。

去过西班牙的人知道，西班牙有泡小酒馆，点一杯酒搭配各种小食品的饮食习惯，那些制作精美但是分量很小的熟菜叫作Tapas。威尼斯地区也有类似的传统习惯，叫作Cicceti。你可以一夜换三四个酒吧，每处点一杯酒，配几样小菜，一晚上下来，吃到十来种小菜，不用吃正餐就饱了。

第二节 维内托地区：维罗纳和帕多瓦

威尼斯共和国在意大利半岛上控制的地区叫作维内托（Veneto），以威尼斯为首府。中世纪的意大利有点像中国历史上的春秋战国时期，很多半独立的城市共和国、公国各自为政，为了各自的利益经常变换结盟的对象，再加上教皇、神圣罗马皇帝、法国、西班牙等势力的干涉，分裂了一千年都没有统一过。

经过多年混战，有那么几个地区强权战胜了区域内分庭抗礼的其他城市，逐渐扩大自己的势力范围。从文艺复兴到意大利统一前夕这段时间，从北到南大致上可以划为这么几个版块：以威尼斯为首府的维内托，以米兰为首府的伦巴第，以都灵为首府的皮埃蒙特（这就是后来统一意大利的撒丁王国的主体部分），以佛罗伦萨为首府的托斯卡纳，以罗马为首府的教皇国和时分时合的那不勒斯—西西里王国。这也是本书按照地域划分章节的大致依据。

维内托地区除了威尼斯之外，我觉得最有看头的古城当属帕多瓦（Padua），从威尼斯坐火车向南只需半小时就到。帕多瓦有三处非常有意思的古迹，都是中世纪的遗存。

帕多瓦大学在市中心，从火车站向南步行20分钟即到。它是意大利第二古老的大学，大约建校于1222年。意大利还拥有全世界最古老且直到现在还在招生授课的大学，即1088年建校的波伦纳大学（Bologna）。从波伦纳大学

帕多瓦大学圆形解剖学剧场

出走的一批学者建立了帕多瓦大学。今天帕多瓦的人口不过20万，而帕多瓦大学的学生就占有6万。

我自己的职业是大学教师，所以无论到哪个国家，都不会放弃探访名校的机会。帕多瓦大学可以在校园徒步游览，并有官方的讲解，普通游客都可以参加。校园里最有意思的一座建筑是“解剖学剧场”，从上到下共有七层同心椭圆形阶梯教室，能容纳300多名医学院学生360度围观教授在圆心的手术台上现场解剖尸体。中世纪的教会禁止人体解剖，可是帕多瓦大学从1594年就开始进行解剖了，这实在难能可贵。据讲解员说，解剖用的尸体都来自临近城镇被处死的罪犯。罗马教廷直到19世纪才正式解除解剖禁令，在将近300年的时间里，大学里保持了自己的学术自由。

帕多瓦还是中世纪一位基督教圣徒圣安东尼的埋葬地。上一节讲威尼斯圣马可大教堂的时候我曾经提到，中世纪的城市如果能拥有圣徒或者耶稣基督本人的遗骨遗物，对城市的经济发展和政治地位大有好处。圣安东尼是12～13世纪世纪之交著名的传教士，是阿西西的圣方济各的同代人（后面在游至托斯卡纳的阿西西城时，还会详细讲一讲这位方济各修会的创始人）。

传说他的布道口才雄辩之极，在亚得里亚海边对着海水布道，吸引大群鱼聚拢倾听。圣安东尼大教堂在帕多瓦大学以南，步行不过10分钟。虽然圣安东尼作为圣徒的地位不如福音书作者马可或者修会创始人方济各那么高，但还是有很多意大利人从各地专程来圣安东尼大教堂朝圣，挤进大教堂里的遗骸小教堂，瞻仰安东尼的舌头、下腭和声带。传说圣安东尼下葬以后30年，其遗体被重新发掘出来，当时他的骨骼内脏都已经腐烂，只有他那条著名的舌头完好如生前，甚至还保持着红润。

我来帕多瓦的主要目的，并不是要参观大学，也不是前来朝圣，而是为了瞻仰斯科洛维尼礼拜堂（Scrovegni Chapel）。1305年，中世纪最后一位大画家乔托在这座小教堂里，用了两年时间，用数十块大型壁画铺满礼拜堂的四壁，为文艺复兴开一先声。

文艺复兴早期的大师们几乎都是佛罗伦萨人，乔托也不例外。据说他原来是个贫穷的牧羊少年。中世纪哥特式艺术在绘画上主要的表现形式是教堂的圣像画。这些画细长而庄严，可是没有立体感，画面是二维的，没有纵深，人体的比例也不对，头大身子小。乔托在西方绘画史上第一次开始进行立体创作的尝试，他创作的人物会用各种手势和表情表现出悲痛、期待、恐惧等情感。换句话说，在他的笔下，神和圣徒都具有人的情感。

乔托来到帕多瓦的时候只有35岁左右，但已因在托斯卡纳的阿西西为大教堂画纪念圣方济各的壁画而出名。斯科洛维尼是帕多瓦的名门望族，前代族长里纳尔多·斯科洛维尼靠高利贷致富，声名狼藉。中世纪时，教会严格依照《圣经》的教诲，认为放高利贷是一种令人死后永堕地狱的可鄙行为。乔托的好友但丁在《神曲》中便将这位老兄放入地狱里受苦。里纳尔多死后，他儿子恩里克建起这座家族礼拜堂，为父亲赎罪。礼拜堂建成之后，聘请声名鹊起的乔托负责内部装饰。

参观斯科洛维尼礼拜堂必须提前在其官网上预约，在指定的时间进场。礼拜堂的天花板刷成深蓝色，其上点缀着黄色的星星，四壁满布乔托的作品。大门正对圣坛，南墙最上方的壁画描绘了耶稣基督的外公约阿希姆从年老无子女到喜得千金（就是后来的圣母玛利亚）的过程。北墙最上一排壁画则描绘了圣母的生平。接着是耶稣基督的生平，从诞生直到被埋葬又复活。在礼拜堂正面的墙壁上，是整个“连环画系列”的终结：《最后的审判》。

仔细观察可以发现，其实很多人物的身体比例还不是太好，耶稣基督的表情也很呆板，那是因为乔托能够学到的前人经验很少。他既没有像达·芬奇那样，用《维特鲁威人》素描穷究人体比例，也没有条件像米开朗琪罗那样，借鉴刚出土的古希腊罗马雕塑中人体的姿态。他能够摆脱中世纪绘画的模式，画出立体感，画出人的情绪，完全出自个人的创作天分。乔托是当时名气最大的画师，他的斯科洛维尼礼拜堂，就像丁托列托的威尼斯圣洛克教堂、米开朗琪罗的梵蒂冈西斯廷礼拜堂一样，是艺术家个人永远的丰碑。

除了这座礼拜堂，乔托还有其他的代表作。在托斯卡纳的阿西西，他和他的老师奇马布埃（Cimabue）合作绘制了上层教堂的圣方济各生平系列壁画，还独自绘了下层教堂的耶稣基督生平系列。在其故乡佛罗伦萨的圣十字教堂，他装饰了里面的四个小礼拜堂。今天还存留了两个。佛罗伦萨圣母百花大教堂的钟楼也是乔托设计的。以他当时的名望和影响力，如果不是在他死后不久全欧洲范围内爆发了可怕的大瘟疫，意大利十室九空，文艺复兴有可能提前大半个世纪正式开始。

维内托地区第二个好玩的城市是维罗纳（Verona）。它几乎在威尼斯到米兰铁路线的正中间，距离两边都是一个半小时车程。绝大多数游客去维罗纳，都为了莎翁名剧《罗密欧与朱丽叶》，想亲眼看看朱丽叶等待罗密欧相会的阳台，跟朱丽叶的铜像合个影。维罗纳的确是这部戏剧的故事发生地，可是莎翁的戏剧故事是虚构的，剧中的故事与人物在历史上根本没有原型。维罗纳本身是个古色古香的中世纪小城，阿迪杰河（Adige）呈S形纵贯城市，河边的景色很漂亮，还有古罗马时代的竞技场。它值得花至少一天一晚的时间细细品味。

维罗纳有典型的意大利街道，很窄，两边的建筑很古老，其上耸立着尖塔。罗密欧和朱丽叶的那个时代，意大利的豪族世家时兴建造高塔，以炫耀财富和地位。

除了朱丽叶的阳台，维罗纳的罗马大竞技场也很有名。我在那一年内看了三处罗马竞技场：罗马城的规模最大，但已经是遗迹；法国普罗旺斯尼姆小城（Nimes）的罗马竞技场保存得最好，至今仍偶尔有斗牛之类的表演；维罗纳的罗马竞技场，论规模比法国尼姆的小一些，但是使用得最频繁。每年夏天6月到9月，竞技场都会在夜间演出歌剧。我参观竞技场的时候，场内正在搭建威尔第歌剧《阿依达》（Aida）的布景。如果适逢其会，你一定要在维罗纳住上一晚。坐在两千年前的罗马剧场里观看歌剧，绝对会有不一

斯科洛维尼礼拜堂内部

样的体验。只是最好记得带上椅垫，否则巨石冰凉坚硬，绝对是一场持续四小时的严峻考验（其实也没有那么严重，场中多数座位是塑料椅子）。

维罗纳在近代欧洲以要塞城市著称。拿破仑战争时期，北意大利在奥地利和撒丁王国的统治下，守护威尼斯的“要塞四边形”，也就是守护维罗纳、曼图亚、佩斯基耶拉、莱尼亚戈这四大要塞。恩格斯曾在其著作中写道，“谁掌握了要塞四边形，谁就控制了整个北意大利的锁钥”。拿破仑统率法军横扫北意大利，占领维罗纳以后，用炸药夷平了其中的堡垒工事，以免奥军利用其阻碍法国人进军。游客一走出维罗纳火车站，迎面看到的就是城墙废墟公园，可以依稀辨别出星形堡、棱堡的地基形状。城内紧邻阿迪杰河的中心城堡依然保存得完整无缺。这个城堡最漂亮的地方是它背后的红砖桥、高高的堞墙和射窗，这说明此桥是城防工事的有机组成部分，是控制阿迪杰河的要塞桥。

维罗纳地区北、中、南三面都是葡萄酒产区，尤其是维罗纳以东到威尼斯之间的索阿维地区（Soave），是意大利最有名的白葡萄酒产区。1960年代费里尼导演的电影《甜蜜人生》(La Dolce Vita)的开头，主人公问餐厅服务生，旁边坐的公主点了什么酒。服务生回答说是索阿维和瓦波里切拉酒(Valpolicella)。1920年以前，只有维罗纳以东索阿维城堡附近的Soave classico产区出产索阿维葡萄酒，口感很好，口碑也极好。后来索阿维白葡萄酒在美国出名了，需求量大，附近酒庄大量种植，都标索阿维葡萄酒，质量良莠不齐，得了“意大利便宜白酒”的坏名声。实际上只有索阿维城堡中心才出产真正的好酒。而维罗纳以北的瓦波里切拉（Valpolicella）地区，最有名的是阿玛罗内（Amarone）和雷乔多（Recioto）两个小产区，这两个产区制酒都用风干的葡萄，水分少，甜，一般用以搭配餐后甜点一起喝。阿玛罗内红酒在发酵以后至少要在橡木桶里陈化四年，所以口味丰富；而雷乔多红酒选料考究，选用“耳朵”葡萄，就是一挂葡萄顶上外侧接受日照最好、糖分最高的部分。Recioto本身就是“耳朵”的意思，这种酒要陈化一到三年。维罗纳西面的葡萄产区叫作巴多里诺（Bardolino），出产口味清爽、果香较浓的红酒，口味类似法国里昂以北的博若莱（Beaujolais）葡萄酒。

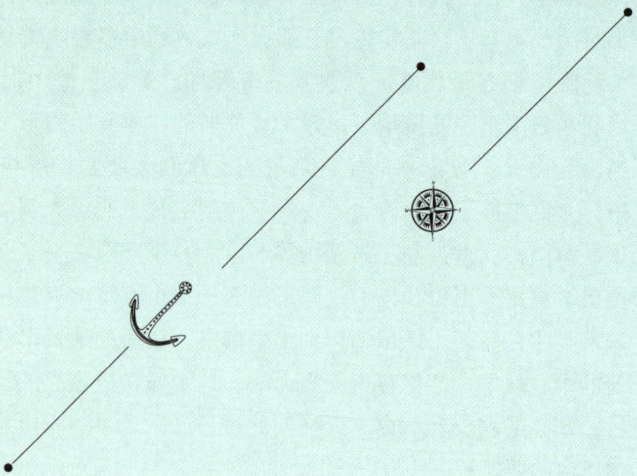

阿尔卑斯山的彼方——意大利行走手札

第五章

Chapter Five

从神性到人性：现代文明的曙光初现

第一节 在托斯卡纳中世纪的艳阳下

意大利中部，罗马以北，那片缓缓起伏的丘陵地带，出名的是阳光和美酒。疏疏落落的山顶城镇还保留着中世纪的古朴风貌，而城市之间如绒毯一样的田野草地，蒸腾起薄纱似的轻烟。乡间公路两边那些行道丝柏，像铅笔一样细长——似乎是托斯卡纳地区特有的树种——在轻烟和绒毯间若隐若现，随着山势起伏一直蔓延到天边。这是托斯卡纳山区乡村独有的景色。在这里开车自驾，山路虽窄，但只要不是旅游旺季，汽车却也少，有时候会觉得自己像是驾着马车，和一千年前的农民一起穿行于山顶城镇之间。要去托斯卡纳，不要选在七八月间游客最多的时候，1月到5月这段时间意大利中部并不算冷，游人稀少，此时更能细细体会托斯卡纳古城的中世纪建筑、美食和人情。

托斯卡纳乡间小城的关键词是“中世纪”。从公元1000年到文艺复兴之前这几百年间，在法国、英国和德意志，正是哥特式建筑和绘画艺术风格的鼎盛时期。哥特式教堂从法国发源，最早和最经典的样式全都在法国：最早的大概是巴黎北部埋葬历代法国国王的圣德尼大教堂，始建于12世纪初；最经典的就多了，比如巴黎圣母院，巴黎近郊的夏特雷大教堂，法国北部兰斯、亚眠、鲁昂的教堂等等。总之，要看欧洲最古典、最纯粹的哥特式，必须是在法国。

之后的两三百年间，法国哥特式逐渐影响了德意志、英国和西班牙，

托斯卡纳乡村景色

成为泛欧的艺术形式。但意大利接受哥特式建筑一直不怎么积极，因为中世纪的意大利一方面受拜占庭艺术影响很深，意大利南部许多地区，加上威尼斯、拉文纳等地都曾经是拜占庭帝国的领地；另一方面意大利受古罗马历史影响，晚期古罗马建筑和罗曼式建筑比哥特式更为古雅，更能打动人，所以意大利中世纪的哥特式建筑不多，也称不上典型。建筑艺术史上提起意大利的哥特式建筑，一般都会提到两个地区：米兰和托斯卡纳。米兰大教堂后文会详细介绍，它并非经典的哥特式，而是更偏重装饰风格的火焰式。而在托斯卡纳地区的经典哥特式建筑，有奥维耶托（Orvieto）、锡耶纳和阿西西（Assissi）的主教堂。

阿西西在托斯卡纳东部，本来地处偏远。如果不是在12～13世纪出了一位基督教历史上的伟人，此地绝不会像现在这样，成为各地朝圣者和游客趋之若鹜的旅行目的地。阿西西的圣弗朗西斯科（San Francisco d'Assisi），1181年生于一个富商家庭，宗教史中称其为圣方济各。他21岁时参加阿西西和佩鲁贾城之间的战争，战败被俘一年，获释后突然变得非常虔诚，经常离群索居，去城外的荒野之地斋戒苦修。1206年，他为了表示脱离世俗的舒适生活献身上帝的决心，在大庭广众之下去除象征世俗的华丽衣物，离家出走，带着一批具有同样宗教热情的追随者在意大利各地游荡，传

阿西西圣方济各大教堂外观

播福音。

当时教会的官方语言是拉丁文，而方济各和他的追随者用平民听得懂的意大利语传教。他首创了在圣诞期间用玩偶雕像来再现耶稣诞生场景的宣传方式，吸引了大批不识字的社会底层群众。直到今天，在圣诞节期间，世界各地的教堂都会制作耶稣诞生的玩偶和场景，这个传统就来自方济各的发明。

方济各（或者叫弗朗西斯科）曾行“神迹”：1219年，他随十字军去埃及被俘，却又被苏丹礼送出境；他经常得到上帝托梦，还能在岩石上凭空变出清水来治愈干渴的信徒；他能向鸟兽布道；1224年，据说圣方济各在山里斋戒祈祷的时候，突然有六翼天使降临，在他的手脚和肋下，烙上了类似于耶稣基督被钉上十字架后留下的伤疤。

方济各的修行运动得到底层民众的疯狂拥护，除了他善于运用这些宣传技巧以外，更重要的是因为他的主张。罗马天主教会之下，一向都有不少僧侣修会组织，比如军事上的圣地三大骑士团、平民的本笃会（Benedictian,一般做人名用的时候译成本尼迪克特）、克吕尼修会（Cluny）等等。这些修会一开始都强调遵守清规戒律，但是时间长了以后，从教廷到修会，都越来越醉心于权力和财富，拥有大片地产和征收巨额税款，生活趋向腐败奢靡。圣弗朗西斯科（方济各）主张模仿耶稣基督简朴的生活，而且要安于贫穷。直到今天，方济各会修道士的外袍上，都系一根腰带。腰带长长地

阿西西圣方济各大教堂上层教堂内墙壁画和屋顶肋拱

垂下来，下垂的部分中间打三个结。这三个结象征方济各会的箴言：服从、贫苦、守贞。

方济各只活了45岁，但他建立的方济各修会无论在当时还是后世，都产生了极大的影响。方济各会在他生前就获得了教皇的承认，他死后仅仅62年，第一位方济各会修士登上了教皇的宝座（尼古拉斯四世）。直到今天，方济各会仍是罗马天主教会内部最有影响力的修会之一，尤其是在美洲。因为方济各会的修道士最先在美国加州定居，所以加利福尼亚的很多地名都和弗朗西斯科有关。旧金山不用说了，其名字圣弗朗西斯科就是圣方济各。圣塔克拉拉城(Santa Clara)的名字来源于阿西西的另一位圣人，她创办了女修道院，和圣弗朗西斯科是同时代人，只小了十来岁。就连洛杉矶的名字都来自阿西西的Basilica of Santa Maria degli Angeli教堂。这座教堂在阿西西山脚下，是当年圣方济各出家修行处。因为教堂名称中有天使字样，所以以讹传讹，洛杉矶也被称为“天使之城”。

今天，阿西西城的面貌，基本上和方济各生活的时代差不多。城市建在山上，街道窄窄的，两旁是石头房子。古罗马遗留的神庙和市政厅围绕着市政广场，位于山城中心，也是山上难得的一片空地。此处下临山谷，我去的时候正是冬日，白天大雾弥漫，到下午5点钟快要天黑的时候，浓雾才渐渐散去，却也只是退到市政广场以下的山腰，从广场面临山谷的一面看去，脚下白茫茫一片，恰似惊涛拍岸。

从市政厅沿山路往上走，有纪念圣克拉拉的教堂和广场，再沿着圣弗朗西斯科路上行，还有圣斯特法诺教堂和广场。城里的街道陡峭，广场也太狭窄，无法兴建容纳大批朝圣者的方济各教堂，所以朝圣地大教堂，顺着山势建在西门外的一大片平地上。教堂有两层，也可以说是上下两座相连的教堂。大门在下层教堂的侧面。从外观上就能看出意大利哥特式教堂和法国经典的哥特式的区别：它没有高耸入云的尖细塔楼和飞扶壁，较为低矮方正，就连钟楼也是矮矮胖胖的。大门是罗曼式的半圆拱顶，不是哥特式常用的尖拱顶。这座教堂建于1228年至1253年间，当时法国已经是哥特风弥漫，而意大利还流连于前代的罗曼风格。不过大门入口处复杂的石雕，还有教堂拱顶上漂亮的砖砌肋拱线条，都是哥特式建筑的特色元素了。

因为这座教堂是在圣方济各的墓上建成，所以下层教堂圣坛下的圣人墓，就成了基督徒膜拜的地方。这座教堂的内部远比外部华丽，其壁画出自乔托和他的师傅奇马布埃之手。下层教堂的右墙上画满了耶稣基督的生平，左墙上画的则是圣方济各的生平。圣坛正面的壁画象征着服从、贫苦、守贞的方济歌会箴言，而圣坛前横向展开的十字形翼部右侧的壁画，是乔托的《耶稣上十字架》。注意画上的天使，它们第一次有了悲伤的神色，而不是面无表情的肃穆，这可以算是文艺复兴的第一缕曙光。上层教堂建造得晚于下层，一般认为它是意大利第一座真正意义上的哥特式教堂，其采光比下层好得多，其中的壁画则是由乔托和他的助手们一手包办的28幅圣方济各的生平场景。

和阿西西大教堂相比，托斯卡纳中部的锡耶纳大教堂具有更加明显的哥特风格，不仅正立面的四座钟塔细长高耸，而且钟楼也高得多，塔身和教堂的墙壁用暗绿色横纹大理石装饰。在教堂正立面的圆形玻璃花窗和柱廊上方，有一大两小三面镀金马赛克壁画装饰，正立面向西。夕阳西下时，阳光斜射，整座教堂熠熠生辉。

经典的法国哥特式建筑，在室外的石雕方面做足功夫，但室内装饰比较简单，除了玻璃花窗和肋拱、石雕以外，纯以高大的空间取胜。这不是注重华丽内饰的意大利人的风格。这座锡耶纳大教堂内部具有哥特式建筑通常的高大空间，但分隔主走廊和两侧走廊的连拱柱廊是半圆形拱顶。室内所有的石柱都用暗绿色横纹大理石拼镶板装饰，布道坛的石柱架在四只生动莹润的大理石狮子身上，柱拱的顶部是三叶草形状的拱顶，这些都是经典的法国哥特式所不具备的。那四只石狮子的比例准确，神态生动，虽然是13世纪哥特时代的作品，但超越了时代，达到了文艺复兴时代雕塑的水准。它们的雕塑者是尼古拉·皮萨诺（Pisano），他在雕塑界发文艺复兴之先声，地位相当于绘画界的乔托。

教堂内的大片地面用颜色形状各异的大理石拼出复杂的宗教题材壁画。

意大利人这份彩色大理石拼镶成画的功夫，真是独步天下。教堂里还有一座收藏圣歌乐谱的小音乐图书馆，它属于锡耶纳的红衣主教皮科洛米尼家族（Piccolomini），建成的时代比教堂本身晚，约在文艺复兴的15世纪末期。当时皮科洛米尼家族接连出了叔侄两代教皇（分别是庇护二世和三世），所以他们有能力让文艺复兴时代的大师拉斐尔担纲总体设计，再请德意志名画家在墙壁和屋顶绘满巨幅色彩艳丽的壁画。

这座皮科洛米尼图书馆在面积上比不过梵蒂冈的教皇地图图书馆，但是它富丽堂皇的程度毫不逊色，绝对有资格跻身于世界上最美丽的图书馆之列。除了这座图书馆，锡耶纳大教堂里还有不少文艺复兴时期大师的作品，比如侧面施洗者约翰礼拜堂（St. John the Baptist chapel）里的《施洗者约翰》雕像，是文艺复兴前期大师多纳泰罗（Donatello）的作品；圣坛上站着的四位圣徒：彼得、保罗、格里高利和庇护，是米开朗琪罗青年时期的作品；《圣母礼拜堂》（Chapel of the Madonna del Voto）是100年以后，由巴罗克风格艺术大师贝尼尼(Bernini)为来自锡耶纳的又一名教皇——Chigi家族的亚历山大七世而作。

在同一座教堂里集中了这么多不同时代、不同艺术风格的大师的作品，可见中世纪晚期到文艺复兴时代锡耶纳的富庶程度。实际上，当时的锡耶纳无论从政治势力还是财力上来说，都是意大利第一流的城邦，完全不亚于佛罗伦萨。锡耶纳在中世纪早期一直和佛罗伦萨争夺整个托斯卡纳地区的领导地位。1300年前后，锡耶纳是银行业和贸易中心，拥有6万人口，比当时的巴黎人口还多。锡耶纳1550年代被死对头佛罗伦萨征服，直到今天，锡耶纳城的人口还是6万，跟14世纪时持平。

从锡耶纳大教堂背后登上教堂广场入口时，可以看到左侧有未完工的体量巨大的红砖建筑，通过极高的拱廊和大教堂钟楼相连，这是中世纪教堂扩建工程的未完成部分。当时，雄心勃勃的锡耶纳人想把已经建成的这座教堂作为新教堂拉丁十字形布局的短边，另外在垂直方向新建十字形的长臂主走廊，十字架相交处就是今天钟楼所在的位置。这个宏伟计划当初是专门为了和佛罗伦萨正在兴建的圣母百花大教堂别苗头的，可是由于14世纪黑死病肆虐，锡耶纳突然之间损失了三分之一的人口，此后走向衰落，这个计划也没能完成。

锡耶纳大教堂也许不是典型的哥特式教堂，但锡耶纳却拥有世界第二高

锡耶纳大教堂内部

的市政厅塔楼，看上去哥特风格更加浓厚。虽说意大利人笃信宗教，但中世纪的意大利富庶城邦中，掌握实权的并不是主教和封建贵族，而是世俗的富商和手工业行会。所以象征世俗权力的市政厅，在锡耶纳比象征神权的大教堂更加宏伟。这座红砖市政厅建于1297年，塔楼102米高，是典型的意大利哥特式那种塔身细高、顶上加粗的样式。全世界只有意大利北部克雷莫纳城112米的市政厅塔楼比它更高。

市政厅前的广场呈贝壳形，外沿高中心低，绕场一周是350米。每年7月和8月这里会举行两次著名的锡耶纳赛马狂欢节，当地称为帕里奥（Palio）。这是从中世纪沿袭至今的盛大节日，全城17个区每年挑出10个轮流参赛，每个区出一匹赛马和一名骑师，绕场三周。全城和来自世界各地的观众提前一天就早早占据了广场四周的看台，比赛前一天晚上市政当局会运来沙土铺平广场外缘的赛道，并把广场周边的建筑物外墙用软垫包裹起来，以防人马撞伤擦伤。很难想象这座不大的广场到帕里奥那天能容纳五六万人，这些人兴高采烈，挥舞本区的旗帜呐喊助威。

在不举办帕里奥的普通日子，游客们会注意到广场正对市政厅的外缘有一座喷泉。喷泉周围一圈大理石围栏上的浮雕很有意思，尤其是正中靠左那一块，雕刻了上帝创造人类的场景：站着的上帝扶起刚刚醒来的亚当。这个构图是否似曾相识？这是15世纪的作品。据说正是这幅浮雕的构图启发了米开朗琪罗，让他画出了西斯廷天花板上那幅旷世杰作。

此外，锡耶纳还有一座圣多米尼克教堂规模也很大，它被用于纪念14世纪锡耶纳一户平民人家养育的圣女凯赛琳。圣凯赛琳的旧宅就在多米尼克教堂和锡耶纳大教堂之间的山谷地带。圣凯赛琳和圣方济各一样曾经在幻梦中被烙上与耶稣基督遇难时留下的同样的六道伤疤。当时天主教教廷驻锡法国普罗旺斯的阿维尼翁，圣凯赛琳前去劝说教皇结束当时的教会分裂，回归罗马。

而我最感兴趣的其实不是这段历史，而是在今天的多米尼克教堂里，居然能看到圣凯赛琳的头颅。其实她是病逝的，并非被砍头而死。保持并展览圣徒的遗物和遗体，一直是天主教的传统。可是在这么昏暗的教堂里，陡然看到玻璃柜里有一个保存了600多年的缩干了的人头，还是令人触目惊心。

托斯卡纳地区另一座经常被提及的经典哥特式教堂是奥维耶托的大教堂。奥维耶托城在托斯卡纳南部，也是山顶上的小城，可以从山下坐电梯上

云海中的奇维塔—巴诺里吉奥——天空之城

到古城。古城中有一口巨型的古井，从山头的古城一直打通到山脚下的泉眼，足有55米深，直径13米，叫作圣帕特里克井。井壁内侧修筑了双螺旋坡道，坡道上还开出瞭望窗，方便居民牵着驴子走到井底取水。这么复杂的巨型井，在地面上可不是只有一个井台这么简单，井的入口处建有一座房子。16世纪，罗马教皇被迫逃亡到这里的时候，因为害怕被围困而开始了这个建设项目，足足花了10年才挖成这口巨型水井。

奥维耶托以南不到5分钟的车程处，是整个托斯卡纳地区最漂亮的山顶小镇奇维塔-巴诺里吉奥（ Civita di Bagnoregio）。很多中文游记称之为“天空之城”。整个小镇占据着一个四面悬崖环绕的狭窄山顶，只有一条步道从山谷中蜿蜒通向悬崖对面的城镇。山顶小镇从前到后步行贯穿只需要不到5分钟的时间。我第一次造访的时候正值冬季，笼罩着小镇的云雾在正午12点的阳光照射下退进了山谷，却正好盖住了通向小镇的栈桥，于是整个城镇就仿佛漂浮在纯白云海下的空中街市，有一种特别不真实的童话感。

另一座堪与巴诺里吉奥媲美的山顶小镇，是锡耶纳西北大约30分钟车程的圣吉米亚诺（San Gimignano）。此地以塔取胜，是很多旅行综艺节目在托斯卡纳地区的必到之处。中世纪意大利的贵族之家喜欢建塔，塔越高，越能彰显家族的财富和地位。这些塔也有防御上的实用价值。当时意大利各个城堡之间经常混战，同城内部各个家族争权夺利的时候也互相攻杀。当敌人袭来的时候，宅邸的门窗太多，很难防守，于是便把全部值钱的家当提前搬进塔内。塔身一层内部的楼梯都用木制，危急时刻一把火烧掉，家属和家丁撤到塔的高层死守。那个时代也没有什么重型攻城机械，一般遇到这种情况对手都束手无策，于是家族的生命财产就得以保全。

因此，意大利的城市如果在古代很富庶，现代又很好地保持了古典风貌，而且地基坚实允许建塔（这就排除了威尼斯），就会留下极多高塔，比如波伦纳、维罗纳，而圣吉米亚诺镇是其中的代表。这座山顶小城中世纪最多的时候拥有72座高塔，今天留存下来的还有14座，其中最早的一座建于1280年代，最高的一座有55米，它同时也是今天唯一对游客开放的塔楼，附属于市政厅。

看过电影《托斯卡纳艳阳下》或者《美食、祈祷和恋爱》的人都知道，托斯卡纳地区以盛产葡萄酒出名。一般来说，托斯卡纳特产的葡萄酒都是红酒，只有圣吉米亚诺附近是有名的白葡萄酒产区。这里出产的白葡萄酒叫作Vernaccia di San Gimignano，口味比较清淡，果香浓郁。而托斯卡纳著名的红葡萄酒，基本都是酒体醇厚（英文叫作full bodied），口味比较重的，比较著名的有中部蒙塔奇诺城（Montalcino）出产的“棕发女郎”（Brunello di Montalcino）。

蒙塔奇诺是意大利最好的红酒产区之一。“蒙塔奇诺的棕发女郎”都是不甜的干红，只能用同一种葡萄酿造，至少在橡木桶中陈化两年，酒瓶里再存4个月才能出售。这是最低标准，陈化时间更长会更贵。“棕发女郎”是1980年代意大利全面实行产地认证后，第一种获得原产地控制认证的红酒，其价格在葡萄酒非常便宜的意大利算是很贵的了。当然，仍然比国内进口的法国和意大利红酒便宜得多。

我在托斯卡纳地区旅行的时候，往往每天晚上一个人喝掉一整瓶葡萄酒。有时候每天一瓶“棕发女郎”嫌贵，也可以买蒙塔奇诺红酒代替。这种红酒叫作Rosso di Montalcino，最低陈化要求只有一年，价格是正牌“棕发女郎”的一半，所用的葡萄和酿造方法是一样的。有的年份葡萄质量不好的话，蒙塔奇诺周边的酒庄宁可完全不酿“棕发女郎”，只出产这种红酒，以

锡耶纳市政厅

保证高端酒的质量和品牌。

另一个有名的红酒产区是托斯卡纳中部的蒙特普奇亚诺(Montepulciano)，那里出产的酒叫作蒙特普奇亚诺贵族酒(Vino Nibile di Montepulciano)，使用百分之七十桑娇维塞(Sangiovese)葡萄加上其他葡萄汁勾兑，陈化两年以上，其中至少一年必须使用橡木桶陈化。

以上两个产区只是托斯卡纳大区众多著名小产区中的两个，它们都在锡耶纳以南。而从锡耶纳往北，到佛罗伦萨以南这片区域，国内的葡萄酒爱好者可能更熟悉一些，那就是基安蒂（Chianti）地区。基安蒂葡萄酒（Chiani）的产量很大，算不上最好的葡萄酒，但确实是托斯卡纳红酒的中坚品牌。它和上面提到的两种锡耶纳以南的红酒一样，也以桑娇维塞葡萄为主，但是可以混合更多其他葡萄，尤其是白葡萄汁。

因为桑娇维塞葡萄皮里面的单宁丰富，口感重，加入白葡萄汁可以适当弱化这种味道，使之柔和，酒体也更轻盈一些。按照意大利法律，基安蒂产区下划分了好几个二级产区，都可以使用基安蒂葡萄酒的封瓶特有标签。基安蒂最中心的葡萄酒产区叫作经典基安蒂（Chianti classico）。这里出产的葡萄酒，除了封瓶标签以外，还会在酒瓶的瓶颈标签上加一个黑色公鸡图案。

西餐中讲究红酒和菜肴及奶酪的搭配。有一些原则广为人知，比如“红酒配红肉，白酒配白肉”，酒体醇厚、味道比较重的红酒配味道辛辣浓厚的菜肴，甜的葡萄酒配甜点等等。但这些原则需要灵活运用，就好比吃川菜口水鸡、水煮鱼这些，虽然鸡肉、鱼肉都是白肉，但川菜做法味道太重，肯定不能配清淡的白葡萄酒，反而要用托斯卡纳的红酒，或者阿根廷门多萨产区的红酒才合适。

那么在吃法餐或意大利餐时，该如何选择葡萄酒搭配呢？其实有个最简单的法门：当地出产的葡萄酒，配当地特色菜肴，一般都不会有错。托斯卡纳的红酒酒味醇厚，有时候偏涩，喝前用斟酒器事先放置一会儿，醒一醒再喝口感比较好。与之相配，托斯卡纳的特色菜也有类似特性。意大利全国海岸线很长，各地都有好的海鲜，偏偏托斯卡纳大部分地区都在内陆山区，所以它的特产是各种肉类、香肠，尤其是内脏，猪肚、牛肚等，这些食品和当地的红酒搭配相得益彰。

托斯卡纳地区餐馆里的Affettati是各种冷切火腿和香肠拼盘。虽然在意大利和西班牙各地都有冷肉拼盘的前点，但托斯卡纳的Affettati出类拔萃，其中一定会有各种萨拉米香肠(Salami)和切得飞薄的生腌火腿片(Prosciutto crudo)。这种火腿片和西班牙的国宝Jamon Iberico类似，区别在于西班牙火腿(Jamon Iberico)只用黑色的伊比利亚猪，而且猪的饲料有严格规定，火腿腌制的时间更长，一般在三年以上。但托斯卡纳这边的火腿有自己的特色，那就是用的是山区到处可见的野猪肉，或者本地特产的猪，叫作Cinta Senese的肉制作的。

托斯卡纳南部还把塞入馅料的烤鸽子作为特色菜。我们一般都认为欧美国家不吃鸽子，鸽子们只负责在城市的广场上优哉游哉。但事实上，意大利人的食谱和中国很类似，怎么会放过鸽子呢？

不过，托斯卡纳的肉菜中，最著名的就是其首府佛罗伦萨的牛排。意大利文叫作Bistecca fiorentina，相当于英美西餐中的T骨牛排。它选用当地特产的大白牛制成。正宗的托斯卡纳餐馆根本不会像英美餐厅里那样会问食客要烤几分熟，一般一块两人份1公斤多的佛罗伦萨牛排，每面只烤3～4分钟，外焦里嫩，切开看牛排里不但有血，而且根本就是冷的。意大利人做菜不喜欢放复杂的调料，他们更讲究新鲜食材本身的味道，所以番茄、罗勒叶、橄榄油这些配菜的质量很重要。正宗的佛罗伦萨牛排也不例外，只用盐和胡椒腌制。

其实，意大利传统美食当中没有牛排。在意大利，牛是用来耕田，不是用来吃的。佛罗伦萨牛排的来历有不止一种说法。其中一种说，二战期间英美士兵来到此处，觉得当地的大白牛仅用来耕地很可惜，开始用其制作牛排。另有种说法是，15世纪佛罗伦萨的美第齐家族节日请客的时候，曾用当地的牛肉招待来自英国的客人，相沿成习。就连意大利语里牛排Bistecca这个词，也是从英语Beef Steak借用过来的，所以和英语牛排发音相近。

第二节　翡冷翠

民国早期，佛罗伦萨的名字被译成“翡冷翠”，不但贴合意大利语的发音，而且别有韵味，就像巴黎的爱丽舍田园大道被译成香榭丽舍大街，不失为音意双绝的中文翻译。但是如果站在阿诺河南岸的米开朗琪罗广场上，俯瞰河对岸这座沐浴在托斯卡纳明媚阳光下的红顶名城的时候，你会发现，“翡冷翠”这一译名传递的冷艳意象，并不符合这座城市常年阳光明媚的气候和浪漫气质。如果要看关于这座城市的电影，丹·布朗《达·芬奇密码》系列第三部《但丁密码》串联了很多佛罗伦萨重量级的历史古迹，而对这座城市浪漫气质的描述，莫过于节奏舒缓的艺术电影《看得见风景的房间》。

佛罗伦萨老城区的街道狭窄蜿蜒，城里众多的艺术博物馆和教堂就像藏在中世纪的迷宫里。要见识佛罗伦萨的美，第一站应该来到位于阿诺河南岸高地上的米开朗琪罗广场。1860年代末，意大利刚刚统一时，曾短暂地定都于佛罗伦萨。开始建设时，广场中心有米开朗琪罗的《大卫》雕像的复制品，广场因此得名。站在广场上，佛罗伦萨全城旧宅的屋顶砖瓦反射着托斯卡纳的热烈阳光，红成一片。天际线上最显眼的两处制高点，一是维奇奥宫，也就是市政厅细高的中世纪塔楼；二是更远处的圣母百花大教堂高耸的圆拱顶。想当初，就是这座巨型拱顶和大教堂门口的洗礼堂，宣告了文艺复兴的开始。

佛罗伦萨与文艺复兴息息相关，是佛罗伦萨的财富和艺术家们开创了人类历史上最伟大的思想解放运动。而文艺复兴又成就了佛罗伦萨，让它凭借众多的古迹和艺术品在世界名城中占有重要的一席。

和附近众多托斯卡纳山间城市相比，佛罗伦萨的历史不算久远。因为托斯卡纳地区是古代埃特鲁斯坎文明的中心地带，而埃特鲁斯坎文明甚至早于古罗马建城的时代。托斯卡纳山间很多地方都曾发掘出史前埃特鲁斯坎人的城市遗址。如果读者对这个没有留下文字的谜一样的古代文明感兴趣，那么不但罗马城里有国家埃特鲁斯坎文明博物馆，在托斯卡纳的山顶城市沃尔泰拉（Volterra）还有埃特鲁斯坎人遗留下来的城门城墙和另一座很棒的考古博物馆。

但佛罗伦萨的历史追溯不到那么远，它是罗马共和国末期，恺撒为了安置退伍的罗马老兵，赠予他们大量土地而建立起来的罗马殖民地城市。3世纪末戴克里先皇帝时期，佛罗伦萨成为托斯卡纳地区的首府。西罗马帝国灭亡后，东哥特人替东罗马帝国征服意大利半岛。后来东罗马帝国查士丁尼大帝发动哥特战争，佛罗伦萨在帝国军队与哥特军队之间几度易手，城市被破坏殆尽。再后来伦巴德人入侵意大利半岛，8世纪法兰克人再打败伦巴德人，“丕平献土”，查理曼将北意大利纳入新的法兰克帝国版图。这些历史，我们在前面第三章和第四章都叙述过。在这几百年间，托斯卡纳地区是神圣罗马帝国境内的伯爵领地，首府在佛罗伦萨以西的卢卡城（Lucca）。直到公元1000年左右，托斯卡纳的首府才重新迁回佛罗伦萨。

在整个中世纪，神圣罗马帝国皇帝忙于德意志境内事务，还有和教廷争夺欧洲最高领导权，无力对意大利实行严密的统治。因为意大利的城市富庶，城里平民和手工业行会有很强的政治势力，所以中世纪的意大利跟法国、德国那种封建贵族统治佃农的经济结构、层层分封的政治权力结构大不相同。意大利的很多城邦，都是在皇权和教权的名义统治之下事实独立。

中世纪的皇权和教权争斗非常激烈。尤其是13世纪，霍亨斯陶芬家族的神圣罗马皇帝腓特烈一世巴巴罗萨（巴巴罗萨是他的绰号，意为“红胡子”）进军意大利半岛，北自米兰，南至西西里，都是他争夺的目标。意大利的各个独立城邦有的站在皇帝一边，有的支持教皇。站在皇帝一边的称作吉贝林党（Ghibeline），支持教皇的称作圭尔夫党（Gulf）。各城邦内部相互争斗的政治势力也分吉贝林（帝党）和圭尔夫（教皇党）两派。霍亨斯陶芬皇朝和罗马教廷的争斗结束后，意大利境内吉贝林派和圭尔夫派的纷争还在继续，各城邦和城邦中各派都顶着这两个政治符号互相攻击。在当时的托斯卡纳，佛罗伦萨、卢卡、锡耶纳、比萨等比较强大的城市混战成一团。城市之间时而是盟友时而成为敌人，没有什么原则分歧，只是为了争夺地区霸权。

中世纪晚期，佛罗伦萨的纺织业很发达。作为城市共和国，它的手工业行会和商人、银行家家族控制城市权力，几大家族争斗不休。又因为在意大利通向欧洲大陆的南北商路上，银行业也相当发达。中世纪到近代的史书中经常提到一种叫作“弗洛林”的货币（Florin），那就是强大的佛罗伦萨商业银行从1252年起发行的金币，每弗洛林当时相当于3.5克纯金。因为佛罗伦萨的银行资本充足、信誉好，弗洛林金币成色足，渐渐被欧洲各国广泛接受，和杜卡特(Ducat)、马克、埃居一样，是通行全欧的古代货币。直到今天匈牙利的货币还叫福林，得名于弗洛林。但匈牙利福林币值极低，跟古代金本位下佛罗伦萨的弗洛林金币扯不上什么关系。

15世纪中期文艺复兴之前，佛罗伦萨已经出了两位大艺术家，一是绘画领域的乔托，二是《神曲》的作者诗人但丁。但丁生于1265年，他的家族属于圭尔夫派。但圭尔夫派在佛罗伦萨又分裂成黑党和白党，他属于白党圭尔夫，一直在市政府任职。据他自己说，他在9岁时第一次遇见比阿特丽斯·波提娜莉（Beatrice Portinari）就一见钟情，结果爱了她一辈子也无缘结合。两人成年后还常常在街上相遇，可是但丁终于和别人结婚，婚后还经常写诗给比阿特丽斯。1290年但丁25岁时比阿特丽斯去世，但丁活了56岁，终其一生，比阿特丽斯都是其诗歌创作的灵感源泉。

1301年但丁的政敌黑党圭尔夫派掌权，解除了但丁的职务，并将其放逐出佛罗伦萨。但丁在流亡期间开始创作《神曲》，因为此前无论诗歌还是文章都是用拉丁文写的，而《神曲》是第一部意大利文巨作，所以但丁堪称意大利语之父。但丁热爱佛罗伦萨，但是他再也没能回到家乡，流亡的20年，大部分时间都住在维罗纳，后来搬到拉文纳并在那里辞世。他的墓也在拉文纳。佛罗伦萨的圣十字教堂门前有但丁的雕像，里面也有他的墓，但棺材里是空的。佛罗伦萨旧城市中心还有但丁的故居。

但丁死于1321年。从那时起直到今天，佛罗伦萨总想把但丁移葬回故乡，但是拉文纳城不答应，理由是但丁生前是被佛罗伦萨放逐的，死后佛罗

佛罗伦萨圣母百花大教堂洗礼堂外观

伦萨也没有资格要回诗人的遗体。

14世纪末到15世纪的头30年，掌握佛罗伦萨市政府实权的是Albizzi家族，他们是佛罗伦萨豪门美第齐家族的死敌。提到文艺复兴就不得不提美第奇这个提携保护艺术家的权贵家族。美第齐（Medici）这个名字最早出现于史书是在13世纪。从他们家族纹章盾徽上有六颗药丸，还有美第齐这个名字本身的意思是医生这两点来看，美第齐家族的先祖也许是行医的。但这仅仅是猜测，历史上关于美第齐家族的记载一开始就说，他们从事毛纺织业致富，之后经营银行业。15世纪的美第齐银行是欧洲最大的银行。

这个家族前后出过三个教皇：1513～1521年的利奥十世，1523～1534年的克莱门特七世，还有1605年只当过几个月教皇的利奥十一世。但这都是后话。美第齐家族第一个掌握了佛罗伦萨市政府实权的，是科西莫·美第齐，时间在1434年，之后其子彼得掌权。但彼得一生受困于严重的痛风病，掌权5年就去世了。从1469年起科西莫之孙洛伦佐掌握佛罗伦萨政权。这三代美第齐家族的族长很少出任公职，他们就像电影《教父》中的教父一样，在幕后操纵一切。就是在Albizzi家族和第一代美第齐族长科西莫时代，佛罗伦萨市政府向全城乃至全意大利的工匠招标，要装饰圣母百花大教堂的洗礼堂大门，还要修建一座巨型拱顶。这两项工程是文艺复兴的开端工程。

今天从佛罗伦萨城内的任何一处走向中心的圣母百花大教堂，都要经过狭窄的街道，一路视线都被遮挡。但正走着，一座以纯白为基准色调，从顶到底装饰着彩色大理石拼花镶板的教堂，隔着局促的教堂广场，突然跳进眼帘，气势之大犹如泰山压顶。

圣母百花大教堂是佛罗伦萨的主教座堂，1296年开始兴建，基本样式也是意大利哥特式。但是因为它开文艺复兴运动之先河，艺术史中一般都把它列入文艺复兴那一章的起始。意大利的哥特式教堂和法国、德意志哥特式教堂一个显著的不同之处在于，洗礼堂从主建筑分离出来，独立于教堂的入口前。

1401年佛罗伦萨市政府想要为圣母百花大教堂的洗礼堂配上用青铜镀金浮雕装饰的大门，向社会公开招标。七名当时已经成名的金匠艺人参与竞标，经过评选，第一名中标的是吉贝尔蒂，第二名落选的是布鲁内莱斯基。吉贝尔蒂生于1378年，从小跟从父亲学习金匠手艺，当时的金银手工业匠人同时也兼做雕塑。竞标胜利的时候吉贝尔蒂只有23岁，为制作洗礼堂大门的青铜浮雕，他建立了以自己为首的工场，训练了一批艺术家。雕塑大师多纳泰罗就在吉贝尔蒂的工作室做学徒，画了《圣罗马诺之战》的乌切罗也在吉贝尔蒂工作室工作了好几年。

吉贝尔蒂的浮雕大门制作精益求精，到他1455年离世都没有最终完成。他死后其子接着工作，父子两代共制作了两套50幅青铜浮雕。这些青铜浮雕的革命性在于，浮雕上的建筑物已经运用了透视原理，在平面上显示出纵深感。吉贝尔蒂其实是借鉴了自己的学生多纳泰罗的技法，多纳泰罗首创了绘画和浮雕中的中心点透视。后来米开朗琪罗看到洗礼堂大门上这十幅精美的浮雕，惊叹道：“这简直配做天堂的大门！”于是后世就称其为“天堂之门”。

今天教堂广场上，成千上万观众围观的浮雕大门金灿灿的，熠熠生辉，其实是复制品。真品保存在大教堂背后街对过的教堂博物馆里面。这个博物馆也值得参观，“天堂之门”浮雕的真品保存在玻璃匣里，匣中充满惰性气体。由于多年日晒雨淋，真品的镀金层和底下青铜层之间发生氧化和霉变，所以发黑了，很难修复。

再回头说那位竞争青铜浮雕项目惜败的布鲁内莱斯基，他日后的成就丝毫不亚于吉贝尔蒂，也是在文艺复兴史上留名的大师。他比吉贝尔蒂大一岁，1377年生人，也是金银工匠出身。虽然竞争青铜浮雕项目输给了吉贝尔蒂，但他们两人进入第二轮筛选的青铜制设计样本都被保留下来，现在也在大教堂博物馆展出。坦率地说，如果我是当年的评判官，站在这两套作品面前，其实完全无法分出高下。

布鲁内莱斯基竞标失败以后，花了两年的时间和朋友多纳泰罗去罗马研究古代建筑和雕塑。14年后，1418年，佛罗伦萨的羊毛商会出面，招标建造圣母百花大教堂的圆顶。这次又是布鲁内莱斯基和吉贝尔蒂竞争，布鲁内莱斯基胜出。

欧洲的大教堂往往都是一建数百年，前后几十代人的心血和汗水凝结于其中。大教堂从1296年动工，直建到1418年，120多年只欠圆顶，算进展神速的。这得益于佛罗伦萨雄厚的财力支持。教堂侧面的钟塔，是第二任总设计师、大画家乔托任期内完成的，所以叫乔托钟塔。而巨型拱顶的技术难度太大，就连在拱顶内部搭脚手架，都找不到那么长的木材，所以拱顶是最后一个未完成项目。圆形拱顶不需要内部立柱支撑，这样可以给教堂提供一个无遮拦的内部空间。古罗马人已经可以把圆拱顶做得很大，最著名的就是前文提到的罗马万神殿，再有就是查士丁尼大帝6世纪在君士坦丁堡建成的索菲亚大教堂拱顶。但后来这个技术失传了，君士坦丁堡索菲亚大教堂之后一千年，天下没有人能做跨度这么大这么沉重的圆顶而不垮塌。

布鲁内莱斯基的灵感来自他和多纳泰罗游学罗马，研究万神殿的经历。又从四年前刚刚重新发现的古罗马维特鲁威的《建筑十书》中描写古罗马建造戴克里先浴场和万神殿的段落中得到启发，设计了内外两层空心拱结构，还以无数其他发明来解决施工当中遇到的难题，比如他为了搬砖上屋顶还发明了专门的吊车。

布鲁内莱斯基本人也是一个成功的画家，他第一次系统阐述了当时已经存在的线性透视画法。当时工程和艺术之间的职业划分没有今天这么细，从布鲁内莱斯基到后来的达·芬奇、米开朗琪罗，文艺复兴时期的艺术家能设计金银首饰，雕塑、绘画、建筑、制造兵器，个个都是多面手，而且样样精通。布鲁内莱斯基设计的这个红色圆顶，成为佛罗伦萨天际线上永久性的地标，象征着当时的艺术和技术水平，终于开始赶上并超过古典时代。他死后也被埋葬在圣母百花大教堂内。

米开朗琪罗广场俯瞰佛罗伦萨全城

这座教堂似乎占尽天下风骚，不但拥有乔托的钟楼、吉贝尔蒂的“天堂之门”、布鲁内莱斯基的巨型拱顶，拱顶内部的巨幅壁画，是由瓦萨里和祖卡利合作的《天堂》。瓦萨里比吉贝尔蒂等晚出生100多年，他不但是优秀的画家，更以写作文艺复兴时代的艺术大师传记而著称。他是第一位艺术史作家，正是因为他的《画家、雕塑家、建筑师列传》，我们今天才知道从吉贝尔蒂、达·芬奇到提香这些大师的生平事迹。

在圣母百花大教堂的博物馆里，还有米开朗琪罗的《哀悼基督》。这件作品不如他在梵蒂冈大教堂的《圣殇》那么出名。关于这件作品，还有一个故事：米开朗琪罗属于慢工出细活的主儿，他在创作时不能催促。有一次他被人催问雕塑什么时候能完工，大怒之下，抓起凿子就开始砸这件作品。所以今天，还能看到基督的左臂和腿上有斧凿破坏的痕迹，那是米开朗琪罗自己干的。

从圣母百花大教堂步行向南，走向河边的乌菲齐画廊，走到大约一半路程的时候，会经过但丁街上的Cimatori小广场。在广场小摊Antico Trippaio花3.5欧元买个热腾腾的牛肚汉堡。这是我在佛罗伦萨每次必定要尝一尝的小吃，边走边吃，等吃完汉堡也就走到了旁边的巴盖罗博物馆（Bargello)门口。此处原来是佛罗伦萨的警察总部，后来改成博物馆，展品以雕塑为主。

巴盖罗博物馆的镇馆之宝在二楼，是多纳泰罗（Donatello）的大卫像。与米开朗琪罗的大卫相比，多纳泰罗的大卫更为纤细清秀，女性的成分多于男性。多纳泰罗是文艺复兴的第一位雕塑大师，早于米开朗琪罗，生于1386年，先学金匠，曾在吉贝尔蒂工作室短期工作，后来又和布鲁内莱斯基一起在罗马游学并进行探险挖掘。圣母百花大教堂博物馆中，有他在1410年前后所创作的福音书作者圣约翰巨型坐像。就是他发明了浮雕的中央点透视技法，应用于吉贝尔蒂的“天堂之门”雕塑上。这座大卫像是1430年代美第齐家族第一代掌门人科西莫向他定做的，是古典时代之后第一尊裸体立像，具有划时代的意义。至于为什么这尊大卫有女性纤细清丽的面庞，据说是因为多纳泰罗本人是同性恋。帕多瓦城那座令朝圣者趋之若鹜的圣安东尼教堂的广场上摆放着古典时代以后第一尊英雄骑像甘泰米拉塔像（Gattamelata），那是多纳泰罗1450年完成的代表作之一。

巴盖罗博物馆的一楼还有米开朗琪罗的雕塑。尽管这些作品和他的《大卫》《昼夜晨昏》《圣殇》《摩西像》不在一个级别上，但毕竟是米开朗琪罗的作品。其中《布鲁图斯胸像》比较有名，就是罗马共和国末期刺杀恺撒的那位马古斯·布鲁图斯。米开朗琪罗后来卷入了佛罗伦萨共和派和美第齐家族的争斗，他从小在美第齐家族的庇护和支持下长大，可是在政见上支持共和。布鲁图斯为了共和理想而大义灭亲，刺杀待自己亲如子侄的独裁者恺撒，米开朗琪罗可能在他身上找到了自己的影子，是把他当作英雄来塑造的。

离开巴盖罗博物馆继续走向河边，就来到与乌菲齐画廊毗邻的维奇奥宫，也就是佛罗伦萨市政厅。这里和威尼斯的执政官府邸一样，作为几百年富庶名城的政治中心，本身就是一件建筑艺术品，内部还有无数名家的绘画装饰。维奇奥宫高耸的塔楼也是哥特式的，跟锡耶纳市政厅塔楼有点像。市政厅前的广场上立着很多精美的雕塑名作，游客可以自由欣赏。

市政厅门口的大卫像跟米开朗琪罗广场山头上的一样，都是复制品，原作存放在城北的艺术学院画廊里。大卫像旁，一侧是海神尼普顿喷泉，再过去广场中心的骑马青铜像，是美第齐家族第一位掌门人科西莫的骑像，这都是16世纪文艺复兴晚期的作品。大卫像另外一侧有古希腊神话中的大力神赫克里斯杀死喷火巨怪卡库斯（Cacus）的雕塑。

在广场通向乌菲齐画廊的那一侧有一座台基很高的拱廊敞厅，叫作兰齐敞厅（loggia dei Lanzi）。在美第齐时代，这里是检阅广场上阅兵式的主席台。现在摆放着古罗马到近代各个时期的古典风格大理石雕塑，让平民与游客欣赏。前后三排六尊雕塑中，只有正中间那尊戴头盔扶起尸体的古希腊武士是古希腊原作的罗马复制品，其他都是文艺复兴以后的作品。

那尊雕塑讲述的是荷马史诗里特洛伊战争的故事：戴头盔的武士是斯巴达国王墨涅拉俄斯，他的妻子就是跟随特洛伊王子帕里斯私奔的古希腊第一美女海伦。为了夺回妻子，他联络希腊各地英雄，发动了特洛伊战争。希腊联军的大英雄阿喀琉斯和主帅迈锡尼国王阿伽门农吵架，拒绝作战。阿喀琉斯的好友和同性恋人帕特洛克罗斯穿着阿喀琉斯的盔甲出战，被特洛伊大王子、帕里斯的哥哥赫克托杀死。阿喀琉斯大怒，返回战场杀死了赫克托。雕塑中被托起的尸体就是帕特洛克罗斯。

兰齐敞厅上陈列的另外几尊雕塑，也都是希腊罗马神话中的人物：左边那尊一手擎刀一手高举敌人首级的雕塑，是切里尼的作品，表现的是古希腊英雄珀修斯杀死蛇发女妖美杜莎的场景。它背后的雕塑是古希腊士兵正在劫走特洛伊公主波吕克塞娜（Polyxena）。

大厅右侧的雕塑呈螺旋形上升的姿态，它描绘了古罗马建城时期绑架萨宾女人的典故：一个男人抱着一个左手向上伸展的女人。最后一座雕塑看上去似乎是一个拿着短棒的大胡子男人骑着一匹马，实际上，它描述的是古希腊大力神赫克里斯十二功绩当中的另外一件，杀死人头马涅索斯（Nessus）的典故。

越过兰齐敞厅就到了绘画爱好者的圣地乌菲齐画廊。这里集中了文艺复兴时期最杰出的大师的作品。游人在门口售票处大排长龙，令人望而生畏。去乌菲齐参观最好事先在官方网站上预订时间，可直接进票房取票，省时省力。好在画廊内部不像卢浮宫那样四通八达、回旋曲折，这里只有一条参观路线，沿着路线就能把U字形回廊的各个展室一个不漏地参观下来。

乌菲齐的镇馆之宝，毫无疑问是波提切利的两幅画：《维纳斯的诞生》和《春》。波提切利生于1445年，当时还是美第齐家族第一代掌门科西莫当权的时代。他比开创文艺复兴的吉贝尔蒂、布鲁内莱斯基、多纳泰罗这些人都晚生60多年，算是小了两辈，只比鼎盛期的三大师之中最年长的达·芬奇大7岁，但艺术史上仍然把波提切利算作文艺复兴的早期人物。波提切利不是他的本名，而是绰号，意思是“小桶”。他一生都待在佛罗伦萨，从未离开，其父是个皮匠。波提切利一开始也学金匠，后来成为著名画家利比（Lippi）的学徒，在委罗奇奥（Verrocchio）的工场也待过，可以算是达·芬奇的大师兄。

1470年波提切利独立开设绘画工场，利比的儿子小利比在他的工场做

圣母百花大教堂圆顶

达·芬奇 受胎告知 乌菲齐画廊

学徒。1475～1476年，波提切利画出了自己的成名作《三王朝圣》。这幅画也保存在乌菲齐画廊中，画的是耶稣基督诞生，东方三博士前来朝圣的群像。他把自己画在画幅的最右边，同时还把美第齐家族的第一代掌门老科西莫，科西莫的两个儿子、两个孙子都画了进去。其中老科西莫是跪在圣母面前的黑衣老者；他的儿子、美第齐家族第二代掌门彼得，是跪在画面正中间的红衣人；科西莫的孙子、第三代掌门“伟人洛伦佐”是画面最右边紫衣持剑的武士。当时老科西莫已死，是他的孙子洛伦佐执掌佛罗伦萨。

1481年波提切利还曾被短期征召，和一批佛罗伦萨画家一起画梵蒂冈教廷西斯廷礼拜堂的天花板。不过他们的画作大多数都在后来被米开朗琪罗覆盖了，现今在西斯廷天花板上还能看到的波提切利的画作，是两侧的摩西和基督生平连环画中《基督的诱惑》和《青年摩西》等三幅。波提切利三幅最出名的代表作：《美神与战神》现在在伦敦的国家画廊，《春》和《维纳斯的诞生》在乌菲齐画廊，全都是1480年代受美第齐家族所托作于佛罗伦萨。波提切利后期很少作画。他长期卧病，一生未婚。

波提切利的画风唯美，不像其他文艺复兴大师那样讲究人体比例，他画的人物喜欢拉长身体，尤其是脖子，强调那个时代所欣赏的女性的曲线美。他最有名的作品《维纳斯的诞生》里的美神维纳斯就是如此。维纳斯左侧是一男一女两位风神，把维纳斯吹到塞浦路斯岛上，而岸上拿着饰物等待的，是时间女神——天堂的看门人。熟悉古希腊传说的人都知道维纳斯是从海里的泡沫中诞生的，但详细讲起来，这个诞生的故事还挺有意思。

按照希腊神话，主神宙斯从他父亲克洛诺斯（Cronus）手中夺权，克洛诺斯一词就是光阴一词的词源。而克洛诺斯当初又是从自己的父亲乌拉努斯（Uranus）手中夺权，乌拉努斯一词是宇宙这个词的词源。当初宇宙大神乌拉努斯把他所有的孩子都禁锢在大地的深渊当中，心怀怨恨的神后葛（Ge）和最小的皇子克洛诺斯合谋，趁乌拉努斯大神上床的时候，把大神阉割了，然后克洛诺斯登上最高神座。而乌拉努斯被阉割下来的那个重要器官，被克洛诺斯扔进大海，漂流到塞浦路斯岛，化作一片泡沫。从这片泡沫里，诞生了美神阿弗洛蒂特，就是罗马所称的维纳斯女神。这个古希腊传说远远超出中国读者可接受的范围：奥林匹斯山上的众神，大多数都是宙斯的儿子女儿，像雅典娜、阿波罗、阿特弥斯等等。可是爱神维纳斯，如果从辈分上说，算是乌拉努斯的女儿，那就是宙斯的姑姑。而维纳斯的丈夫火神沃尔康和情人战神马尔斯，全都是宙斯的儿子。希腊神话真的不讲究辈分尊卑。

乌菲齐画廊里除了波提切利的作品，最著名的是达·芬奇的《受胎告知》。这是达·芬奇独立完成的最早的名作，画的内容是天使长加百列告诉圣母玛利亚将要清静受胎的消息，这幅画上的透视法已经非常成熟。米开朗琪罗、达·芬奇、拉斐尔号称文艺复兴三大师，他们的时代是文艺复兴的鼎盛时代。我个人觉得乌菲齐画廊还有一幅乌切罗的《圣罗马诺之战》可以拿来和达芬·奇这幅《受胎告知》做一对比。

前文提到，乌切罗是文艺复兴早期的画家，曾是吉贝尔蒂的学生。当时的画家们刚开始探索在二维平面上表现立体效果，比如近大远小、近处清晰远处模糊、中心点透视、水平线透视这些绘画法则都在摸索之中，甚至用油彩在帆布上作画这种形式，也是从此时开始出现。乌切罗的《圣罗马诺之战》上，近大远小已经很明显了，可是比例拿捏并不准确，远处那只跳过树篱的野兔，你想想该是多大的怪物啊？这套画总共有同名的三幅，佛罗伦萨乌菲齐画廊、伦敦国家画廊、巴黎卢浮宫各藏一幅。

从乌菲齐出来，就来到了明媚的阿诺河边。阿诺河上最古老的一座桥维奇奥桥就在画廊背后。这座桥色彩鲜艳，上面设有店铺，大概意大利人都喜欢在桥上开店做生意吧？我听过一种说法：古时候欧洲人相信，桥上的负载越重，桥身越不容易被河水冲垮，所以他们喜欢在桥上盖那么多房子。维奇奥桥上的店铺有三四层之多，我走过时以为自己仍在桥边的市场，过了好一会儿才发现：咦，我怎么已经在河这一边了？

阿诺河南岸是皮蒂宫。皮蒂宫是美第齐家族当上托斯卡纳大公爵之后的公爵府，在1860年代还短暂做过意大利的总统府。故老相传，维奇奥桥上所有店铺的上方有一条相通的暗道，可以让美第齐家族的统治者从市政厅经过乌菲齐画廊，过桥直达皮蒂宫。丹·布朗的小说《但丁密码》中就有这样的桥段。

文艺复兴早期几乎所有名画家都是佛罗伦萨人，后来鼎盛期的三大师中，也只有拉斐尔生于教皇国的乌尔比诺。三大师中，达·芬奇最有名的两幅作品，《蒙娜丽莎》在巴黎卢浮宫，《最后的晚餐》在米兰，所以达·芬奇要留待后面米兰那一章详加叙述。而拉斐尔最主要的作品全在梵蒂冈，当然要放在下一章教皇统治下文艺复兴和巴罗克时代的罗马来讲最合适。这里只提米开朗琪罗。

米开朗琪罗1475年生于佛罗伦萨附近，比达·芬奇小23岁，比拉斐尔大8岁。他很长寿，活了将近90岁，直到生命的尾声还在创作。他父亲是小城的官员，祖辈是佛罗伦萨的小银行家。1488年，米开朗琪罗13岁时进艺术工场当学徒，14岁成为领工资的正式员工，15岁就由师傅推荐进入洛伦佐·美第齐创办的人文学院学习。可以说米开朗琪罗少年时代即得到洛伦佐·美第齐的恩宠。他在美第齐家庭里生活了5年之久，可以登堂入室，和美第齐家族成员一起吃饭。

米开朗琪罗在人文学院学习期间被同学打断了鼻梁，原本就不英俊的脸变得更加丑陋。他才华盖世但是相貌不佳，这很可能导致了他后来的孤傲和偏激，他和同时代几乎所有艺术大师都闹过矛盾。

米开朗琪罗的保护人洛伦佐·美第齐死于1492年，但是美第齐家族继续赞助他的艺术事业。美第齐家族对波提切利、委罗奇奥、达·芬奇、米开朗琪罗这些艺术大师的赞助方式并不是自己订货，而是给他们介绍其他达官贵人作为客户。这种做法同时也是美第齐在政治上拉拢其他权贵的手段。经美第齐家族介绍，1496年，21岁的青年米开朗琪罗来到罗马，此时的他已经完成了一些不那么重要的作品，渐渐开始出名。他27岁时完成

切里尼 珀修斯杀死蛇发女妖美杜莎

的法国驻罗马大使定制的雕塑《圣殇》，是一尊精美绝伦的圣母哀悼基督像，现在收藏在梵蒂冈圣彼得大教堂里，让他名噪一时。24岁米开朗琪罗回到推翻美第齐家族统治、实行共和制的佛罗伦萨，应毛纺织行业公会的邀请完成旷世名作《大卫》。

今天去佛罗伦萨美术学院画廊的游客数量，在各主要景点当中仅次于乌菲齐画廊，大家都是去那里看米开朗琪罗《大卫》的真迹。为了避免浪费时间在门口排长队，最好还是事先在网上预订参观时间。

米开朗琪罗的大卫像选取大卫在一击必杀之前那一瞬间的紧张和内敛，充满情绪的张力。而前面提到巴盖罗博物馆收藏的多纳泰罗的大卫像，选取的是大卫杀死巨人歌利亚之后轻松的微笑，表现的是享受胜利的情绪。下一章还会提到巴罗克艺术风格大师贝尼尼另有一尊非常著名的大卫像，收藏在罗马博尔盖塞画廊（Borghese），那又是另一种不同风格。

米开朗琪罗和讲究精准人体比例的其他文艺复兴作者不同，他为了强调某种情绪或者特征，会故意夸张局部。《大卫》的手比正常比例放大了，这样观众在仰望它的时候不会觉得人物的手小，突出了人物的力量。这尊雕塑完成后，佛罗伦萨市政府组织了一个委员会来决定它的摆放位置。当时佛罗伦萨成名的老艺术家达·芬奇和波提切利，都在这个委员会里。达·芬奇等人建议把雕像放在市政广场的兰奇敞厅，波提切利等人则建议放进大教堂，但是第三派的意见占了上风，最后决定把《大卫》放在市政厅门口，就是现在广场上放置复制品的位置。直到19世纪后半期，佛罗伦萨当局才出于文物保护的原因把原件收入室内博物馆，在广场上代之以复制品。

米开朗琪罗于1504年29岁时完成《大卫》，转年应新当选的教皇朱理二世的邀请前往罗马，为圣彼得被缚教堂里（San Pietro in Vincoli）教皇本人的墓制作40尊雕像。原定工期5年完成，但米开朗琪罗断断续续做了40年，到死都没能最后完成。今天在罗马圣彼得被缚教堂里见到的摩西像就是这项工程的部分成果，收藏在卢浮宫的《垂死的奴隶》和《反抗的奴隶》也属于这项工程。

朱理二世是一个英武而有魄力的教皇，绰号 “武士教皇”，曾亲自带领军队出征。就是在他任期内的1506年，教廷把原来的圣彼得被缚教堂推倒重建。这是当时整个基督教世界最重要的一项工程，其首席工程师自然也会享有西方世界首席艺术家的荣耀。当时的总工勃拉曼特（Bramante）是一位名垂青史的建筑艺术家，但是他嫉妒米开朗琪罗的名望，于是撺掇教皇强迫米开朗琪罗去画梵蒂冈教皇宫里西斯廷礼拜堂的天花板。他以为米开朗琪罗只是雕塑出色，强迫他做不擅长的绘画工作就能让他出洋相。结果米开朗琪罗在1508～1512年画了四年西斯廷天花板，成就了《失乐园》《上帝创造亚当》等不朽名作。

勃拉曼特另一个给米开朗琪罗拆台的小动作，是向教皇介绍其他出色的艺术家以分宠。1508年他给朱理二世教皇引荐了拉斐尔，所以正当勃拉曼特建造罗马圣彼得大教堂、米开朗琪罗画西斯廷礼拜堂天花板的时候，拉斐尔也同时在教皇的书房里画《雅典学院》。这是一个标志性的伟大时刻，文艺复兴的中心已经从佛罗伦萨转移到了罗马。

但佛罗伦萨和米开朗琪罗的缘分还没有尽。1513年朱理二世教皇去世，新教皇利奥十世是洛伦佐·美第齐的次子，早就和米开朗琪罗相熟。他派米开朗琪罗回佛罗伦萨，装修圣洛伦佐教堂的正立面。米开朗琪罗为这个工程进行了三年设计，可是还没动工，工程就因为财政拮据而取消了。所以，直

圣洛伦佐教堂

到今天佛罗伦萨城圣洛伦佐教堂正立面都没有装上大理石饰板，仍然这么光秃秃地裸露着砖墙。但是今天的游客如果错过这座看上去不起眼的教堂，那就犹如入宝山而空回，错过了佛罗伦萨最精彩的米开朗琪罗的雕塑。

圣洛伦佐教堂坐落在佛罗伦萨大市场背后，和市场只隔一条皮货街。它倒并非因为“伟人洛伦佐”，而是得名于古代佛罗伦萨的另一位叫作洛伦佐的圣徒。据说这座教堂是佛罗伦萨最古老的教堂之一，在圣母百花大教堂建成之前还是佛罗伦萨的主教座堂。教堂里有美第齐家族专属的礼拜堂，历代美第齐家族的墓就在这里，所以美第齐家族对这座教堂特别青睐。15世纪早期旧教堂被拆毁翻新，当时的总设计师就是建造圣母百花大教堂拱顶的布鲁内莱斯基，所以圣洛伦佐教堂是一座相当纯粹的文艺复兴式建筑。

教堂里有多纳泰罗的布道坛和大门雕塑。教堂所属的修道院建筑群里，有米开朗琪罗设计的劳伦提安图书馆（Laurentian Library）。最重要的是教堂圣坛背后的美第齐礼拜堂，这里埋葬了历代美第齐家族成员。米开朗琪罗从1521年开始，在这里花费13年时间打造了《夜与昼》《晨与昏》等代表作。

美第奇小教堂里有一个房间是完全由米开朗琪罗设计的，虽然没有完成，但是已经足以在艺术史上流芳百世了。它正中间的“伟人洛伦佐”和其弟弟朱利亚诺·美第齐的墓在米开朗琪罗1534年最终离开佛罗伦萨的时候还没有动工，所以反倒是两侧两位美第齐家族小辈的墓成了艺术史上的杰作。其中一侧正中双手放在膝盖上握着权杖的，是“伟人洛伦佐”的第三个儿子——那慕尔公爵小朱利亚诺·美第齐，1512～1516年佛罗伦萨的统治者，也是利奥十世和克莱门特七世两位教皇的哥哥。另一侧墙上一手托腮的正面雕塑是乌尔比诺公爵洛伦佐·彼得·美第齐，“伟人洛伦佐”的长房孙子，那慕尔公爵的侄子，1516～1519年佛罗伦萨的统治者。

这两个人都被塑造成身穿甲胄的古罗马将军，他们都在沉思，整个坐姿呈现古希腊雕塑那种典型的运动中的平衡，并不是端正地坐着，而是好像马上就要有所动作。人物的面庞英俊而略带忧郁，而肌肉被甲胄紧紧包裹着，显得异常发达。据说当时就有人批评说无论形体还是面容，都不像真人。但米开朗琪罗很自信地说，“千年之下，还有谁能看得出像不像！”

人物形体更多的夸张表现在两尊雕像脚下斜躺的昼夜晨昏四尊雕塑。小朱利亚诺像下的男人象征昼，睁着眼睛，女人象征夜，闭着眼睛；洛伦佐·彼得像下的女人体是清晨，一条腿支起半边身体，似乎正要起床，男人体是日暮。这四尊合起来就是昼夜晨昏，象征日月流逝，四时交替不断。注意看这四尊人像的肌肉都非常发达，四肢和脖子都有极度的扭曲和拉长，尤其是两具女性人体，肌肉强健，完全不像女性，倒像是男性健美运动员的身体上加了两个椰子壳。

这就是米开朗琪罗的特点：他有意摒弃均衡和完美，为了强调激情、突出力量而使用夸张和变形。无论是《大卫》还是《昼夜晨昏》，甚至西斯廷壁画中的上帝和耶稣，都有这个特点。他注重戏剧张力的夸张风格偏离了经典文艺复兴风格的轨道，艺术史里有时把文艺复兴晚期的这种戏剧化风格称为风格主义（Mannerism，也有中文译成矫饰主义），而把米开朗琪罗作为风格主义的鼻祖。

米开朗琪罗在圣洛伦佐教堂里美第齐礼拜堂的工作断断续续。这期间，1521年，派他回佛罗伦萨的利奥十世教皇去世，中间经过一年半的另一位教皇统治，下一任就是利奥十世的弟弟、“伟人洛伦佐”的养子克莱门特七

米开朗琪罗 布鲁图斯像 巴盖罗博物馆

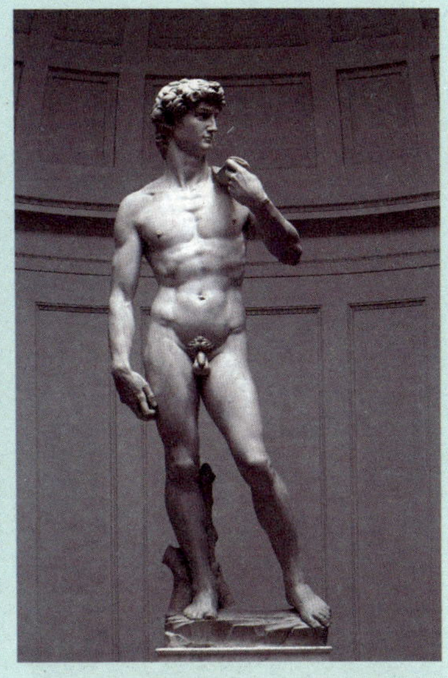
米开朗琪罗 大卫 佛罗伦萨学院画廊

世。克莱门特教皇继续支持米开朗琪罗的工作。但1527年佛罗伦萨再次起义驱逐美第齐统治者，建立共和。米开朗琪罗虽然身受美第齐家族恩惠，但他的政治理想却是共和派的，他投入为起义者设计武器和防御工事的工作中。

1530年佛罗伦萨沦陷，美第齐家族复辟，米开朗琪罗逃到罗马，不过教皇克莱门特对他不予追究，让他继续工作。1534年米开朗琪罗放下未完成的美第齐礼拜堂陵墓工程，最后一次离开佛罗伦萨前往罗马。克莱门特七世教皇让他绘制西斯廷礼拜堂正面墙上《末日审判》壁画，所以整个1540年代，米开朗琪罗在罗马做了三件事：画西斯廷正面墙上的壁画；设计罗马卡皮托山顶广场；还出任圣彼得大教堂的新一任总建筑师，主持建造了教堂的大圆拱顶。他最后一件作品是现在收藏在米兰斯福尔扎城堡博物馆里未完成的《圣殇》。这些作品，我在第六章和第七章还会详细介绍。

米开朗琪罗89岁病逝于罗马，遗嘱要葬在家乡佛罗伦萨。今天，他的墓就在靠近阿诺河边的圣十字教堂（Santa Croce）。

圣十字教堂在圣母百花主教座堂东南方800多米，外立面也是全部用白绿色大理石镶板装饰，乍看上去有点像缩小版的圣母百花大教堂。它是上一节提到的阿西西的方济各会在佛罗伦萨的总部，据说也是世界上最大的方济各派教堂。圣十字教堂门口矗立着一座诗人但丁的立像，内部则以众多意大利历史文化名人的墓葬纪念碑出名。

米开朗琪罗的墓呈金字塔形，顶上用红色大理石雕刻出打开的帷幕。伽利略的墓上，有他手持望远镜的胸像。伽利略同时代的著名政治家马基雅维利则是不折不扣的佛罗伦萨人，他的墓也在圣十字教堂。此外，前面提到制作圣母百花大教堂洗礼堂“天堂之门”的吉贝尔蒂、发明无线电报的马可尼、写出歌剧《塞维利亚的理发师》和《威廉退尔》的罗西尼，他们最终的长眠地都在这座圣十字教堂里。

圣母百花大教堂洗礼堂的“天堂之门”

既然说到文艺复兴的巨匠们，那就顺便讲讲他们的保护人美第齐家族的历史吧。美第齐家族第一代掌门人老科西莫赞助过吉贝尔蒂、布鲁内莱斯基、多纳泰罗这些开创文艺复兴局面的早期大师。他的孙子、第三代掌门人“伟人洛伦佐”则赞助了波提切利、达·芬奇和米开朗琪罗。洛伦佐本人也是一位诗人，他深受人文主义影响，在佛罗伦萨建立了人文学院。洛伦佐在政治上的惯用伎俩就是利用自己手中赞助的艺术家为其他达官贵族制作艺术品，将其作为政治联盟的工具。他有一个弟弟朱利亚诺·美第齐。1478年，与美第齐家族敌对的其他佛罗伦萨银行世家在当时的教皇塞克斯图四世默许下，派遣刺客刺杀他们兄弟两人，洛伦佐负伤幸存，他弟弟朱利亚诺被刺死。洛伦佐就过继了弟弟的儿子朱利奥，后来朱利奥成为教皇克莱门特七世。

“伟人洛伦佐”死于1492年，他的死标志着文艺复兴的中心从佛罗伦萨转到了罗马。这不但因为米开朗琪罗和拉斐尔后来主要都在罗马为教皇工作，而且因为他死后仅仅两年，1494年佛罗伦萨爆发人民起义，驱逐了他的儿子——美第齐家族掌门人彼得。

当时欧洲的大时代背景是法国经过几十年的休养生息，渐渐从英法百年战争之后的衰退中恢复过来，开始对意大利事务发生兴趣。而当时的意大利四分五裂，各个城邦互相攻击。这些城邦虽然都很富有，文化发达，但是军事上几百年来都依靠雇佣兵打些小规模的战争，完全不是中世纪末期英、法、奥地利这些统一的封建大国的对手。

1493年法王查理八世想要争夺那不勒斯王国的王位，同时意大利北部米兰和威尼斯两大强权在打仗。米兰公爵鲁多维科·斯福尔扎引狼入室，邀请法王查理八世率军援助自己。于是法军顺势入侵意大利，长驱直入占领了意大利南部的那不勒斯，顺道在路上占领佛罗伦萨，简直势如破竹，没有遇到什么像样的抵抗。

法军此举激起意大利各个城邦的愤怒，连米兰都加入佛罗伦萨、教皇国、威尼斯一边，再加上神圣罗马帝国皇帝兼奥地利公爵马克西米利安的介入，组成威尼斯联盟，这样一来就断了孤悬在那不勒斯的法王查理八世大军的退路。查理八世不得不放弃那不勒斯，率法军一路冲破封锁，北上打回法国。

法国虽然在这次战争中没有占到什么便宜，但是看到了意大利诸邦的富庶和软弱，2.5万法军居然能杀到意大利南部再杀回来。因此，此后60年，历代法王不断地挥军入侵意大利，所谓 “意大利战争”不是一次，而是至少八次，每次持续数年。1494年的第一次意大利战争，佛罗伦萨统治者、“伟人洛伦佐”的儿子彼得·洛伦佐投靠查理八世的法军，城市被法国占领。因此佛罗伦萨人民发动起义，驱逐美第齐家族，建立了佛罗伦萨共和国。

但是美第齐家族百足之虫死而不僵，已经去世的“伟人洛伦佐”的几个儿子都有强大的势力。次子乔万尼是红衣主教，1513年继“武士教皇”朱理二世之后，当选为教皇,称为利奥十世，就是这位教皇让米开朗琪罗主持佛罗伦萨圣洛伦佐教堂里的美第齐家族礼拜堂陵墓工程。利奥十世在当选教皇之前，就带领教皇国军队重新征服了佛罗伦萨，实现了美第齐家族的复辟。

1513～1516年佛罗伦萨的统治者是利奥十世的弟弟、“伟人洛伦佐”的第三个儿子、那慕尔公爵小朱利亚诺，也就是米开朗琪罗在礼拜堂里为他建造陵墓的那位。1516年之后下一代佛罗伦萨统治者，是“伟人洛伦佐”长子彼得的儿子、乌尔比诺公爵小洛伦佐，也就是教皇利奥十世和那慕尔公爵小朱利亚诺的侄子，另外一位在礼拜堂里由米开朗琪罗建造完成陵墓的人。

这位美第齐家族的第六位佛罗伦萨统治者、乌尔比诺公爵有一个女儿叫作凯瑟琳·德·美第齐，于1533年嫁给了法国王子、后来的法王亨利二世，并在亨利二世死后成为摄政王太后。作为来自佛罗伦萨的意大利人，据说她特别善于使用毒药谋害政敌，而且笃信罗马天主教，反对在法国兴起的新教。

凯瑟琳·美第齐王太后的三个儿子先后登上法国王位，就是弗朗索瓦二世、查理九世、亨利三世，但是都没有子嗣，法国瓦罗亚王朝自此绝后。凯瑟琳王太后的女儿玛格丽特嫁给新教徒亨利·波旁，太后想要借婚礼彻底铲除法国新教徒势力，阴谋发动了“巴托罗缪日大屠杀”。后来又想毒死这个女婿，结果却误杀自己儿子法王查理九世。最后，这位女婿登基，成为法王亨利四世，这就是法国波旁王朝一代盛世的开始。

以上种种，大仲马的历史小说《玛格丽特王后》《蒙梭罗夫人》《四十五卫士》，伊莎贝拉·阿佳妮主演的《玛尔戈王后》电影中都有详细描述。

让我们回到佛罗伦萨讲美第齐家族的历史。1527年佛罗伦萨再次发动起义驱逐美第齐家族，这次连米开朗琪罗也参与了起义战斗。但“伟人洛伦佐”还有一个从被刺的弟弟那里过继来的儿子朱利奥·美第齐，他于1523年当选为教皇克莱门特七世，此时正好在位。他请求皇帝查理五世领兵扑灭了第二次佛罗伦萨共和国的起义。这位克莱门特七世教皇，就是让米开朗琪罗画西斯托礼拜堂《末日审判》壁画的人。同样在他的任期之内，英国国王亨利八世想要离婚，罗马教廷不批准，于是英王一怒之下宣布举国脱离罗马天主教，组建独立的英国国教会（另译安立甘教会），以英国国王为教会宗教领袖。这也是当时基督教世界的一件大事。

这一次美第齐家族在佛罗伦萨复辟之后，一直保持统治权200多年。复辟之后一开始还是名义上的共和国，统治者是小洛伦佐·美第齐的儿子亚历山大·美第齐，也就是“伟人洛伦佐”的长房曾孙，后来的法国王太后凯瑟琳·美第齐的哥哥。1533年，亚历山大被他的叔叔、克莱门特七世教皇册封为佛罗伦萨公爵，从此佛罗伦萨共和国正式寿终正寝，变成了公国。1569年佛罗伦萨公爵晋升为新设立的托斯卡纳大公爵，仍然是美第齐家族充任大公。1610年代，美第齐家族的托斯卡纳大公爵还保护了伽利略，使其免受罗马教廷的迫害。

1737年美第齐家族绝嗣，奥地利女王的丈夫、神圣罗马帝国弗兰西斯一世皇帝继任托斯卡纳大公爵，于是整个托斯卡纳被并入了奥地利/神圣罗马帝国。此前奥地利已经吞并了北意大利的米兰公国，此后除了19世纪初拿破仑战争期间法国一度打败奥地利控制整个意大利半岛以外，大部分时间托斯卡纳都属于奥地利帝国。直到1859年奥地利被法国的拿破仑三世打败，1861托斯卡纳并入新近统一的意大利王国。

1865～1871年，佛罗伦萨有6年的时间，继都灵成为意大利的首都。1871年意大利首都迁往罗马。佛罗伦萨历史上最后值得一提的有趣一幕，是第二次世界大战的尾声，1944年德军撤离前炸掉了阿诺河上的所有桥梁，但是唯独保留了最具文化价值的维奇奥桥，这是因为德国驻佛罗伦萨总领事格哈德·沃尔夫明白这座古桥的历史价值，坚持不能炸毁它。沃尔夫领事还保护了很多意大利犹太人，使其免遭屠杀，因此战后他于1955年成为佛罗伦萨的荣誉市民。至今在维奇奥桥头，还有一块意大利文的沃尔夫纪念牌。

第三节　比萨和五渔村

从佛罗伦萨坐火车前往比萨用不了一个小时，当天往返时间绰绰有余。绝大多数游客前往比萨都是为了世界奇迹比萨斜塔，但是比萨斜塔不是随便能上的，整个1990年代，塔体的清洗和加固工程进行到关键时刻，根本不让登塔。2001年底再次开放，目前是每半小时放大约30人上塔，必须预约。淡季游人不多的时候，可以当天预约，可是旅游旺季时这里人山人海，最好提前在网上订好登塔的时间。

斜塔是比萨大教堂的钟塔。整个大教堂的主体、钟塔、洗礼堂和一系列博物馆，构成“奇迹广场”。人人都知道，比萨斜塔的倾斜并非有意为之，是因为错误估计了地基土质，在松软的泥地上建造高塔，刚开工不久就发现塔身下沉，误打误撞成了奇迹。按常理推断，地基土质松软肯定是一整片地方，不可能只影响一个塔。的确如此，整个奇迹广场的教堂、洗礼堂，都不同程度地存在倾斜的问题——真是个东倒西歪的“奇迹广场”啊。

比萨城坐落在阿诺河入海口，古代是整个托斯卡纳地区海外贸易的必经之路。中世纪从公元1000年到1200年是它的鼎盛期，那时的比萨和东海岸的威尼斯、西海岸北面的热那亚势力不相上下，都是海军强国。比萨舰队经常和热那亚人联合跟阿拉伯帝国的海军在撒丁、科西嘉、西西里各个岛屿作战，远达北非海岸。11世纪的比萨海军协助诺曼王朝罗杰一世从阿拉伯帝国手中夺取巴勒莫，从阿拉伯统治者手里缴获的金银不计其数。

比萨斜塔

Venarzza 海景

1046年，比萨使用这批财富开始建造大教堂。当时正是罗曼式建筑最兴盛的年代，比萨大教堂是典型的意大利罗曼式，圆拱柱廊、壁柱装饰，钟塔、洗礼堂和教堂主体分离。佛罗伦萨圣母百花大教堂设计之初也是三者分离的意大利罗曼式，但在建造过程中加入了哥特元素，尤其是乔托的钟塔和教堂正立面的装饰，再往后，大圆顶和洗礼堂“天堂之门”又宣告了文艺复兴式建筑的开端。这种建筑形式混杂的现象，在欧洲动辄建造数百年的大教堂中很普遍。

比萨大教堂的罗曼式风格比较纯粹，只在洗礼堂外部二三层连拱的细长三角形顶部，能够看出稍晚的哥特风格。这是因为洗礼堂动工比大教堂晚，完成的时候已是14世纪了。大教堂里原来吊着一座大香炉，据说伽利略就是长时间

盯着这座香炉在半空中来回摇摆，从而悟出钟摆原理的。现在这座启发了伽利略的香炉陈列在教堂博物馆，原处悬吊了另一只更大、雕饰更加精美的香炉。

比萨城在11～13世纪的鼎盛地位为自己招惹了几个强劲的对手。首先是热那亚想要和比萨争夺意大利西海岸首席港口的地位，双方在地中海岛屿和法国南部的冲突越来越激烈；比萨的舰队远航开进亚得里亚海，又招惹了把亚得里亚海视为自己内湖的威尼斯；比萨扼守阿诺河入海口，托斯卡纳内陆的卢卡、佛罗伦萨这些强权自然不能坐视比萨掐死自己出海的命脉。更重要的是比萨从来都是支持神圣罗马皇帝的吉贝林派城市，中世纪意大利任何城邦的任何事务，从来都不是意大利半岛的内部事务，一律都有大国博弈的国际背景，不是和神圣罗马帝国有关，就是和法国、教皇、拜占庭帝国有关。

在霍亨斯陶芬家族皇帝和教皇激烈争夺欧洲领导权的时代，比萨支持皇帝，自然成为教皇国的死对头。此外还有一个自然地理的因素也导致比萨的衰落：阿诺河口淤塞，比萨城离开真正的入海口越来越远，严重影响了港口的运作效率。从1284年比萨舰队大败于热那亚舰队开始，比萨的国运就走了下坡路，直到1406年比萨城被佛罗伦萨占领，失去独立城邦地位。

当时美第齐家族还没有掌握佛罗伦萨统治权，文艺复兴还没有开始。1494年法王查理八世入侵意大利，占领佛罗伦萨和那不勒斯，佛罗伦萨驱逐美第齐家族成立共和国的时候，比萨重新独立了15年时间，又被佛罗伦萨占领。

比萨斜塔于1173年开始动工，洗礼堂1153年动工，都比大教堂本身晚了差不多100年。这塔刚开始建造不久，造到第四层上，大家就看出塔的倾斜来了，于是工程一停就是100年。100年以后，来了个胆子大不信邪的工程师，敢于蛮干，又造了三层，这回向倾斜的反方向造得歪一点，试图用上三层的重量平衡倾斜，又不成功，于是又停了100年。最后，顶上的钟楼被盖好，也向塔身倾斜的反方向歪斜。所以，比萨斜塔不仅倾斜，而且塔身不直，仔细观察的话，第四、五层之间，塔身与顶楼之间，都是歪的。

比萨斜塔的持续倾斜不可阻挡，每年多斜几个毫米，历代工程师都想矫正它，起码阻止它继续倾斜，有的努力有效果，有的适得其反。19世纪不知道谁出的馊主意，抽取塔基下的地下水，想让土地更坚实，结果塔斜得更厉害了，赶紧停工。1990年开始，斜塔关闭11年，用钢缆拉住塔身，还往地基下面灌铅加固，再在倾斜的背面地下取土，让整个塔身向反方向沉下去。据说现在塔身稳定了，至少能稳定个两三百年。

比萨斜塔出名，还得益于每个人小学课本里都读过的伽利略重力实验的故事：伽利略把一大一小两个铁球从比萨斜塔上扔下去，两个球一起落地，证明重力加速度和物体的质量无关。这个实验虽然非常著名，但其实是出自伽利略的一位弟子的笔记，伽利略本人没有记述过，同时代其他比萨人的记录里面也没有，属于孤证。按照不采信孤证的原则，一般认为伽利略其实从来没有在斜塔上当众做过这个实验。

伽利略是历史上最著名的比萨之子，生于1564年，比文艺复兴后期威尼斯画派的几位大师晚差不多半个世纪。在他生活的时代，欧洲已经开始了新教改革运动（1517年马丁·路德在德意志的维滕堡公开“95条抗辩”）。在伽利略

里奥焦雷村

的晚年，青年贝尼尼在罗马开创了巴罗克艺术风格，替代文艺复兴风格。

伽利略的父亲是个音乐家。他自己从小也受到良好的音乐教育，8岁时全家搬到佛罗伦萨。但伽利略是在比萨上的大学，最初的工作也是任教于比萨大学。1581年他在比萨上学的时候，在大教堂里闲坐盯着天花板上悬吊的香炉（也有的书说是吊灯），想出了钟摆定理，后来全世界的摆钟全都是基于这个理论而设计。

再后来伽利略去帕多瓦大学任教18年之久，此前伽利略的科学研究集中于数学和力学领域，在帕多瓦时期开始研究天文学。同时期研究天文学的开普勒，还有后来被处以火刑的布鲁诺都在帕多瓦大学任教。他们虽然都拥护哥白尼的日心说，但相互之间有所不同：伽利略并不同意开普勒提出的行星轨道为椭圆形的假说，而布鲁诺呢，他在帕多瓦大学待的时间比较短，比伽利略先到，布鲁诺当时想竞争大学数学系主任的位置，但是没有成功，这个位置一年以后给了新来的伽利略，布鲁诺就离开了。

在帕多瓦大学执教时期，伽利略发明了温度计和天文望远镜。他使用望远镜发现了月球表面的环形山，还发现银河由很多星球构成，以及几大行星的卫星和光环等等。以上这些发明和发现当时还为他赢得了许多贵族甚至教会的青睐。1610年他回到佛罗伦萨，担任托斯卡纳大公爵的首席数学家。未来的教皇乌尔班八世（当时还是红衣主教），甚至极端保守反对新教的耶稣会，当时都是伽利略的拥护者。1616年伽利略因为宣扬日心说被宗教裁判所调查并申斥，不过当时仅仅是警告而已。他受到托斯卡纳大公爵的保护，在教会高层也有很多朋友。

1632年伽利略出版《两大世界体系的对话》一书，这本书本来是乌尔班八世要求伽利略写的，要他从中立的立场介绍日心说和地心说。伽利略在书中把代表地心说进行对话的假想人物写得愚蠢而搞笑，甚至很多言论直接引自乌尔班教皇本人。这本书不但是一本科普读物，在意大利文学史上都有一定的地位。这可彻底激怒了教皇和教会，连托斯卡纳大公也保不住他了。伽利略被召往罗马宗教裁判所受审，并被判定有罪。直到在判决书上签字的一刻，他嘴里还在嘟囔着 “可是地球毕竟还是在转”。

此后伽利略在佛罗伦萨郊外家中被禁足，前四年他还写出了《介绍两种科学》一书。1638年伽利略完全失明，1642年77岁时病逝，埋葬在佛罗伦萨的圣十字教堂。

从比萨沿利古里亚海岸（Liguria）北上大约100公里，就到了五渔村，意大利语称为Cinque Terre。此地背倚陡峭的群山面向大海，自古以来和内陆交通隔绝，反倒是乘船走水路便于和海岸上的意大利其他地方联系。因为自古与世隔绝，五渔村的人们保持着旧有的生活方式。虽然水电交通、电脑网络等等便利在此并不缺乏，但人们仍然把捕鱼和种植葡萄作为最重要的两样活动。当然，如今这里最重要的经济支柱是旅游业。

五渔村的每个小镇占据一处山谷，一般都有一个小港口，围绕港口有一小片平地，出了平地就开始上坡，房子建在港口两侧的山坡上。城镇之间有陡峭的山峰彼此隔开。我觉得五渔村是意大利最美的一片山海风景区，而且这五个村落虽小，却因为相互隔绝而保持着各自的特色，听当地人说，这五个地方的方言口音都有不同。在五渔村地区游览，我的建议是至少住两个晚上，放慢脚步，仔细观察每个小村不同的个性，喝不同的酒，吃不同的海鲜，傍晚的时候坐在半山坡高处的餐厅或者旅馆房间的露台上，看看海水和山岩在落日余晖下变幻色彩，会是一种极为惬意的体验。

从米兰、热那亚或者佛罗伦萨、比萨到五渔村最便利的是坐火车，火车在五个村子都有站，这也是村庄之间交通最快捷的方式。火车在每个站之间只有5分钟车程而已，但却会穿过很多隧道，一面是山，一面是海，风景很美。

公路建在高于村子的半山腰上，但是自驾游在五渔村不是一种方便的交通方式。这里的道路狭窄，而且所有的村子里都禁止行车，找停车位是个麻烦，而且找到之后从停车场下到村里还要走一段时间。此外，五个村子之间有渡轮，坐船可以退到海面，从远处拍摄每个渔村的全景。步行则是更浪漫的方式。五个渔村之间修通了山间步道，一面临海，村庄之间这四段距离，如果以平缓的步速衡量，最短的20分钟，最长的步行一个半小时。我上午从最南边的里奥马焦雷村（Riomaggiore）一路走到最北边的蒙特罗索（Monterosso），一路走走停停、吃吃喝喝串起这些小村。上午太阳在山崖一侧，这样走路晒不到太阳，然后从最北部坐船南下回到住宿的里奥马焦雷，因为海在西面，下午傍晚的太阳从我的背后照向村庄，光线最有利于拍照。这是最舒适也最适宜欣赏风景的走法了。

五个村庄中，最靠南的里奥马焦雷规模最大，两侧山坡上的旅馆最多，餐厅和酒吧也更好，所以我选择住在这里。如果行李不多的话，最好订半山腰高处的房间。从阳台上，甚至躺在床上从卧室的窗户里，俯瞰那些彩色的房子、山坡上的葡萄园，还有远处融成一片的海面和蓝天，是一种享受。从里奥马焦雷火车站向上走，是通向北面其他小村山间步道的起始处，尤其是从这里到下一站马纳罗拉（Manarola）之间的第一段步道，距离最短，只要20分钟，山海风景绝佳。这段步道号称“爱情小道”（via dell’Amore），是1920年代用炸药从山崖绝壁上硬开出来的悬空栈道，很平坦，即便是对徒步完全不感兴趣的游客也应该走走。唯一的问题是，这一段山势太陡，经常会因为塌方维修导致“爱情小道”关闭。

下一站马纳罗拉村是比其他四个村庄更典型的小村：其他四个村有自己的

蒙特罗索海滩

特色，而这里什么都有一点，但哪一样也不是最突出。从马纳罗拉步行45分钟到达科涅利亚村（Corniglia），它是唯一坐落在山顶的村镇，所以它更安静。从科涅利亚向北步行一个半小时到达韦尔纳扎（Vernazza），这是五个渔村之中最美的一个，在小港口边有一座老教堂，港口另一侧的山岩顶上，有一座圆形的城堡塔楼。从半山的小道俯瞰这座港口，能看到整个五渔村最经典的风景。从韦尔纳扎到最北面的渔村蒙特罗索的步道距离，大约是1个半小时。蒙特罗索的地势比其他四个村开阔一些，是唯一有大片海滩的村子。意大利虽然山海景色称绝，但是都以奇险秀美见长，缺乏像加勒比海岛国那样大片细软洁白的沙滩。五渔村是欣赏风景的好地方，但能躺下来进行日光浴的，唯有蒙特罗索。

既然是“渔村”，这里的美食自然以海鲜为主，当地主要的鱼类是小小的细长的凤尾鱼。刚打捞出海的凤尾鱼，一般会经过油炸、盐焗，或者用橄榄油和香料一起腌渍做头台。托斯卡纳山区的头台开胃菜，一般都用香肠火腿，而五渔村靠海吃海，头台几乎全是各种海鲜腌渍，意大利语称为antipasti ai frutti di mare，其中antipasti是头台，字面意思是“在面条之前”，而frutti di mare字面意思是“大海的水果”，就是海鲜啦。

在五渔村的餐馆里，各种不同的海鲜头台十分丰富，点一份什锦再来一份面条，配一杯白葡萄酒，连主菜和甜点都可以省略了。意大利菜离不开的一种香料是罗勒。利古里亚地区出产的罗勒在整个意大利都出类拔萃，所以利古里亚的菜系善于运用香料。把罗勒叶、奶酪（一半山羊奶酪一半帕尔马干酪）、大蒜、松子混在一起，加橄榄油捣成绿色的调味酱（Pesto），是利古里亚地区的特色，可以用来制作各种意面、千层面。

利古里亚地区发明了佛卡夏面包（Focaccia）。它看上去像是方形的比萨，其原料也就是奶酪、橄榄油和盐。有的店家会在上面加点黑橄榄、西红柿、洋葱甚至凤尾鱼，但讲究的是吃新鲜出炉的佛卡夏，面饼烤得松松软软的，很香。其实这就是意大利美食的精髓：烹调手法并不复杂，食材也不昂贵，但是特别讲究食材的新鲜程度。

五渔村以海鲜见长，山坡所种的基本都是如Pigato和Vermentino这样的白葡萄，酿出的酒清爽且容易上口，价格便宜，和海鲜搭配得宜。身价比较高的Sciacchetra甜白葡萄酒是五渔村地区的特产，酒精度也高，达到18度。因为它是把葡萄晾干、水分蒸发以后酿的酒，耗费原料多，所以价格更贵，而且糖分高，酿出的酒甜，一般搭配餐后甜点来喝。

阿尔卑斯山的彼方——意大利行走手札

第六章

Chapter Six

教会的罗马，
贝尼尼的罗马

教会的罗马，贝尼尼的罗马

西方世界的文化传统无非是两个来源，一是古希腊罗马的历史，二是基督教思想。我在第二章集中讲述了古罗马时期的历史，还有古罗马在今天罗马城留下的遗迹。这一章主要讲述中世纪直到近代的罗马城，重点在于文艺复兴时期和巴罗克时期的罗马。而罗马城在中古以后的历史，其实就等同于罗马天主教会的历史。

人类历史上最初的宗教多来源于自然崇拜，因此多为多神教。而一神教崇拜主宰一切的神，比多神教更简洁有力，因此更容易吸引徒众。犹太教是世界上最早的一神教之一，《圣经 · 旧约》就是犹太教的经典。犹太教认为，“救世主”会降临世间拯救世界，他们称之为“弥赛亚”。而基督教可以看作犹太教的一个变种。耶稣基督本人也是犹太人，他在今天以色列北部的加利利海周边传教，有自己的信众，可以视为犹太教的改革派。但他不为保守的犹太祭司上层所容，当时犹太地区是罗马帝国的属地，犹太祭司就和罗马总督一起处死了耶稣基督。耶稣基督的弟子宣扬耶稣基督即为救世主，他被钉上十字架为世人赎罪之后复活了。这是基督教和犹太教最根本的不同之处:犹太教还在等待“弥赛亚”，而基督教说弥赛亚就是耶稣基督。

中世纪基督教在欧洲占统治地位的时候，一直迫害犹太人。除了以上的宗教原因以外，政治上犹太人被罗马帝国灭国，流亡于世界各地，没有自己的祖国；经济上，古代基督教徒禁止以借贷牟利，银行业是“贱业”，而犹太人不受此宗教束缚，他们被禁止拥有土地，只能从事如此贱业，却因此成了巨富，成为国王皇帝们的债主。

犹太人是国王们的债主，国王们无钱还债的时候，当然就想杀掉债主了。而犹太人因为宗教和政治的原因，没有社会地位，没有什么阶层愿意为他们出头，国王和贵族迫害犹太人不仅能赖掉债务、掠夺财富，而且不会激起民愤，何乐而不为？所以欧洲历史上一再掀起迫害犹太人的浪潮，直至纳粹德国时期发展到最高峰，有其历史上深刻的宗教、政治、经济背景。耶稣基督的弟子们所写的书编纂成《圣经 · 新约》，新旧约合起来组成基督教的圣经，但是犹太教不承认《新约》。

回到罗马帝国前期，无论犹太教还是基督教，都是帝国迫害的对象。耶稣基督的大弟子圣彼得两次被捕。按照传说，第一次有天使降临，使捆缚圣彼得的铁链寸寸断裂，圣彼得得以逃生。直到今天，在罗马圆形竞技场旁，还有一座圣彼得被缚大教堂，里面供奉着据说是当年捆绑圣彼得的一段铁链。但是圣彼得第二次被捕就没有那么幸运了，他被关押在卡皮托山上的Mamertine监狱，第二章中解说古罗马中心区遗迹的时候曾经提到过。圣彼得殉教之前被关押在这里，最后是头下脚上倒钉在十字架上处死的。

基督教尊奉圣彼得为第一任教皇，也就是耶稣基督的正统继承人、基督教会的首脑，也是第一位罗马大主教。圣彼得的墓在罗马城外的山丘上，这座山丘叫作梵蒂冈。历代罗马教廷的总部都在这里，也就是圣彼得大教堂，建在圣彼得墓的上方。在古罗马时期还没有教皇这个正式称谓，基督教地位最高的主教，是帝国首都罗马城的罗马主教。罗马主教当时也受迫害，直到罗马皇帝君士坦丁接受基督教。

君士坦丁在临终前是否受洗正式皈依，历史上也有争议。8世纪时，基督教会伪造了一份 “君士坦丁献土”的文件，说君士坦丁皇帝把罗马城送给了罗马大主教，并且让罗马大主教统领西罗马帝国的一切事物。其实这份文件是伪造的，以为后世的教皇向世俗的皇帝争夺权力建立法律基础。罗马大主教在基督教中的教皇地位，是一步一步逐渐确立的，很大程度上得益于西罗马帝国灭亡以后欧洲的混乱局面。

前文提到公元5世纪匈王阿提拉入侵西罗马帝国。他虽然在沙隆会战中被罗马大将军埃提亚斯联合西哥特国王击败，但仍然有能力在第二年卷土重来，入侵意大利，直逼罗马城下。在这个节骨眼上，罗马大主教利奥一世作

海神之子喷泉

为三位使臣之一前去面见阿提拉，史书上没有记载他们之间的谈话内容，只知道阿提拉见过利奥一世以后就奇迹般地撤出了意大利半岛。这是历史上第一次，罗马大主教/教皇能够决定性地影响世界局势。

西罗马帝国灭亡后，东罗马皇帝派遣东哥特的提奥多里克大王征服了意大利半岛。再到6世纪东罗马的查士丁尼大帝发动哥特战争，派遣大将贝利撒留和老太监纳尔西斯重新为帝国征服了意大利，在拉文纳建立总督府。此后不久日耳曼蛮族之一的伦巴德人征服大部分意大利半岛。在这300来年的战乱纷争里，罗马城被打得残破不堪，一度只剩下几千居民，沦为二流城市，而大主教/教皇成为城里的主心骨。尤其是公元600年前后的教皇圣格里高利一世，精研教理，学究天人，不但大大提高了教会的地位，而且能够在宗教事务上与东罗马皇帝支持的君士坦丁堡大主教分庭抗礼。

虽然后来伦巴德人征服了意大利半岛的大部分，但是东帝国总督以拉文纳为中心，教皇以罗马为中心，是抵抗伦巴德人的主要力量。后来拉文纳终于被伦巴德人征服，而岌岌可危的罗马城呢，教皇却想出了召唤外援的办法。751年扎卡里教皇远赴法国苏瓦松，主持了法兰克帝国宫相“矮子丕平”篡位成为国王的加冕仪式；754年斯蒂芬二世教皇专程旅行到巴黎，在圣德尼大教堂重新为“矮子丕平”加冕，丕平象征性地为教皇牵马坠镫，双方正式结盟。此后丕平两次出兵意大利，打败伦巴德人，征服意大利北部和中部，并正式把罗马城和周围大片土地包括拉文纳等城市赠送给教皇。自从756年这次“丕平献土”以后，罗马教皇正式成了一位拥有世俗国土和主权的君主，罗马教皇国也正式成形。

“矮子丕平”的儿子是查理曼大帝，公元800年教皇利奥三世为查理曼加冕，称其为“罗马人的皇帝”。从此以后，法兰克帝国和罗马教廷结成巩固的联盟。一方面罗马教廷找到了强大的靠山，可以跟东罗马/拜占庭帝国和君士坦丁堡大主教分庭抗礼，而法兰克帝国这方面，经过罗马教皇加冕君权神授，也正式确立了继承西罗马帝国的正统地位。可是法兰克帝国有个分封诸皇子的陋习。查理曼大帝死后没有多久，帝国就分崩离析，各地诸侯争权夺利，直到962年奥托一世再次统一帝国大部分地区，进军意大利，由约翰十二世教皇加冕为神圣罗马帝国皇帝。

从此，罗马教廷和神圣罗马帝国结合，完全可以与拜占庭帝国和东方基督教会的结合分庭抗礼。这种分裂发展到1054年，罗马教皇利奥九世和君士坦丁堡大牧首米哈依尔一世互相把对方驱逐出教，标志着基督教的东西方教会分道扬镳。

西方教会以罗马为中心，就是罗马天主教会；而东方基督教以君士坦丁堡为中心，就是东正教。不管是古罗马帝国还是东正教时期，教会的最高首脑实际上是罗马/拜占庭皇帝，君士坦丁堡大牧首是皇帝在宗教事务上的总管，而非教会首脑。后来1453年土耳其帝国攻陷君士坦丁堡，拜占庭帝国灭亡，俄罗斯大公伊凡三世以末代拜占庭女婿的身份自称继承东罗马正统，启用“恺撒”的尊号，并且接过了东正教教会首脑和保护人的位子。

而在西方世界呢，962年奥托一世加冕神圣罗马帝国皇帝的时候，约翰十二世教皇还必须宣誓服从奥托皇帝。因此至少在名义上，教皇的地位还低于皇帝。

很快在11世纪事情就发生了变化。1040年代皇帝亨利三世还能进军罗马，废掉三位并立的罗马教皇，立自己属意的克莱门特二世为教皇。但是

1070年代教皇格里高利七世和皇帝亨利四世爆发尖锐冲突，双方冲突的焦点在于谁有权任命欧洲各地的主教，是教皇还是皇帝？因为各地主教很多都是掌握统治权的诸侯，而各地修道院也拥有大量地产，如果教皇直接掌握全欧洲教会的人事任免权，那他就是真正的欧洲之主。任何一个皇帝或者国王在自己国土当中都做不到政令统一了。格里高利七世甚至颁布教令，正式宣布教皇不可能犯错误，教权凌驾于皇权之上。

围绕这个问题，教皇和皇帝的争斗白热化。亨利四世皇帝一生被三位不同的教皇施以绝罚，五次破门出教。他自己也两次废掉格里高利七世的教皇职位。最终双方妥协，皇帝服软，但是教权和皇权的斗争，延续到了后世。

1150年代到1170年代，霍亨斯陶芬家族的皇帝“红胡子”腓特烈一世6次入侵意大利，与教皇、米兰公国等北意大利城市结成的伦巴第同盟作战，企图迫使教皇亚历山大三世逃出罗马，最后却自己兵败只身逃回德意志。1177年腓特烈皇帝签署《威尼斯合约》，正式承认教皇国独立于神圣罗马帝国之外的地位。

腓特烈一世之后的霍亨斯陶芬家族皇帝们继续和罗马教廷争斗，并一度控制了西西里王位。1266年英诺森四世教皇剥夺了霍亨斯陶芬家族腓特烈二世的儿子曼弗雷德的西西里国王王位，此后不久霍亨斯陶芬家族被杀绝了。也是在11～13世纪教皇和皇帝争夺欧洲最高权力期间，意大利全境的各个城邦分裂为支持皇帝的吉贝林派和支持教皇的圭尔夫派，相互之间争斗不休，而教皇的权力则达到了顶峰。

1099年，正是在乌尔班二世教皇的强烈推动下，欧洲贵族发动第一次十字军东征，占领以耶路撒冷为首的圣地，并在圣地成立了以三大骑士团——圣殿骑士团、医院骑士团、条顿骑士团为首的好几个军事僧侣修会。这些骑士团都直接对教皇效忠，他们在欧洲各国的产业不向国王皇帝缴税，俨然国中之国。

中世纪300年教权和皇权的斗争中，教权常常会占上风。这一方面是因为那时候的人迷信，教皇把皇帝驱逐出教，皇帝真的害怕死后会下地狱。更重要的是，欧洲中世纪的封建制不是大一统，“我属臣的属臣，不是我的属臣”。教皇一旦宣布把皇帝革出教门，就解除了诸侯对皇帝的封建义务。偏偏神圣罗马帝国的皇帝软弱，一直都面临诸侯的反抗，最怕这种绝罚成为诸侯推翻皇位的正当借口。所以在中世纪，教权对皇权占上风。但是如果世俗统治者在国内的政治地位稳固，那就没有教皇的好果子吃了。因为教皇国内部也不是铁板一块，罗马各个世家，还有来自各国的红衣主教们争权夺利，教皇也面临来自内部的挑战。

到了13世纪末14世纪初，教皇被教廷内部的纷争赶得离开罗马，在佩鲁贾、奥维耶托等意大利城市之间到处跑，最终被法国朝廷所控制。14世纪初教皇卜尼法斯八世和专制集权的法国国王“美男子”菲利普争夺教权，被法王派人痛打一顿，几周以后死去。1305年法王支持来自法国的红衣主教当选为教皇克莱门特五世。克莱门特一登基就把教廷迁到法国南部普罗旺斯地区的阿维尼翁，将法国境内的教会税收献给法国朝廷，并和法王合谋解散了圣殿骑士团，没收其产业，大多数骑士团高层以异端罪名被处以火刑。

此后70年的“阿维尼翁之囚”有7个教皇都是法国人，全都依附于法国朝廷。直到1378年格里高利十一世才把教廷迁回罗马。

此后40年的天主教会更乱：格里高利十一世教皇死后，教廷在罗马选出乌尔班六世为教皇，法国人在阿维尼翁选出克莱门特七世为教皇。他们死后各自又有对立的继承人。后来各国想要结束这种对立，在比萨开宗教大会，选出第三个教皇，前面两个拒绝退位，变成三皇并立。最后，在神圣罗马皇帝西格蒙德的主持下，在康斯坦斯召开宗教大会。1417年废掉了并立的所有教皇，另选出马丁五世，才结束了罗马教廷的纷乱局面。这次康斯坦斯大会还烧死了布拉格大学教授胡斯，罪名是异端邪说，由此引发波希米亚的反抗——“胡斯战争”爆发。

今天，布拉格市中心老城广场上的铜像，就是为纪念胡斯这位新教改革的先行者而立。这100多年的教廷纷争对教皇的权威损害极大，英国、法国、德意志，甚至意大利等地都出现很多对教义的重新解释，挑战教廷的权威，胡斯只是其中之一。各地自发的宗教改革如星火燎原，发展到1517年，北德意志维滕堡的神父马丁·路德在当地大教堂门口贴上质疑教廷的“95条抗辩”。他获得了北德意志很多诸侯的支持和保护，宗教改革运动开始。

宗教改革后形成了很多独立于罗马天主教廷的教会，比如路德派、开尔文派、英国国教会、浸礼派等等，这些统称为基督教新教，在英文里统称Protestant，字面意思是抗议派，意思是他们对抗罗马天主教会。此后很多文献把天主教会称为旧教，和新教对立。这就是16世纪分裂欧洲的宗教战争的背景。

但在1417年罗马教廷重新统一的时候，教皇还想不到未来的宗教改革之类的烦心事儿。此后100多年，是文艺复兴的时代，教廷将为今天的我们留下数不清的艺术珍宝。

文艺复兴从佛罗伦萨开始，15世纪中期是吉贝尔蒂、布鲁内莱斯基、多纳泰罗这些早期的佛罗伦萨文艺复兴大师们活跃的时候。这个世纪后半期美第齐家族的科西莫和“伟人洛伦佐”三代资助以上这些艺术大师，还有他们晚辈的波提切利、达·芬奇和年轻的米开朗琪罗。到1492年“伟人洛伦佐”去世，1494年佛罗伦萨驱逐美第齐家族，标志着文艺复兴的中心离开了佛罗伦萨。

那么这段时间罗马教廷在干什么呢？这段时间教皇忙于巩固教皇国的领土，重新确立教廷在宗教事务上的权威。大多数教皇都是意大利人，几个重要的家族把持着教皇职位。一人得道，鸡犬升天，一个教皇登基之后就会任命自己的兄弟子侄出任红衣主教、意大利境内小公国的公爵、圣天使堡堡主、教皇军队总司令等职务，所以此后一两百年我们经常看到几位教皇来自同一家族。

这些教皇也越来越重视利用艺术来美化教廷。其中1458～1464年的庇护二世教皇来自锡耶纳的皮科洛米尼家族，就是他在锡耶纳大教堂里建造了美丽的皮科洛米尼图书馆。在庇护二世之前的卡利克图斯二世教皇不是意大利人，来自西班牙的波吉亚家族。他刚一当选，就任命自己24岁的外甥罗德里格·波吉亚接替自己的瓦伦西亚主教职位，一年以后又让这个侄子当上红衣主教。这个年轻的外甥就是后来在1492年当选的教皇亚历山大六世。他当上教皇前两个星期刚刚把自己的西班牙瓦伦西亚教区升格为大主教教区，当上教皇以后，他的儿子、侄孙又相继当上第二、三、四任瓦伦西亚大主教。这个西班牙的波吉亚家族，是美第齐家族之前最富传奇性的教皇家族。

1492年当选的亚历山大六世教皇有好几个情妇和私生子。他一上台就任命自己17岁的儿子恺撒·波吉亚继任瓦伦西亚大主教，儿子18岁的时候又被任命为红衣主教。他们父子二人是文艺复兴时期不择手段聚敛财富、争夺权力的典范，更成为同时代佛罗伦萨政治学家马基雅维利在写作《君主论》时研究的范本案例。

1494年法国国王查理八世应米兰公爵的邀请进军意大利，开始了意大利战争。法军的真正目的是进攻那不勒斯王国，顺道占领了佛罗伦萨。这就是佛罗伦萨人民第一次驱逐美第齐家族建立共和国的契机。当时亚历山大六世教皇想要在那不勒斯境内找地方为自己的儿子恺撒·波吉亚建立一个新的公爵国家，又想引入法国对付占据那不勒斯的西班牙势力，所以选择跟法国入侵者合作。

但是法国在1494年轻易征服那不勒斯，法王查理八世自己兼任那不勒斯国王，势力太大，引得教皇、神圣罗马皇帝、西班牙、米兰、威尼斯联合反法。1495年查理八世撤回法国。1499年到1500年，教皇亚历山大六世和法王路易十二再次结盟，法军占领米兰。教皇的儿子恺撒·波吉亚同时试图使用武力扩大教皇国的势力范围。教皇父子压制其他罗马望族，巩固了波吉亚家族在罗马的权力。1503年，教皇父子在一位红衣主教的府邸宴饮被下毒，结果亚历山大六世被毒死，但恺撒·波吉亚恢复了健康。

这两父子原本就有善用毒药谋害政敌的名声，这次反受其累，流言四起。有一说是恺撒·波吉亚想毒死主人，结果却错手杀父，自己也被毒伤。更有说法讲恺撒·波吉亚指使他人刺杀亲弟弟——干地亚公爵乔万尼·波吉亚，谋夺弟弟的公爵地位。亚历山大六世死后，来自皮科洛米尼家族的庇护三世仅仅当了26天教皇即病死，下一位新当选的朱理二世教皇是波吉亚家族的死敌，他的叔叔是1471～1484年的教皇塞克斯图四世。他本人在亚历山大六世当选前曾是教廷驻法国大使，和亚历山大六世竞选教皇失败流亡法国，与法国很友好。

朱理二世当选后，马上剥夺了恺撒·波吉亚在教皇国境内的领地。恺撒·波吉亚本人在那不勒斯被俘虏，并被送往西班牙囚禁，逃脱以后于1507年战死。

恺撒·波吉亚是历史上第一个辞去红衣主教职务的人。在大仲马的小说《基督山伯爵》中，主人公埃德蒙·邓蒂斯在伊夫堡狱中结识了意大利神父法利亚长老，法利亚告诉邓蒂斯一大笔财富的秘密。而小说中这笔财富就来源于亚历山大六世教皇和恺撒·波吉亚父子使用毒药残杀政敌的行动。

继续说这位在罗马城和梵蒂冈留下诸多艺术名胜的新教皇朱理二世。他上台以后第一件事是从佛罗伦萨请来米开朗琪罗，让他为自己在教堂里建造陵墓。教皇以下以红衣主教地位最为尊崇，正如各地的大主教都有自己的座堂，在罗马的每位红衣主教也有自己的总部。

朱理二世未当上教皇之前主持的教堂，是今天坐落在古罗马圆形剧场旁边的圣彼得被缚教堂。前面提到过，耶稣基督的大弟子、第一任教皇圣彼得在耶路撒冷第一次被捕，捆缚他的锁链被天使打断，这段锁链就供奉在这里。

米开朗琪罗虽然未能完成朱理二世教皇的陵墓，但他所创作的摩西像却成了艺术史上的名作。这座大理石像高达2.35米，是典型的米开朗琪罗式夸张的大力士风格。上身肌肉发达，双臂青筋暴露，整个躯体蕴蓄着无穷的精力。按照《圣经·旧约·出埃及记》所记，摩西领导被奴役的以色列人走出埃及，前往上帝指示的流淌着奶与蜜的迦南之地。他们跨过红海摆脱了法老追兵，在西奈半岛游荡了40年。某一天上帝显灵召唤摩西登上西奈山领受十条戒律，严禁以色列人信仰别的神或者膜拜偶像。摩西领受十诫下山时发现族人正在围着一只新铸的金牛歌舞宴饮，崇拜这座偶像，当即大怒。米开朗琪罗的雕塑刻画的就是这个瞬间，摩西坐着，扭转头部和左腿的方向，动态的平衡感明显是学习古希腊雕塑的风格。摩西头上长角，象征他的睿智或者愤怒——这其实是个误会：古希伯来语里光环和犄角两个词相似，文艺复兴时代的人们把典籍里的光环误译成了犄角。

朱理二世教皇上任以后，决定动工彻底重建梵蒂冈的圣彼得大教堂。罗马帝国时代君士坦丁大帝接受基督教以后，在圣彼得墓的上方建造了一座圣彼得教堂，是典型的古罗马巴西利卡样式。但是一直以来，罗马主教(教皇)的座堂并不在这里，而在城南的拉特兰教堂（Archbasilica of St. John Lateran），教皇宫也在拉特兰教堂旁边。教廷从法国阿维尼翁搬回罗马之后，原来的拉特兰教堂被两场大火烧毁，虽经修复但已不堪使用，教皇在罗马城里其他两处住所暂住。

1447年的教皇尼古拉五世把今天梵蒂冈原有的一座宫殿拆毁，重建了现在的教皇宫并搬进去居住。教皇宫旁边的旧圣彼得教堂也显得不够宏伟，因此在整个15世纪后半期，一直有推倒重建圣彼得教堂的动议。朱理二世人称“战士教皇”，做事明快果决，迅速拍板定下了重修圣彼得教堂、大规模装饰教皇宫的决策。他请来勃拉曼特出任圣彼得大教堂的首位总设计师，请来拉斐尔为自己的办公室书房做壁画装饰，又授意米开朗琪罗把精力从圣彼得被缚教堂的陵墓雕塑转向创作西斯廷礼拜堂的天顶壁画。这三位巨匠同时为罗马教廷创作，标志着罗马取代了佛罗伦萨，成为文艺复兴鼎盛期的中心。

梵蒂冈，是任何一位来到罗马的游客必去的朝圣之地。梵蒂冈博物馆在台伯河西岸，每个开放日早晨入口处永远排着长队。我第一次参观梵蒂冈博物馆的时候是5月下旬，算不上旺季，又不是周末。早上7点半开始排队，站在1公里开外的队尾，但8点45分开始售票以后，放人的速度也很快，其实用的时间比预想的要少，9点多就进入梵蒂冈博物馆了。

进梵蒂冈以后，最好先不忙着随人流左转去参观主要的宫殿和艺术品，而是右转先去看画廊（Pinacoteca Vaticana）。这里集中了历代教皇搜集的油画。把这部分看完，将来参观过整个博物馆，就可以径直进入圣彼得大教堂，不必原路返回了。

画廊和将要看到的梵蒂冈的雕塑和壁画相比，规模较小，只需稍做停留，但这里有几幅值得流连欣赏的杰作。最醒目的作品是拉斐尔生平最后一幅画作《登山显圣》，画上耶稣基督向怀疑他的弟子们现出真身；还有卡拉瓦乔（Caravaggio）的《下架图》，人们把耶稣基督的遗体从十字架上解下来，准备安葬。再有就是达·芬奇未完成的作品《荒野中的圣巴托罗缪》。整个画廊的参观路线形成一个回路，出口又回到入口的地方，看完以后，可以开始看梵蒂冈教皇宫里的正式收藏了。

梵蒂冈教皇宫的规模虽然庞大，但博物馆的参观路线只有一条，终点在西斯廷礼拜堂，不会迷路。真正的杰作开始于八角形庭院，这里陈列了来自古希腊的最好的雕塑。其中包括著名的《拉奥孔》，还有《珀修斯杀蛇发女妖美杜莎》《刮汗污的奥林匹克运动员》和《太阳神阿波罗》。这些古希腊雕塑全都出土于文艺复兴时期的罗马城，每次发现，都在城里引起一阵轰动。人们震惊于古人卓越的雕塑技巧，寓动于静的动态平衡设计，由此掀起一股重新发现古人、效法古人的艺术潮流。所谓“文艺复兴”这个词，就来源于此。

而以上这些古代雕塑中，对青年米开朗琪罗震动最大的一尊，就是摆在八角庭院前方第二座大厅正中，甚至根本没有完成的大力神赫克里斯像——只有筋肉虬节的上身躯干和大腿，坐在狮皮上面。米开朗琪罗自负雕塑技艺天下无双，只有古代大师才可以与自己匹敌，而他曾抚摸着这尊雕塑告诉别人：“我是这尊躯干的学生。”与八角庭院中的《太阳神阿波罗》相比，大理石的躯干并不美，也不均衡，甚至是粗砺丑陋的。但米开朗琪罗所寻找的美，并不是世俗意义上均衡的秀美，而是力量、是内在的激情。这尊肌肉

拉斐尔 西斯廷圣母 德累斯顿茨维格宫

拉斐尔 教皇朱理二世肖像
伦敦国家画廊 佛罗伦萨乌菲齐画廊等几处

凸起的雕塑给了米开朗琪罗想要的范本。回想一下他的《摩西像》《大卫》，尤其是《昼夜晨昏》群雕当中肌肉发达、像男人戴了两个椰子壳的女人体，可以看出米开朗琪罗风格的变化。

走过这些展室之后，又回到埃及房间的入口。从这里上楼，进入长长的地图画廊。整个走廊富丽堂皇，两边陈列着意大利各地的手绘地图。基本顺序是沿着行进路线由南向北依次陈列，右边是意大利东海岸城市，左边是西海岸城市。这是世界上最华丽的走廊，是1580年由教皇格里高利八世邀请教会里一位精通数学、天文和地理的神父但提（Danti）花了将近两年时间完成的。

在地图画廊的尽头有一系列的大厅，原先是朱理二世教皇的接见厅和办公室。第一个房间占据整面墙的油画，描述了1683年波兰国王索比斯基率领波兰骠骑兵，在维也纳城下击溃围城的土耳其大军的事迹。随后四个大厅的壁画和顶画完全由拉斐尔和他的团队一手包办。其中最杰出的作品，就是教皇书房“签字大厅”（Stanza della Segnatura）里的这幅《雅典学院》，画的是柏拉图在雅典主持学院，汇聚全希腊鸿儒的盛况。这幅巨型壁画中的人物多达50多人，绝对不是一幅写实作品。

拉斐尔把各个时代的哲人巨匠绘在同一幅画中，可没有说明他画的是谁，所以画上的人物身份历来有争议。一般来讲，这几个人物是公认的：画面中心的两个人，手指向天的是柏拉图，因为他研究一切形而上的学问——“天之道”；手指向地的是亚里士多德，因为他研究一切人世间的应用学科，比如物理学——“人之道”。拉斐尔没见过柏拉图，所以柏拉图的脸实际上是达·芬奇的。左边穿绿衣服秃头的那个，是柏拉图的师傅苏格拉底，他发明了修辞学，是辩论之父；苏格拉底面向左边，双手前伸，怒目圆睁，似乎正在和对面的人争辩什么。而跟苏格拉底面对面，脸向右方，唯一顶盔贯甲、腰悬宝刀的那位，是马其顿王亚历山大大帝。

拉斐尔 教皇利奥十世肖像 佛罗伦萨乌菲齐画廊

以上这几位，其实是一脉相承的：苏格拉底的学生是柏拉图，柏拉图的学生是亚里士多德，亚里士多德给马其顿朝廷当过私人教师，他的学生正是亚历山大大帝。亚历山大大帝正下方坐着，正在书写习题的这位——背后还有一个瞪大眼睛的土耳其人和一个秃顶老头想来抄作业——是数学家毕达哥拉斯，他写的肯定是数学习题，因为正是他证明了勾股定理。画面左侧前排，脸对观众，身穿蓝衣，戴着帽子正在看书的，是哲学家伊壁鸠鲁，他的书架在石柱上，离开眼睛太近，不近视才怪。前景上画面右下角那群人物中心，低头向下伸手好像提鞋子的那位，是几何学之父欧几里得，正在图板上给学生讲几何学原理呢；也有人说那是阿基米德。画面最右方倒数第二个，戴棕色贝雷帽的年轻人，是拉斐尔本人。前景最右方背对着观众，手里拿着地球仪的，是托勒密。整个画面正中坐在台阶上晒太阳的蓝袍秃顶老头是第欧根尼，他是犬儒主义的创始人。

拉斐尔画这幅杰作的时候，米开朗琪罗正在隔壁西斯廷礼拜堂屋顶上画他的《创世纪》。拉斐尔有一天去隔壁瞄了一眼，结果大为惊叹，回来就把米开朗琪罗加在他的《雅典学院》里面，就是画面正中前方，柏拉图脚底

拉斐尔 登山显圣 梵蒂冈博物馆

下，坐在地上靠着一张石桌，单臂支头那个紫衣大胡子。从这点来看，拉斐尔对米开朗琪罗礼敬有加。但米开朗琪罗对三大师中的其他两位并不买账，米开朗琪罗曾在一封给他人的信当中，指责拉斐尔抄袭自己。

这个房间是教皇的书房，拉斐尔所画的《雅典学院》的主题是哲学和宗教，题材正好应景。而拉斐尔画《雅典学院》的时候，只有28岁。拉斐尔1483年生于乌尔比诺，那是属于教皇国的一个公国。他父亲是乌尔比诺公爵宫廷的画师和诗人。拉斐尔虽然8岁丧母，11岁丧父，但是因为家庭关系，受过很好的教育，在艺术界也有人脉。他认识前辈画家乌切罗，就是《圣罗马诺之战》的画家，也认识圣彼得大教堂的第一任建筑师勃拉曼特。1500年拉斐尔17岁学成出师的时候，已经有很多人找他作画了。

以后几年他常去佛罗伦萨游学，深受佛罗伦萨文艺复兴画风的影响，尤其是达·芬奇标志性的金字塔形构图对他影响很深。拉斐尔的第一幅传世名作可能是《草地圣母》，那是他23岁时的作品。画面上圣母和两个小孩子组成金字塔形构图，受达·芬奇的影响极其鲜明。这幅画现在收藏在维也纳的艺术历史博物馆。

1508年，圣彼得大教堂的建筑师勃拉曼特为了在教皇面前分米开朗琪罗的宠，向朱理二世引荐了25岁的同乡拉斐尔。拉斐尔的代表作，除了《雅典学院》等教皇书房和客厅的四个房间壁画以及较早的《草地圣母》以外，《西斯廷圣母》也特别有名。这幅画不在罗马，当初是为皮亚琴察城的一所教堂创作的圣坛画，现在收藏于德国德累斯顿萨克森选帝侯的茨维格宫艺术博物馆里。它最有名的不是恬静的圣母，而是圣母脚下那两个手托腮帮略显不耐烦的小天使。这两个小天使出现在全世界数不清的邮票、明信片、T恤衫上，很可能比拉斐尔其他任何一幅杰作更出名。

拉斐尔还画了好几幅教皇朱理二世和继任的美第齐家族利奥十世的肖像，在伦敦国家画廊和佛罗伦萨乌菲齐画廊都有收藏。除了绘画，拉斐尔还在勃拉曼特死后继任圣彼得大教堂的第二任总建筑师。但是他担任总建筑师的时间太短，还不能从整体上影响大教堂的布局。拉斐尔生前留下的对大教堂的设计想法，后来都被继任总建筑师的米开朗琪罗推翻了。

拉斐尔英年早逝，只活了37岁。按照他的遗嘱，他死后被安葬在罗马万神殿。今天我们去参观万神殿，能看到拉斐尔墓上的拉丁文墓志铭："这里躺着伟大的拉斐尔，他活着的时候，大自然害怕被征服；他死的时候，大自然也害怕一同死去。"拉斐尔年轻成名，但是他的画风却沉静平和。他画的圣母最成功，恬静而柔美。尤其是拉斐尔构图的均衡，是整个文艺复兴时代的高峰。可以说这种四平八稳的画风发展到拉斐尔手中，已经画尽画绝，后世再也无法超越。因此后世的艺术家们必须另辟蹊径，由"像"到"不像"转变。这就是从米开朗琪罗开始的"样式主义"，直到100年后巴罗克风格的戏路：夸张与激情。

从拉斐尔房间出来，就进入米开朗琪罗不朽的西斯廷礼拜堂。这是教皇私人祈祷的小教堂，也是票选新教皇的地方，1480年由教皇塞克斯图四世建成。西斯廷（Sistine）这个名字是塞克斯图(Sixtus)的变体，而1508年让米开朗琪罗画天顶画的朱理二世，正是塞克斯图四世的侄子。

事情的起因是圣彼得大教堂总建筑师勃拉曼特想要出米开朗琪罗的洋相，故意找了雕塑家并不擅长的绘画项目，向朱理二世教皇举荐，而米开朗琪罗本人也以自己的本行是雕塑为由固辞。但教皇不许。朱理二世最初的想法，只是让米开朗琪罗在天顶侧面画上十二使徒，而米开朗琪罗被迫答应下来以后，却对整个装饰工程有自己更为宏伟的通盘考虑。他坚持要么不做，要么就全权交给自己整个重做。

米开朗琪罗在这里的天花板脚手架上不停地工作了四年，连肢体都变了形。天顶中央连续九幅画表现《创世纪》，从混沌初开、上帝造人、失乐园，直到诺亚方舟。西斯廷礼拜堂里严禁照相，有十来位工作人员不停地来回巡视，可是游人太多，意大利又不是一个以遵守规则闻名的国家，所以禁不胜禁，很多游人都在偷拍，不但快门声不绝于耳，甚至有闪光灯此起彼伏，真是肆无忌惮。

今天，所有游客都会从礼拜堂的圣坛边，也就是壁画《末日审判》旁进入西斯廷。那就让我们一直走到长方形的礼拜堂尽头，然后回头站定，面向远端的圣坛和《末日审判》，抬头看天花板。

九幅天顶画，按照时间顺序，最早的最靠近圣坛，最晚的靠近我们站的位置，分别是《上帝创造光》《创造日月星球》《分开天地海洋》《创造亚当》《从亚当肋骨创造夏娃》《失乐园》《诺亚的献祭》《大洪水》和《诺亚醉酒》。但是米开朗琪罗在创作的时候，是从最晚的画起，逆时间顺序绘画。据说他画完头三幅关于诺亚的画以后，拆掉脚手架从地面观察，觉得人物画得太小，达不到震撼人心的效果，很不满意，于是后面几幅画刻意加大人物尺寸。所以我们今天会发现，诺亚的三幅天顶画，人物和其他几幅画上的尺寸不统一。

《创世纪》九幅天顶画里最著名的一幅《上帝创造亚当》，筋肉虬结须发戟张的上帝，是米开朗琪罗的经典风格，而与之形成鲜明对比的，是半躺着的亚当慵懒无力的神态。从构图上来说，它的原型是照抄自锡耶纳市政厅广场中央喷泉的浮雕。就是这幅画，让工作闲暇偷偷进来观摩的拉斐尔大为惊叹。

在天顶画两侧的方形区域，米开朗琪罗画了《圣经 · 旧约》里的先知，左右各五位，共十位先知。十位先知之间三角形的区域左右各四，总共八位，是《圣经》上耶稣基督家谱上的祖先。

在西斯廷圣坛正面整面墙上，是米开朗琪罗的《末日审判》。这幅画是米开朗琪罗在完成天顶画20多年以后重操画笔，于1534年应教皇克莱门特七世的要求画的。画面中央举着手的是基督，基督手臂下方穿蓝色衣服的是圣母玛利亚。画面正中间下方的一群天使吹响号角，召集所有死去的人，从画面前景左下角的坟墓里站起来，听候审判，好人从左面升上天堂，坏人在右边打入地狱。在基督右脚下，秃头大胡子的圣巴托罗缪手里拿着一副人皮，那是他殉道的时候被剥下来的皮，这副人皮的脸，是变形的米开朗琪罗自己的脸。

1541年这幅《末日审判》完成的时候，耶稣基督是全裸，这引起很大争议。后来教廷让他的学生修改，把耶稣基督的生殖器遮掩起来了。米开朗琪罗在画《末日审判》期间还设计了罗马卡皮托山广场等建筑项目，并在1546

年就任圣彼得大教堂的总建筑师。当时总体施工已近尾声，米开朗琪罗主持了大圆顶的设计施工。

按照梵蒂冈规划的参观路线，散客参观完西斯廷礼拜堂，应该从原路返回，由进来的入口出门，再步行绕道从正面走进圣彼得广场。但是这条路太长了。我建议走西斯廷礼拜堂尽头右手边的小门，这里是团队出口，但并没有工作人员进行区别。从团队出口直接可以走后门进入圣彼得大教堂。圣彼得大教堂的内部装饰，连同门前宏伟的广场，都是开创巴罗克艺术风格的贝尼尼最杰出的作品。

从16世纪初罗马文艺复兴鼎盛，到17世纪中叶贝尼尼旋风横扫罗马，重塑整座城市风格，这100多年，罗马天主教廷在忙着对付宗教改革，还有法国、神圣罗马帝国（奥地利）争夺意大利的战争。朱理二世教皇除了赞助艺术大师之外，还以“武士教皇”的姿态御驾亲征，拓展教皇国的领土。

朱理二世于1513年去世，继任教皇利奥十世来自佛罗伦萨美第齐家族，是“伟人洛伦佐”的次子，继续赞助米开朗琪罗和拉斐尔等人。圣彼得大教堂、教皇宫这些工程耗资巨大，教廷筹措建设资金的方式就是在欧洲各地兜售赎罪符。这种在宗教上极不严肃的敛财手段遭到社会各阶层的反对。

正是在利奥十世任期内，1517年，北德维滕堡的神父马丁 · 路德在教堂大门上贴出“95条抗辩”，主要针对赎罪符和与之相联系的教廷贪腐行为。抗议运动如星火燎原，很快发展成了全欧洲范围的宗教改革运动。很多北德意志诸侯也支持宗教改革，因为他们可以借此摆脱教廷的干涉，掌握境内教会组织的人事权和财税。

而皇帝和教皇坚决反对抗议派新教发动的宗教改革。宗教冲突发展成宗教战争。在法国是胡格诺战争、巴托罗缪日大屠杀，最终瓦罗亚王朝结束，波旁家族的亨利四世登基开创了波旁王朝，在1598年颁布《南特敕令》实现国内和解。在英国表现为亨利八世为了离婚不惜与罗马教廷决裂，自创安立甘教会（英国国教会）。到其女伊丽莎白一世继位之后，引来支持旧教的西班牙国王菲利普二世入侵。1588年英国一举击败西班牙“无敌舰队”，从此成为海军强国。在德意志，宗教冲突发展成1618～1648年的德意志三十年战争，这是新旧教战争的高潮，也是西方历史中第一次真正意义上的世界大战，结果德意志四分五裂。

1517年的利奥教皇对刚刚出现的宗教改革并不重视，也没有什么积极的

IN HONOREM PRINCIPIS APOST PAVLVS V BV

圣彼得大教堂外观

应对措施。他死后，经过一位任期仅仅一年的阿德里安六世，紧接着继位的克莱门特七世教皇，还是来自美第齐家族。他是“伟人洛伦佐”的侄子，在父亲被刺后过继给洛伦佐，所以他是利奥十世教皇的堂弟或者义弟。前面说过，100多年前教廷刚从法国阿维尼翁迁回罗马的时候，法国人曾立过一个叫作克莱门特七世的教皇，但后来被废，不列入教皇正统序列，所以这位美第齐家族的克莱门特在正统教皇序列里排第七位。当时的罗马教廷一直奉行绝不与路德派宗教改革主张妥协的政策，可是其主要的精力不在内部改革，而在外交政策和战争方面。

克莱门特七世教皇在位期间（1523～1534年）没有精力去对付德意志和英国的宗教改革，因为他自身难保。当时正是持续近70年的八场意大利战争期间。这八场意大利战争起源于1494年法国国王查理八世和1499年国王路易十二两次南下，争夺意大利南部那不勒斯的王位，后来又占领了米兰公国。但是法国人越打越不得力，到1559年战争结束的时候，法国势力被赶出了意大利半岛，神圣罗马帝国和西班牙的势力几乎完全控制了意大利事务，米兰和威尼斯归西班牙哈布斯堡家族所有，连教皇也只能仰皇帝鼻息了。

这中间的关键转折，在于西班牙统一之后的国王斐迪南和伊莎贝拉夫妇跟奥地利公爵兼神圣罗马帝国皇帝马克西米利安做了儿女亲家。1519年，他们的孙子和外孙查理·哈布斯堡，顺理成章地集帝国皇位和西班牙王位于一身。而且西班牙领有那不勒斯和西西里王位，帝国拥有低地国家（今天的荷兰和比利时），哈布斯堡家族同时继承皇位和西班牙王位，对法国形成战略大包围。结果法国在意大利的战争行动越来越不得力，1525年帕维尔战役，连法王弗朗索瓦一世都被俘虏。

教皇克莱门特七世见哈布斯堡帝国势力太大，出面组织米兰、佛罗伦萨（教皇本人就出身于美第齐家族）、威尼斯、教皇国、法国、英国组成科涅克同盟反对查理五世皇帝，也被皇帝击败。1527年西班牙军队打进罗马，囚禁了克莱门特七世。这次罗马陷落，标志着文艺复兴辉煌不再：达·芬奇和拉斐尔已经分别在1519年和1520年谢世，米开朗琪罗独力难支。

直到1534年继位的保罗三世教皇，才开始对全欧洲的新教改革运动做出严肃的反应。他的重点不在于迫害和压制新教徒，而在试图通过教廷内部改革和新教争夺民心。改革包括更系统严格地培训神职人员，禁止贪腐行为，同时在教义上拒绝和新教妥协。

特莱维喷泉

米开朗琪罗 摩西像 圣彼得被缚教堂

保罗三世教皇在位15年。在他登基的同一年，巴黎大学里有7位神学生组成一个叫作耶稣会的小型修道会，他们大部分来自西班牙各地。其中为首的伊纳爵出身贵族，是退伍的残疾军人，他来自西班牙西北部巴斯克地区的罗耀拉城，于是在后世被称为罗耀拉的圣伊纳爵。

罗马天主教会系统之内，自古以来就有很多僧侣修会，比如前面说到的阿西西的圣方济各创建的方济各会（弗郎西斯科修会）、多明我会（Dominican Order,多米尼克修会）、本笃会（Order of Saint Benedict，本尼迪克特修会），还有军事修会，比如圣殿、医院、条顿三大骑士团。而且修会内部可以再派生出修会，比如10世纪法国的克吕尼修会（Cluny）是本笃会内部的一支，卡普钦修会(Capuchin)是方济各会内部的一个派别，等等。

在今天，依人数而论，规模最大的天主教修会还是方济各会。1534年创建的这个耶稣会算是后来者，他们的宗旨一是到世界各地传教；二是绝对忠于教廷，反对新教改革。他们并不强调遵守中世纪修会的苦修戒律，允许通权达变，但是内部纪律严格，后来在世界各国的政坛走上层路线，拥有很大的政治权力。

1540年保罗三世教皇批准耶稣会正式成为教廷内部的修会，耶稣会发展很快，在教廷反新教改革的年代，是教皇的得力助手。顺便提一句，耶稣会在欧洲以外传教不遗余力，明清两朝的利玛窦、汤若望、南怀仁、郎世宁这些人，都是耶稣会会士，现任教皇弗朗西斯也属于耶稣会。

保罗三世另一个对付新教改革的措施是建立罗马宗教裁判所。裁定异端的宗教法庭古已有之，最早是13世纪在法国建立的裁判所，后来西班牙统一之后的斐迪南和伊莎贝拉夫妇在1478年建立了西班牙的宗教裁判所。教廷在罗马的裁判所建立得反而比较晚，在1542年由保罗三世教皇设立，以残酷和严苛的程度而言，罗马的宗教裁判所不如西班牙裁判所。

宗教裁判所在保罗三世和四世教皇手中权力越来越大，在1555～1559年出任教皇的保罗四世手中，教廷把重点从约束自身腐败行为转向迫害新教徒，禁止“异端邪说”。1570年私德崇高的圣者庇护五世教皇将英国女王伊丽莎白驱逐出教，同时组织反对土耳其帝国的“神圣同盟”，在1571年的雷班托海战中决定性地击败土耳其海军，制止了土耳其在地中海上的进一步扩张。1585～1590年在位的塞克斯图五世教皇为了从文化上吸引群众，开始在

罗马鲜花广场

罗马大力推广新式的巴罗克式建筑。

今天在罗马老城市中心，四河喷泉广场向西南步行大约500米，越过维克托·艾曼纽尔大道，有一座热热闹闹的市场，这里就是鲜花广场，是罗马市民喝咖啡、买花、下小馆子的地方，白天还有自由市场可以买菜买肉。在这座特别生活化的小广场中心有一尊僧侣立像，他戴着半遮脸孔的兜帽，抄着双手。他就是1600年在这里被教廷处以火刑的布鲁诺。这尊雕像立于崇尚科学和浪漫主义的19世纪，当时意大利独立运动方兴未艾，人们把布鲁诺视作为科学献身的殉道者。

罗马教廷除了迫害异端之外，另一个反新教改革的战略，就是提高自身队伍素质，同时用新的激动人心的宣传手段与新教争夺民心。巴罗克艺术是在文艺复兴艺术之后，又一个跨建筑、雕塑、绘画各个领域的艺术风格。哥特式起源于巴黎，文艺复兴起源于佛罗伦萨，巴罗克起源于罗马，之后的洛可可艺术和新古典主义又起源于法国。这些都是泛欧洲的艺术风格。其中洛可可算是晚期巴罗克的异化。巴罗克艺术品的线条扭曲灵动，一反文艺复兴的均衡美感，直指人心。无论是恢宏还是华丽，抑或是悲伤，情绪表达特别外向强烈，但又不像后期的洛可可风格那样过于纤巧复杂。

罗马市中心的耶稣会总部教堂便是巴罗克风格的代表作。耶稣会是反新教改革的急先锋，1584年建成的这座耶稣会总部教堂开教廷支持的巴罗克运

ALEXANDER CARDINALIS FARNESIVS S·R·E·VICE CAN FEC·MDLXXV
IHS

罗马耶稣会教堂

动的先河。这座耶稣会总部教堂朴素的白色外表并不起眼，其大门上方三角门楣外接的圆弧形装饰、正立面二层两侧的涡卷形弧线装饰结构，还有大门上方两侧墙上的人物雕塑，都是巴罗克建筑外形通常使用的元素。

另一位巴罗克早期大师马德尔诺（Carlo Maderno），后来当上了圣彼得大教堂的总建筑师。他负责设计的罗马圣苏珊娜教堂正立面，还有圣彼得大教堂的正立面，巴罗克特征更加明显：三角门楣、墙上的柯林斯花式柱头壁柱，二层楼两侧的弧线，而墙面上装饰的人物雕像，后来站到了屋顶上，以至于有的艺术史普及读物简单粗暴地告诉你：只要看见屋顶上站着雕像的，那就是巴罗克建筑。

巴罗克建筑并不以外表见长，而最擅长富丽堂皇的内部装修。耶稣会教堂内部壁画色彩艳丽，雕塑线条繁复，列柱和圣坛大量使用镀金装饰。几乎每座教堂都有一个大圆顶透入光线，照亮内部这些恢宏富丽的装饰。耶稣会教堂和后来成熟期的巴罗克教堂相比，还没豪华到让人震惊的地步，但它是一座划时代的建筑，象征着罗马进入了巴罗克时代。而这个时代的天之骄子就是贝尼尼。贝尼尼之于巴罗克，正如米开朗琪罗之于文艺复兴。

贝尼尼1598年生于那不勒斯，他父亲就是一位雕塑家，佛罗伦萨人。贝尼尼8岁时他的父亲接受了为罗马大圣母教堂（Santa Maria Maggiori）制作浮雕装饰的任务，举家迁往罗马。此时小贝尼尼作为艺术神童已经在罗马声名鹊起。当时的红衣主教西比奥尼·博尔盖塞把贝尼尼介绍给自己的叔叔、教皇保罗五世（就是第一次审判伽利略的教皇）。1619年到1625年之间，20多岁的贝尼尼先后为红衣主教完成了四尊取材于古希腊罗马传说的雕塑，举世震惊，奠定了贝尼尼在罗马艺术界的至尊地位，也宣告雕塑艺术正式进入巴罗克时代。

在今天的罗马，从西班牙大台阶顶上的地铁口出来过一条马路，走进博尔盖塞画廊（Borghese）的大片绿地，在画廊尽头的白色建筑，就是博尔盖塞画廊。这是罗马除了梵蒂冈之外最好的艺术博物馆。因为这里远离市区中心，参观还需要提前预约，会被很多游客忽略。

这里有贝尼尼最精彩的成名作，其中一尊是《埃尼亚斯逃出特洛伊》。第二章在讲述罗马城起源传说的时候提到过，罗马的祖先是特洛伊的埃尼亚斯。特洛伊城破之后他带着老父和幼子逃出城去，游荡到意大利半岛。在这座雕塑中，埃尼亚斯背后跟着幼儿，肩上扛着父亲，老父手中又捧着家族牌

罗马耶稣会教堂内部

坊，人物看起来疲惫、沮丧，但是从老父亲紧抿的嘴唇和瞪大的眼睛里，又能看到不屈的意志和挑战的精神。这是贝尼尼四尊代表作里的第一尊，完成的时候贝尼尼刚满20岁。

和其他三尊雕塑相比，这一尊雕像对情绪的表达还没有那么戏剧性，人物的动作幅度也不算太大。第二尊雕塑《普鲁同抢走普洛塞弗涅》完成于三年之后，更加引人入胜。普鲁同是希腊传说中的冥王，他从地下突然冒出，强抢普洛塞弗涅，让她做了自己的地府冥后。整个雕塑的构图呈螺旋形上升，人物的姿势非常夸张：冥王普鲁同有力的双腿和健壮的上肢肌肉不输于米开朗琪罗的雕塑，而普洛塞弗涅惊慌、绝望、恐惧的表情，堪与古典杰作《拉奥孔》相比。仔细看普洛塞弗涅被冥王右手按住的大腿：肌肉和皮肤被按压下陷的刻画如此细致，坚硬的大理石在贝尼尼手下居然有丝绸般软滑的质感，这是最令人叫绝的一点。

第三尊雕塑《阿波罗抢劫达芙妮》差不多和普鲁同那尊雕塑同时制作，不过最终完成晚了两年。按照古典传说，太阳神阿波罗爱上了达芙妮，就在快要抓住达芙妮的那一刻，达芙妮变成一棵月桂树。两个人物四肢伸展的方向，使得整个雕塑呈螺旋形，飞扬飘逸，这是巴罗克雕塑的典型特征。

第四尊是贝尼尼的《大卫》。在佛罗伦萨有多纳泰罗的《大卫》，有米开朗琪罗的《大卫》，相互比较可以对巴罗克雕塑的特征一目了然：多纳泰罗处于文艺复兴早期，人物沉静甜美，几乎是女性化的；米开朗琪罗的《大卫》寓动于静，于无声处听惊雷，让观众对马上要爆发的战斗动作产生无限联想，而肢体仍然是平衡的；而贝尼尼的《大卫》张扬恣肆，激动紧张的情绪完全表现在扭曲的脸部，肢体动作幅度特大，用不平衡感给人以强烈的感官刺激——这正是巴罗克艺术想要达到的效果。

博尔盖塞画廊除了这四尊贝尼尼的雕塑作为镇馆之宝以外，另有一些后来的杰作也不能错过。如200多年之后威尼斯雕塑家卡诺瓦（Canova）的《胜利的维纳斯卧像》，真人模特是拿破仑的妹妹波利娜·波拿巴（Pauline Bonaparte）。当时的风气没有古希腊那么开通，法兰西帝国的公主脱衣裸体，让艺术家塑像，这在当时几乎成了一件丑闻。另有文艺复兴末期威尼斯画派大师提香的《天上的爱和人间的爱》，也是美术史上的杰作。

1621年贝尼尼23岁时被教皇封为骑士。1623年另一位赏识贝尼尼的红衣主教，来自巴贝里尼家族的乌尔班八世成为教皇。贝尼尼此后数十年都在为乌尔班八世教皇和巴贝里尼家族效劳，开始参与建造巴贝里尼宫。

每一位教皇在罗马都有属于自己家族的宫殿住所，比如博尔盖塞画廊，原本是保罗五世教皇家族的博尔盖塞宫；利奥十世和克莱门特七世两位教皇所属的美第齐家族，也有罗马美第齐宫，在今天博尔盖塞公园的另一端、西班牙台阶顶上。今天的巴贝里尼宫，在罗马火车站和西班牙台阶之间，离火车站两站地铁的巴贝里尼广场上，地铁站名也叫巴贝里尼。

这座宫殿如今是意大利国家古典艺术画廊，里面收藏的著名画作，包括卡拉瓦乔的《尤蒂斯刺杀霍洛芬尼》和霍尔本的《英王亨利八世肖像》。但这座宫殿本身更值得细细品味，它凝聚着当时最伟大的几位巴罗克艺术大师的心血。贝尼尼当时还年轻，当不上宫殿的总建筑师。巴贝里尼宫和圣彼得大教堂当时的主持人是马德尔诺，和贝尼尼一起在马德尔诺手下工作的，有波洛米尼（Borromini）和科尔托纳（Cortona），其中波洛米尼还是马德尔诺的亲戚。这几个人后来都成了艺术大师，其中波洛米尼还是贝尼尼一生的竞争对手。

巴贝里尼宫总体设计由马德尔诺完成。通高两层的大厅，还有方形主楼梯是贝尼尼建造的。侧面椭圆形的螺旋楼梯很有名，是波洛米尼的作品，他还制作了二楼的窗户。而大厅天顶画的作者是科尔托纳。

贝尼尼在1620年代资历还浅，不能独自主持巴贝里尼宫项目。到了1640年代他的名望如日中天，又回来主持巴贝里尼广场周围的规划的时候，已经可以按照自己的意志进行设计了。所以今天的游客们进国家古代艺术画廊的时候，除了特别留意一下这座集合了当时所有巴罗克大师智慧的大拼盘宫殿本身以外，不要错过广场上的雕塑：广场正中的海神之子特里同喷泉，正是出自1643年的贝尼尼之手；在广场和维内托大道交会处，还有一座贝尼尼1644年建造的蜜蜂喷泉。

1629年马德尔诺逝世，教皇乌尔班八世没有让波洛米尼接替自己亲属遗留下来的位置，而是任命贝尼尼同时担负起圣彼得大教堂和巴贝里尼宫两个项目的主持人重担。尤其是这个圣彼得教堂总建筑师，能胜任其职者毫无疑问是整个罗马天主教世界的首席艺术家，而波洛米尼在贝尼尼的手下工作。

圣彼得大教堂从朱理二世教皇任期内开始，此时已经建设了100多年。它的基本结构遵循首任总建筑师勃拉曼特的设计，第二任总建筑师拉斐尔英年早逝，第三任总建筑师是米开朗琪罗，他领导完成了教堂的大圆顶。到马德

拉斐尔 雅典学院 梵蒂冈

尔诺完成教堂正立面，整个教堂的建筑工程结束了，但教堂是个空壳，正是贝尼尼一手主持了教堂内外的装饰工程，圣彼得大教堂才成为我们今天看到的这个富丽堂皇的样子。

今天如果去参观圣彼得大教堂，一定要在广场上的柱廊里排很长时间的队。最好的办法是先参观梵蒂冈博物馆，看完西斯廷礼拜堂以后，不走散客出口，而是从礼拜堂尽头的团队出口出去，先参观一下历代教皇的墓地，然后直接走上圣彼得大教堂的前门台阶，这样就不用排队了。

教堂内部气势恢宏，脚下的彩色大理石地面就是在贝尼尼主持下完成的。贝尼尼最著名的设计是祭坛正中巨大的青铜华盖，位于地下圣彼得墓的正上方。青铜华盖螺旋形的四脚，是后来洛可可风格教堂螺旋柱的鼻祖，开风气之先。圣坛上方有贝尼尼设计的鸽子窗，这个设计匠心独运：鸽子在基督教里象征“圣父圣子圣灵三位一体”中的圣灵，光线从鸽子背后透进教堂，照耀在圣坛上，教堂仿佛沐浴在天堂之光里一样。

教堂的大圆顶底部柱廊和观景台也由贝尼尼设计，此外还有大圆顶支柱底部的四尊圣者雕塑，其中一尊《圣龙津努斯》出自贝尼尼的手笔。龙津努斯是一名罗马士兵，耶稣基督被钉在十字架上的时候，他用手中的长矛戳了基督的肋下，并说 “他真的是神的儿子”。因此他在后世艺术作品里都以持矛的形象出现，这柄矛也就是后世传说中的“圣矛”。现在圣矛的矛头陈列在维也纳市中心霍夫堡皇宫的珍宝馆里。

贝尼尼还设计了圣彼得大教堂里教皇乌尔班八世的墓。30年以后又设计了后代教皇亚历山大七世的墓，那是贝尼尼平生最后一个大型项目。也就是说，贝尼尼从1629年出任总建筑师到逝世，他在圣彼得大教堂内外花费了半个世纪的心血。

圣彼得大教堂内部另有一件传世杰作，在大门入口右手边，是米开朗琪罗的《圣殇》，又名《哀悼基督》。米开朗琪罗本来不擅长雕刻女性，但是这尊《圣殇》是他早期的作品，圣母娴静秀美，清秀的脸庞充满了平静而克制的哀伤。按《圣经》所述，基督受难时早过了30岁，圣母作为一个30多岁孩子的母亲，年龄总在50岁左右，不可能如此年轻。米开朗琪罗故意用夸张的手法把圣母雕成17岁的妙龄少女，才有如此令人震撼的效果。

圣彼得大教堂前广场，也由贝尼尼负责整体设计规划。广场弧形柱廊是一件经典作品。双圆弧围着广场，象征着教廷的双臂像母亲一样拥抱着来自世界各个角落的信徒。广场中央的方尖碑由埃及运来，比贝尼尼的柱廊要早半个世纪。早在古罗马时期，罗马人就喜欢把埃及的方尖碑运来做装饰。到今天，据说整个埃及只有7座方尖碑，而一个罗马城就有13座。

1586年圣彼得广场立起方尖碑的时候还有个传说：方尖碑比预期的要沉重，当碑身被很多股绳子缓缓拉起到一半的时候，绳子不堪重负开始断裂。人们都以为碑身在绷断部分绳索之后，一定会倒回地上摔得粉碎。鸦雀无声之中，一名水手突然大喝一声“浇水！”这声断喝救了这块方尖碑。常年出海跟帆索打交道的人有经验，麻绳浇水之后坚韧度会大大增加。

从圣彼得教堂广场出来，沿着大道一直走，就到了台伯河边的圣天使堡。圣天使堡本是五贤帝中的第三位哈德里安皇帝的陵墓，6世纪东罗马查士丁尼大帝的大将军贝利撒留在罗马围城战中与东哥特军激战，这里成为城防工事体系中的一个要塞。590年大瘟疫期间，有人看到大天使迈克尔出现在堡顶，瘟疫随之终结。

后来这里又成为中世纪罗马教廷的一处堡垒和监狱，布鲁诺就曾被关在天使堡里。1665年到1667年，老年贝尼尼受命制作天使堡前天使桥上的基督教圣者雕塑。他共规划了十座雕像，但是自己只制作了其中手持荆棘冠和金属铭牌的两座，其他都由别人完成。

既然说到教廷所在的圣彼得大教堂，那么不妨顺便提一下，实际上，圣彼得教堂并不是罗马教廷地位最高的教堂，这个荣衔属于罗马城南的圣约翰拉特兰教堂。我们知道，所谓教皇，实际上的头衔是罗马大主教，每一位主教都有自己的总部，也就是主教座堂，而罗马大主教的座堂，就是这座拉特兰教堂。

拉特兰教堂和梵蒂冈圣彼得教堂都兴建于罗马帝国君士坦丁大帝时代。从那时起，整个中世纪，直到教廷迁往法国的“阿维尼翁之囚”以前，教皇一直住在拉特兰宫。只是从法国搬回罗马以后，经过一段时间才修缮梵蒂冈的教皇宫，把行政中心搬到了梵蒂冈。即便如此，直到今天，拉特兰教堂作为罗马大主教座堂，仍然享有独一无二的“首席巴西利卡”(Archbasilica)这个头衔，地位高于天主教系统的一切教堂。它也不是意大利国家领土，而是梵蒂冈教皇国的一块飞地。

今天，游客可以坐地铁抵达圣乔万尼站(San Giovanni)，从地铁出来之后穿过古罗马城门，城门内就是这座拉特兰大教堂了。它那两扇黑黝黝的青铜大门，据说是当年罗马元老院的大门，被教皇搬来自己家用了。教堂外的马路对面，有一栋小建筑，里面有一座台阶，这是“圣台阶”。据说耶稣基督当年就是走上罗马总督彼拉多(Pilate)府前的这28级台阶，接受死刑判决的。

君士坦丁皇帝皈依基督教以后，他的母亲海伦娜皇太后去耶路撒冷朝圣，把这28级台阶敲下来带回罗马。不过现在这些台阶是复制品，真品在梵蒂冈。尽管是复制品，仍然有严格的规矩：没有一个凡人可以站着走上这些台阶，每天都有一些虔诚的基督徒朝圣者，沿着这些台阶跪爬上去。

拉特兰大教堂内部装饰的总设计师，是贝尼尼一生的对手波洛米尼。波洛米尼只比贝尼尼小一岁，1619年来到罗马。后来两人就圣彼得大教堂内部装饰工程发生争执，正式决裂。此后30多年，他们两人围绕重要的工程项目和教皇的宠信展开争夺。

一开始贝尼尼占上风，但是他也有马失前蹄的时候。1641年贝尼尼奉命在圣彼得大教堂正面两边建造两座钟塔，建到一半时出现了裂缝，第二年不

米开朗琪罗 西斯托礼拜堂天顶壁画

得不停工。这件事让他在教皇面前丢尽了脸面，甚至遭到调查，不过后来查清了，裂缝是由于钟楼地基有问题，而地基是几十年前马德尔诺主持期间就打下的，与贝尼尼无关。

1644年贝尼尼的保护人乌尔班八世教皇去世，继任的英诺森十世来自潘菲利家族（Pamphili），与巴贝里尼家族敌对，于是贝尼尼被打入冷宫，被教皇逼着拆掉了建成一半的双钟塔，所以圣彼得大教堂没有钟楼。波洛米尼成为红人，先后受委任主持圣彼得大教堂和拉特兰教堂的内部装饰工程。

英诺森十世在位11年，贝尼尼后来渐渐重新赢得了教皇的信任。教皇让贝尼尼主持潘菲利家族宫殿门前广场的建设，而贝尼尼利用这个机会，建成了今天罗马一处著名的景观——四河喷泉（Fontana dei Quattero Fiumi）。据说教皇原来属意让波洛米尼改造和美化广场，贝尼尼得知消息抢先做了四河喷泉的设计草图，通过一个红衣主教的帮助，故意让教皇“偶然”见到这个草稿，教皇马上就被吸引，马上召见贝尼尼，让他主持广场改造工程。

英诺森十世出身潘菲利家族，家族府邸潘菲利宫在罗马市中心，其中包括正中心的圣阿格尼丝教堂，整座府邸和教堂正对纳沃那广场（Navona）。

贝尼尼的四河喷泉正在广场中心，它正中间是一根高耸入云的埃及方尖碑，碑身底部的喷泉四周，分别雕塑着四位河神，象征世界四大洲的四条著名河流：印度恒河代表亚洲，河神手里摇着橹，象征着这条河适于航行；欧洲的多瑙河河神抬起手触碰教皇盾徽，象征他与教廷近在咫尺；南美洲的拉普拉塔河河神抬手挡脸遮住阳光，象征人类还没有找到河流的源头。

最有意思的是非洲的尼罗河河神：他蒙着头，也是象征尚未找到河流的源头。但是民间另有传说：尼罗河河神蒙着的头正好面向圣阿格尼丝教堂和潘菲利宫，而潘菲利宫改造项目的主持人是波洛米尼，贝尼尼的意思是“你的教堂早晚倒下来，我都没脸看！”其实贝尼尼建成四河喷泉的时间，早于波洛米尼动工建造教堂，他肯定没有这层意思。不过这个传说从一个侧面反映了两人之间的竞争和敌意。

纳沃那广场两端分别有两座较小的喷泉，南侧是贝尼尼的摩尔人喷泉，正中站立了一个厚嘴唇的黑人，北侧是海神尼普顿喷泉。

既然讲到四河喷泉，不妨顺带说说罗马另一处最著名的巴罗克式喷泉景观——特莱维喷泉（Fontana di Trevi）。特莱维喷泉不是贝尼尼的作品，作者是萨尔维(Salvi)，落成于1762年。

它的特异之处在于，以宫殿府邸的后墙做背景，水池做前景，复杂的雕塑和喷泉气势恢宏，外形构成一场戏剧的舞台。按照当地的传说，只要你背对喷泉，把一枚硬币用右手从左肩后扔进水里，你就能再次回到罗马。所以很多人把这座喷泉称为“许愿泉”。这个传说如此深入人心，以至于罗马市政府从这个喷泉每年收获的硬币有12万欧元。不过普通游客可别想着在这打捞硬币发点小财——法律规定这里的硬币属于政府，政府会将其打捞起来捐给慈善机构，平常是有人看守的。

贝尼尼凭借四河喷泉重获英诺森十世青睐，但波洛米尼同时期也为教廷主持了很多建筑项目。两人之间的竞争，最后以贝尼尼的胜利告终——并不是因为才华有高下，而是性格使然。贝尼尼比较随和，又会与上层打交道，现代的话叫作情商高。而波洛米尼内向寡言，性格忧郁而且易怒，1667年波洛米尼自杀很可能是因为抑郁症。

1651年，贝尼尼完成了另一个杰作：胜利圣母教堂里的科尔纳罗礼拜堂（Cornaro chapel in church of Santa Maria della Vittoria）。这座教堂规模不大，在教堂林立的罗马很容易错过。我曾专程寻找过它。从罗马火车站出来径直向前走，经过罗马国家博物馆、共和广场和戴克里先浴场，来到横向的9月20日大街，路口对面就是这座外表普通的教堂，离火车站大约500米。

1644年红衣主教科尔纳罗委托贝尼尼在胜利圣母教堂里，为他的家族建造一个小礼拜堂。贝尼尼的方案是典型的巴罗克风格。他把礼拜堂的中心神像造成了一个舞台，台上用大理石雕成流动的祥云，托起圣女特列萨和丘比特的雕像。礼拜堂两壁有许多壁龛，内置科尔纳罗家族成员的群像，就像在剧院包厢里观看演出。舞台背后空间用辐射状的金属象征天国之光，就像舞台布景。

舞台的主角圣特列萨是16世纪西班牙马德里附近阿维拉（Avila）的修女。她进入宗教的迷幻状态，感受到天使用爱情之箭击中她的心脏。她一方面感到肉体的痛苦，同时在精神上又领受到与基督合二为一的精神之爱的甜美和狂喜。这种强烈的宗教情绪，又暗示了肉欲和高潮，正是巴罗克雕塑最合适表现的题材。

贝尼尼的中心雕塑《圣特列萨的狂喜》中，修女瘫软着，头部无力地后仰，眼睛半闭，嘴唇张开，被灵魂与肉体的激情彻底征服。而天使丘比特是个顽皮的儿童，背生双翅，手持刚刚拔出的金箭，顽皮地歪头欣赏自己的杰作。回想中世纪哥特艺术中那些一本正经的宗教题材雕塑，当时的人万万不会想到，巴罗克艺术会用这样俏皮、欢愉、热情甚至纵欲的手法来表现神圣的宗教。难怪这件雕塑1651年完成时引起全城的轰动和追捧。

英诺森十世死后，贝尼尼继续得到教皇亚历山大七世的信任，对罗马城市的广场和街道做过大量规划。圣彼得广场上的弧形柱廊就是这个时期建的。1665年贝尼尼还应“太阳王”路易十四的邀请去法国，参与卢浮宫正立面的改造计划。但是他的计划最终没有被路易十四采用，卢浮宫今天的正立面是“太阳王”委托法国本土建筑师设计的。

贝尼尼82岁去世，埋葬在圣母马吉奥里教堂（Santa Maria Maggiri）的家族墓地中。贝尼尼的父亲当年为这座教堂制作雕塑装饰，带着8岁的贝尼尼搬来这座城市，这座教堂就和贝尼尼家族结下了不解之缘。今天，这座教堂离火车站只有300米，从火车站沿着西南方向的加富尔大道（via Cavour）走向圆形竞技场方向，就走到了圣母马吉奥里教堂。

这座教堂的圣坛下方有一处圣诞礼拜堂，吸引了世界各地的朝圣者。礼拜堂供奉的黄金盒子里有圣摇篮的一片木头。我们知道，耶稣基督生在一个马槽中，这片木头，据说就来自那个马槽。面对圣坛右手的地面上，有块非常不起眼的大理石，平嵌在地面，那就是巴罗克大师贝尼尼的墓。

在我看来，罗马有多重性格：厚重的古代历史感是它忧伤的一面；神圣的宗教情感是它虔诚的一面；富丽堂皇的巴罗克艺术是它雍容华贵的一面；市井生活美食美女，是它追求世俗享受的一面。难怪以这座城市诸多古迹为背景的电影《罗马假日》感动了这么多观众。这部电影里还有两处浓墨重彩描述的名胜是在贝尼尼的时代之后，一处是西班牙台阶，另一处是特莱维喷泉。它们也都是巴罗克风格的建筑，但是时间比贝尼尼晚大约50到100年。

西班牙台阶建成于1720年代，如今这里是旅游者必到之处，人山人海，宽大的135级台阶的下半部分基本被坐着的游客覆盖了。罗马古称“七丘之城”，山丘很多，如何连接山上和山下的社区，又要连接得有美感，是个挺实际的城市规划问题。欧洲人喜欢在户外晒太阳，而这座台阶自下而上由宽收窄，弧度美观，整个台阶呈现出大舞台的效果。台阶顶的“山上圣三一教堂”（Trinita dei Monti）双塔楼与中间的方尖碑作为舞台布景的顶端，台阶底小广场正中心有座古船形的小喷泉，作为舞台的前景，人们坐在台阶上休息、吃零食、晒太阳，就像坐在舞台上。

这是典型的巴罗克风格设计：注重舞台戏剧效果。那座古船喷泉其实比大台阶早了100年，是贝尼尼父亲的作品，纪念一场台伯河大洪水。据说那次洪水竟然把一艘船冲上了山坡，直到古船喷泉的位置。

西班牙台阶底下有英国诗人雪莱和济慈博物馆。1822年济慈因为肺结核死在这所房子里。西班牙台阶正对着一条步行街，那里集中了许多世界顶级的奢侈品牌。如果有钱的话，是购物的好地方。如果不想购物，倒不妨和我一样，去那条街上86号，著名的“希腊人老咖啡馆”（Antico Caffee Greco）喝上一杯咖啡，吃些甜点。这个咖啡馆1760年便已开张，是整个罗马最古老、全意大利第二古老的酒吧咖啡厅（最古老的是威尼斯的佛罗伦萨咖啡馆），而且坐落在如此繁华的购物区，价格却一点儿也不贵。

贝尼尼在1620年崭露头角，1640～1650年代如日中天。时间上，差不多和1618～1648年的德意志三十年战争重合。换句话说，宗教战争发展到顶峰，全欧洲大战正在如火如荼时，罗马教廷倒是太平盛世的建设时期。教廷的自身改革是成功的，纯洁了组织，在文化上也确实开创了盛世，足以和新教争夺民心。

但是历史大趋势不可逆转。欧洲的主要强国如法国、英国、西班牙和

提香 天上的爱和人间的爱 罗马博尔盖塞画廊

奥地利都完成了中央集权的过程。18世纪再加上新兴的两强俄罗斯和普鲁士，罗马教廷不再能干预这些新型中央集权民族国家的内政和经济。欧洲再也不是中世纪的欧洲了。整个17～18世纪教廷的国际影响力都在走下坡路，只有1683年土耳其大军围攻维也纳的时候，英诺森十一世教皇利用教廷残存的宗教感召力和金钱，跟利奥波德皇帝联起手来，在欧洲穿针引线，组织起有德意志诸邦、波兰、威尼斯甚至莫斯科公国参加的神圣同盟。波兰国王索比斯基率军驰援维也纳，和德意志联军会合，在维也纳城下一战击溃土耳其大军，此后神圣同盟转入反攻，土耳其帝国从此不再能对欧洲列强构成威胁。

这次神圣同盟战争，是罗马教廷回光返照的政治中兴。此后罗马城和教廷的地位持续下降。法国大革命后，拿破仑指挥法军入侵意大利半岛，重划意大利的政治版图。教皇国被拿破仑肢解，教皇庇护六世1798年被劫到法国瓦伦斯（Valence），第二年死在那里。

下一任教皇庇护七世在1804年被迫赴巴黎为拿破仑加冕法兰西帝国皇帝。1809年法军再次入侵教皇国，庇护七世再次被劫持到法国软禁起来，直到1814年拿破仑失败退位才回到罗马，恢复教皇国。

到19世纪，意大利民族意识觉醒。以都灵为首都的皮埃蒙特王国，在拿破仑三世的支持下，和控制意大利北部米兰、威尼斯，中部托斯卡纳的奥地利帝国敌对。1859年索尔弗里诺（Solferino）战役后，皮埃蒙特王国吞并奥地利的米兰公国，也就是伦巴第地区。（这次战役还有另外一个后果，就是催生了国际红十字会。）加里波第组织的红衣志愿军又为意大利征服了南方的那不勒斯和西西里。但是皮埃蒙特王国和整个意大利南方中间，隔着以罗马为中心的教皇国。为防止加里波第在南方成立独立的共和国，皮埃蒙特王国向教皇国借道，派兵南下，顺势兼并了教皇国东部的三分之二，只有罗马城周围的拉丁地区还属于教皇国。

此时意大利的统一势头已成，1861年以皮埃蒙特王国为核心，改称意大利王国。1866年奥地利控制的威尼斯地区也并入了意大利，整个意大利统一只差教皇国这一块地区。但法国作为列强之一，坚持保留罗马的教皇庇护九世，意大利也无可奈何。

1870年普法战争法国战败，拿破仑三世退位。罗马的教皇国失去了保护，9月意大利军队轻易攻陷罗马，灭掉教皇国，罗马从此成为意大利的一部分。但教皇庇护九世拒绝做意大利王国的臣民，坚守梵蒂冈山上的古代宫殿。因为罗马教廷在意大利和全世界有大批虔诚的信徒，意大利政府也不敢蛮干。这个僵局维持了60年，直到1929年意大利政府首脑墨索里尼和庇护十一世教皇签订《拉特兰条约》，意大利承认梵蒂冈是一个独立的国家，这才最终打破。

罗马的美食，有一样东西是我觉得特别神奇的，就是油炸南瓜花（fried zucchini blossom），意大利语叫作Fiori di zucca，就是南瓜花的意思。这道菜一般是作为前菜（antipasti）来吃的，把南瓜花在鸡蛋液里面蘸一下，裹上面粉油炸，花里面往往会填充白色的马苏里拉奶酪（Mozzarella）。还有一种前点也很受欢迎，叫作Prosciutto e melone，就是切得很薄的火腿片卷甜瓜瓤，甜咸两种味道达到平衡。我自己一开始接触的时候，对这种又甜又咸的前菜不怎么接受，后来在意大利吃得多了，慢慢觉得这样吃很清爽，也很香。

阿尔卑斯山的彼方——意大利行走手札

第七章

Chapter Seven

都灵和米兰:
完成统一，走向现代

第一节　都灵与皮埃蒙特地区：意大利统一的核心

意大利北部三个地区，从西往东依次是以都灵为中心的皮埃蒙特、以米兰为中心的伦巴第和以威尼斯为中心的维内托。今天整个意大利的工商业中心就在北部，尤其是西边以都灵和米兰为中心的地区的生产总值占整个意大利的三分之一。把这两个城市放在最后一章，因为这里代表了意大利的近现代甚至未来。

皮埃蒙特僻处意大利西北，多山，不容易发展经济，夹在北边的神圣罗马帝国和西边的法国之间，尤其和法国直接接壤，每次法国入侵意大利必然取道皮埃蒙特。结果居然是皮埃蒙特王国在19世纪最终统一了意大利。今天的都灵大概是所有意大利名城当中最缺乏古迹名胜的地方，但还是有一些近现代的景点值得专程去看。由于接近法国，皮埃蒙特地区的美食呈现法国和意大利两大流派融合的特色，而且盛产美酒。

说起都灵的历史，不得不提到无论在意大利历史还是法国历史当中，都绕不开的萨伏伊家族。

萨伏伊家族从来源上说是德意志人，从文化上说是法国人，结果却统一了意大利。萨伏伊家族11世纪来自萨克森的马格德堡附近。11世纪中期，家族创始人奥托伯爵通过婚姻继承了意大利和法国之间的两片地区——萨伏伊和以都灵为中心的皮埃蒙特，建立起萨伏伊伯国，首都在今天法国的Chambery。

萨伏伊伯国是神圣罗马帝国体系下意大利王国的一个组成部分。12世纪后半期，神圣罗马帝国皇帝“红胡子”腓特烈一世跟教皇亚历山大三世斗争多年，整个意大利分裂为教皇党圭尔夫派和皇帝党吉贝林派。当时的萨伏伊伯爵洪伯特三世支持教皇，皇帝两度出兵占领萨伏伊。不过皇帝的儿子转而支持皇帝，伯爵家族又复国了。

1416年，神圣罗马帝国的西格蒙德皇帝将萨伏伊伯国升格为公国。教廷在1417年最终结束“阿维尼翁之囚”回到罗马，结束了好几个教皇并立的分裂局面。天主教内部并不团结，新任的萨伏伊公爵阿马德斯八世，居然在1439年被反对罗马教皇的巴塞尔宗教大会选举为教皇菲力克斯九世，当了10年教皇。当然，世俗的公爵不能兼任主教，更别提教皇了，他把公爵的位子让给自己的儿子。随着宗教大会和罗马教皇和解，他主动退位，在罗马做了一名红衣主教。

他的儿子任公爵期间，1452年得到一件基督教的圣物，据说是耶稣基督下葬时包裹尸体的布料，这就是后世鼎鼎大名的“都灵尸衣”。圣物在中世纪有“君权神授，天命所归”的含义，都灵尸衣此后一直都作为萨伏伊和意大利王室珍藏的宝物。直到二战后意大利变成了共和国，王室退位，才把这件尸衣赠送给罗马教廷。

1494年，法国发动了历时60多年的八次意大利战争。战争过程当中，查理八世、路易十二、弗朗索瓦一世三代法王反复在进军路上借道，甚至占领萨伏伊公国的领土，所以公爵加入帝国和西班牙一方对法作战。萨伏伊家族站对了立场，因为意大利战争以奥地利—西班牙哈布斯堡家族皇帝的胜利告终。1563年萨伏伊公国的首都迁到都灵城。

从此以后，因为法国和奥地利（神圣罗马帝国）的势力实在太强，夹在中间的小国君主萨伏伊只能见风使舵才能生存，这种情况一直持续到意大利统一。

到了17世纪末，萨伏伊家族出了一位当时的欧洲第一名将，直到今天在欧洲军事史上都是赫赫有名的人物：欧根亲王。欧根亲王是萨伏伊公爵家族的旁支，他的曾祖父是1580年至1630年间的萨伏伊公爵卡尔·艾曼纽尔一世，祖父是下一代萨伏伊公爵的弟弟，也就是幼支。欧根亲王和当时的萨伏伊公爵是隔了一辈的堂兄弟，关系已经很远了。他父亲通过外公继承了法国的苏瓦松伯爵领地，所以欧根亲王的父亲是法国“太阳王”

都灵郊外山顶埋葬萨伏伊家族历代国王的教堂

路易十四的封臣。

欧根亲王少年时代曾想加入当时欧洲最强大的法国陆军，可是因为容貌丑陋被路易十四拒绝。此后正赶上整个欧洲联合起来援助奥地利皇帝抗击土耳其大军的1683年维也纳围城战，年少热血的欧根亲王不顾法国宫廷的反对，离家出走投军（法国历来和土耳其帝国保持结盟关系，以牵制奥地利，当时整个欧洲同仇敌忾，路易十四不便明里站在异教徒一边，但暗地里不鼓励法国的臣民去援助皇帝）。正好当时指挥德意志诸邦勤王联军的巴伐利亚选帝侯、巴登侯爵都是他的表兄，欧根亲王从此就投入哈布斯堡皇室的奥地利军中服役，并在此后的“神圣同盟”反攻当中成长为抗击土耳其战争的英雄。

17世纪后半期，路易十四的法国势力太大，引起欧洲列强联手反击。在18世纪初的西班牙王位继承战当中，欧根亲王是奥地利和德意志诸侯联军总司令，和英国的马尔巴勒公爵联手，连续击败法军，从此享有欧洲第一名将的美誉，战后出任帝国军事委员会主席，执掌奥地利帝国军政大权。

据说此人平生未尝一败，最后的两年已经出现老年痴呆症状了，还出任总司令和法国打了波兰王位继承战，仍然获胜。当时的帝国政界有个玩笑，说即便欧根亲王死了都可以出任总司令，只要把他的遗体做成标本抬上战场，就能吓得法军投降。

欧根亲王在这最后一次战争中收了一个从普鲁士来向他学习军事的青年王子做学生，这个人就是后来的一代名将，普鲁士国王腓特烈大帝。

17～18世纪整个欧洲局势的大背景，是路易十四的法国一家独大，列强反击限制法国。萨伏伊家族虽说和欧根亲王个人的血缘关系已远，但只要近在咫尺的法国势力被削弱，其家族就一定能从中获得好处。就在西班牙王位继承战不久后的1720年，萨伏伊公国升格为皮埃蒙特–撒丁王国，公爵变成了国王。

这次升格和领土扩张是怎么回事呢？中世纪封建制度下的欧洲诸侯，都有一定品级。想要升格，要么是皇帝下诏，比如萨伏伊伯爵国家被西格蒙德皇帝升级为公国；要么是通过继承得到品级更高的封地，其统治家族也能升格。

撒丁岛和科西嘉岛原是教皇领地，1297年被教皇给了阿拉贡国王詹姆斯二世，以后一直属于阿拉贡和西班牙。在阿拉贡–西班牙统治下，撒丁岛虽然偏远，但级别很高，是一个王国。西班牙王位继承战之后，列强妥协，法国路易十四虽然战败，但他为自己的孙子争取到西班牙王位，从此西班牙统治者从哈布斯堡家族改为波旁家族。但法国必须为此付出代价。奥地利得到撒丁岛，萨伏伊得到西西里。西西里很早就是一个王国了，因为兼任西西里国王，从此萨伏伊家族便拥有了国王品级。

1720年奥地利和萨伏伊交换领地，撒丁岛也是王国级别，萨伏伊家族在品级上并不吃亏。萨伏伊公爵兼皮埃蒙特亲王、撒丁国王维克托·阿马德斯二世把这三块领地正式合并为统一的撒丁王国。虽然名义叫作撒丁王国，但国家的重心始终都在意大利大陆的皮埃蒙特。所以，史书上在这段时间不管是叫作撒丁王国、皮埃蒙特王国、萨伏伊王国，实际都指同一个国家。

19世纪初拿破仑战争期间，法国占领皮埃蒙特。萨伏伊王室被赶到撒丁岛上暂避风头，但他们和过去的意大利战争、西班牙王位继承战一样，又一次站对了立场。拿破仑最终失败，萨伏伊王室不但复国，而且还获得了热那亚所在的利古里亚地区。此后，皮埃蒙特-撒丁王国是整个意大利半岛上唯一真正独立的民族国家。米兰公国和威尼斯，加上托斯卡纳，都属于奥地利帝国，西西里和那不勒斯王国是西班牙波旁王室的旁支，此外就是罗马教皇国。意大利统一只能依靠萨伏伊王室来完成。

1848年撒丁王国进行了宪法改革，时任撒丁国王的查理—阿尔伯特让位给儿子维克托·艾曼纽尔二世。1852年加富尔任首相促进渐进统一。他一方面依靠觉醒的意大利民族主义，另一方面依靠奥地利的世仇法国。1859年萨伏伊军队和拿破仑三世的法军联手，在索尔弗里诺战役击败奥地利，顺利并吞了以米兰为中心的伦巴第地区。加里波第指挥的志愿者红衫军又为萨伏伊王室征服了西西里跟那不勒斯组成的两西西里王国。

为了防止远在南方的加里波第拥兵自立，撒丁军队向教皇国借道南下，顺便并吞了教皇国的东半部。但是依靠法国犹如依靠虎狼，撒丁王国被迫向拿破仑三世割让自己赖以起家的整个萨伏伊地区和尼斯城。这就是为什么萨伏伊之前的首都——“龙兴之地”Chambery城今天属于法国的原因。而加里波第本人是尼斯人，出于对撒丁王国割让自己故乡的不满，他挂冠而去。

这样，到1860年，都灵为中心的皮埃蒙特、米兰为中心的伦巴第、佛罗伦萨为中心的托斯卡纳、教皇国的大部分、整个意大利南部都已经控制在萨伏伊王室手中。1861年意大利王国正式成立，首都在都灵，1864年迁到佛罗伦萨。当时意大利的几大块地方，只有奥地利手中的威尼斯和受到法国保护的罗马还没有统一。

我们不得不佩服萨伏伊家族数百年一贯的“政治正确”，他们总是能选对最终的胜利者，与其站在一起。这一次，意大利和普鲁士联盟，普鲁士为了统一德意志，发动了三次王朝战争。1866年的普奥战争中，他们打败了奥地利帝国，意大利顺带着占领了奥地利控制下的以威尼斯为中心的维内托地区。1870年普法战争普鲁士又打败了法国，拿破仑三世退位，德意志统一，意大利又趁机出兵占领罗马，并于1871年迁都到此，把教皇驱逐到了梵蒂冈。到此，意大利才算真正完成了统一。

后来的第一次世界大战，意大利王国又选对了边。意大利原本和奥地利、德国结盟，可是1914年开打之后他们迟迟不履行同盟义务宣战，反而转投英法协约国，对奥地利宣战，再次成为战胜国。到第二次世界大战意大利终于押错了一次宝，当了一回战败国，结果在1946年意大利改变政体建立共和国，萨伏伊王室流亡国外。

作为游客，看“都灵尸衣”可能是专程跑去都灵的唯一理由。从都灵火车站出来之后，沿正北方向的罗马大道步行，右手边500米外与大道南北向平行的河流就是著名的波河。罗马大道尽头是连片的广场、公园、王宫和剧院，这里是古罗马时代都灵的旧城。

我觉得都灵的皮埃蒙特王宫缺乏悠久历史和建筑特色。如果游客对18世纪洛可可风格的华丽王宫室内装饰感兴趣，不妨去看看。但如果已经参观过欧洲各地很多王宫的话，都灵王宫也可以不去。

“都灵尸衣”在王宫对面的都灵大教堂里，除了特殊节庆从不公开展出，但是专程前往的游客也不必太失望，大教堂里有循环放映的录像，近距离展示这块闻名于世的布料。

欧洲多数与耶稣基督有关的圣物都可追溯到君士坦丁大帝时代，但都灵尸衣直到1452年才横空出世，由民间进献。当时萨伏伊公爵的父亲已经退位，被巴塞尔宗教大会选为教皇，尸衣就是献给这位教皇的。从世俗的眼光来看，其真实性颇为可疑。

此后尸衣一直由萨伏伊家族保存，是皮埃蒙特-意大利的镇国之宝。罗马天主教在欧洲的主要朝圣中心，罗马拥有众多圣物，都灵拥有尸衣，巴黎圣母院拥有荆棘冠和真十字架的碎片，比利时布鲁日（Bruges）拥有沾染了圣血的抹布，德国科隆大教堂拥有圣诞日朝圣的东方三博士的遗骸，威尼斯拥有福音书作者圣马可的遗骸，西班牙西北城市圣地亚哥·德·孔波斯特拉（Santiago de Campostela）拥有圣雅各的遗骸。这些都直接和耶稣基督及他的主要弟子有关，因此这些城市也成为中世纪第一等的朝圣目的地。

此外，维也纳哈布斯堡皇家拥有的真十字架碎片和圣矛矛头、米兰蒙扎大教堂保存的意大利王冠据说包含一枚钉死耶稣基督的铁钉，这些都是皇

都灵王宫广场

家和王家的圣物，中世纪时并不公开展示，但在现代也都公开展出了。

至于说这些圣物到底是不是真的，或者哪些是真的？公元4世纪君士坦丁大帝接受基督教的时候，皇太后海伦娜专程去圣城耶路撒冷，她热衷于收集与耶稣基督有关的圣物。在当时的圣地，圣物买卖兴旺得成为一个产业，而当时距耶稣基督生活的时代已经过去了300年，而这300年中基督教还处于被迫害的地下状态，真的圣物留存下来的概率能有多大？当然，那些圣者的遗骨，应该还是有明确记载，“传承有序”的。追究历史的真相这件事，在宗教的语境之中并不重要。任何宗教在很大程度上都是心诚则灵的事情，具体到圣物崇拜，只要基督徒相信它们是真的，并从中获得了精神力量，那就足够了。

至于这件都灵尸衣，罗马教廷并没有明确强调它的真实性，只是行动之中对它颇为维护。但是1980年代末，三所不同的大学研究团队经过教廷的批准，抽取尸衣边角的纤维进行碳-14测年。三个团队独立研究的结果都说尸衣是中世纪的东西，不属于耶稣基督的年代，应该是伪造。但是也有反驳的意见，因为16世纪教堂失火，保存尸衣的银匣子熔化后有一滴滴在折叠的尸衣上，所以今天我们看到的尸衣影像上有左右对称的8处花纹，像骨节一样，那其实是当时损毁后16世纪的僧侣们试图修补留下的痕迹。考古队取样的地方，有可能正好是中世纪修补的地方。另外，尸衣上清晰可见耶稣基督身体和面容的轮廓，中世纪的人怎么能人为地把它印上去？现代科学虽然有几种解释，但没有确定的答案。

都灵是现代意大利的工业中心之一。另一处引人入胜的地方，是菲亚特汽车博物馆，它代表了都灵现代化的一面。都灵的菲亚特汽车博物馆位于从火车站向南步行不到一公里的波河河畔，设计现代且超前，其中的展品并不限于菲亚特旗下的品牌，最精彩的部分是它的古董车、赛车和未来概念车的展品，有很多其他顶级品牌的收藏品。

都灵和皮埃蒙特地区缺乏罗马和佛罗伦萨那样的重量级的古迹，但这里的美食和美酒却更胜一筹。因为地近法国，皮埃蒙特的料理受法国影响很大。皮埃蒙特和近在咫尺的法国普罗旺斯一样也对松露特别着迷，但是皮埃蒙特的特色是阿尔巴地区的白松露，冬天出产的最好，要借助于狗的嗅觉才能采集；而法国普罗旺斯最好的是黑松露，传统上要由猪帮忙才能采到，据说猪的嗅觉比狗更灵敏。

很多人吃意大利餐的时候不会注意到细细的小面包棍，它叫Grissini，是本地的特色，是都灵人17世纪时发明的。正宗都灵餐馆佐餐的小面包棍应该是手擀现烤的才香。拿破仑历次进军意大利都要经过皮埃蒙特，据说他对Grissini非常上瘾。

说起拿破仑，皮埃蒙特还有一道名菜与这位法国皇帝有关，那就是马伦戈炖鸡。在都灵以东90公里、米兰以南80公里有一座小城斯皮内塔·马伦戈（Spinetta Marengo），是1800年法国第一执政拿破仑·波拿巴挥军入侵意大利北部，击败奥地利军队的著名的马伦戈会战的战场。传说那天打了胜仗以后天色已晚，拿破仑的厨师从战场附近的马伦戈村临时胡乱搜集了一些食材做成这道菜，拿破仑大为欣赏，日后每次大战役之前都要吃这道菜，认为它能给自己带来好运。

不过马伦戈炖鸡的来历只是野史传说，并非正史，也有考证说它是法国人后来发明的，以马伦戈命名只是为了纪念拿破仑。这道菜是将整鸡和大蒜、白葡萄酒、西红柿先用油煎一下，之后和蘑菇、炒鸡蛋、小龙虾一起炖。发明它的厨师是法国人，这道菜也脱胎于普罗旺斯烩鸡，所以算是法国菜，但它的渊源却在皮埃蒙特。

意大利各地都有自己独特的面条料理，皮埃蒙特地区的特色叫作Agnolotti，基本上就是意大利版的馄饨。一般意大利版的小饺子叫作Rivioli，是两块方形的面皮，中间包着奶酪。皮埃蒙特的Agnolotti是Rivioli的一个亚种，包成半圆形，几乎和中国的馄饨（抄手）一模一样，里面的馅料是菜肉的。如果用水煮，就是标准的江南的菜肉大馄饨，但是意大利人把它煮熟之后捞出来，浇上肉汁和融化的奶油，再撒一些松露碎末，所以酱汁更丰富。

还有波伦塔（Polenta）也是意大利北方的特色，其实就是煮玉米糊糊，煮得比较浓稠，冷却以后结成一块，切片或者切块浇汁，一般是用肉汁、蘑菇汁或者融化的奶酪调味。古时候的传统，无论在中国还是意大利，玉米糊糊都是下层劳动人民的日常食品，但是在讲究吃粗粮的今天，波伦塔也登堂入室，成了地区特色的美食。

皮埃蒙特地区作为意大利主要的红酒产区，丝毫不弱于托斯卡纳，在欧洲和北美市场上，这里的Barolo红酒整体上价格远远高于托斯卡纳红酒。皮埃蒙特的红酒产区在都灵东南，用的葡萄主要是本地的内比奥洛（Nebiolo），这种葡萄比托斯卡纳地区的桑娇维塞葡萄所含单宁更高。单宁存在于红葡萄皮里，白葡萄没有单宁，单宁含量高的葡萄酿出酒来涩感很重，需要更长时间的储存才能让涩度褪去，与酒中的酸度平衡，这种平衡使得红酒的层次丰富。所以这里出产的红酒可以长久储藏，在市场上的价位就更高。

皮埃蒙特主要的红酒产区是巴罗洛（Barolo）和巴巴莱斯科（Barbaresco）。巴罗洛在巴巴莱斯科西南，两者都在都灵东南大约70公里的乡间。相对来说，巴罗洛的葡萄单宁含量更高，要经过长时间陈化才好喝，所以价格更高。

从这里向北50公里，也就是都灵以东大约50公里的地方，是阿斯蒂产区（Asti），它的发泡白葡萄酒在意大利最有名。我们知道，所谓香槟酒，其实就是白葡萄酒在发酵过程中密封，把发酵产生的二氧化碳融进酒里，其本质上就是气泡白葡萄酒。只有法国东北部香槟大区出产的气泡白葡萄酒才能叫作香槟酒，其他任何地区出产的都不能叫香槟，只能叫发泡葡萄酒（sparkling wine）。

意大利版的发泡葡萄酒有两大产区，一是威尼斯东北的普洛塞科（Presecco），二是西北皮埃蒙特的阿斯蒂酒（Asti），全都以产区命名。阿斯蒂酒的酒精度低，一般在8度以下，味道偏甜，价格比法国香槟便宜得多，也有人戏称其为“穷人的香槟”。

第二节　米　兰

米兰及其周围的伦巴第地区是意大利最现代化、最有经济活力的地区，这一区域的国内生产总值占意大利的五分之一。

米兰在古罗马时期已经是一座重要的城市。戴克里先皇帝两分帝国的时候，米兰成了西帝国皇帝马克西米利安的首都。306年东西两帝同时退位，之后罗马内战，君士坦丁大帝胜出。众所周知，君士坦丁是因为312年在罗马城外的米尔万桥战役前夕见到“神启”才接受基督教的。但他正式宣布停止迫害基督徒，却是同年在首都米兰发布的《米兰敕令》。

西罗马帝国灭亡前的混乱中，西哥特人于402年围攻米兰，虽然没能打下来，但是把荷诺留皇帝吓得够呛，所以朝廷迁都易守难攻的拉文纳。452年匈王阿提拉曾攻陷米兰。539年查士丁尼光复期间城市被毁。此后伦巴德人入侵意大利，征服了意大利的大部分地区，包括在569年攻陷米兰。今天米兰周围的地区，就以伦巴德人来命名，叫作伦巴第。

罗马城周围属于拉丁地区，古罗马语就是拉丁语，而伦巴德人属于日耳曼语系，伦巴德语和拉丁语结合，成为现在意大利语的雏形。后来罗马教皇向法兰克人求援，以抵抗伦巴德人对罗马的进逼。法兰克宫相“矮子丕平”篡位为王，进军意大利，击败伦巴德人，“丕平献土”，建立了教皇国。此后丕平的儿子查理曼大帝在774年再次进军意大利北部，征服米兰，打跑了伦巴德人。查理曼大帝第一次自称“伦巴德人的国王”，建立法兰克帝国属下的意大利王国（其实领土只在意大利北部）。

查理曼建立的法兰克帝国在法统上继承西罗马帝国，也就是后来神圣罗马帝国的雏形。而查理曼兼任意大利国王的时候，他的意大利王冠称为“米兰铁冠”，历来是意大利王权的象征，存放在蒙扎大教堂。

米兰最重要的历史古迹并不在米兰城里，而在城北15公里的蒙扎大教堂（Monza）。大多数人知道蒙扎这个地名是因为一级方程式赛车有一站比赛，每年都在蒙扎赛道举行。从米兰火车站到蒙扎只需坐20分钟郊区轻轨火车，出站向北步行1公里就到大教堂，所以我总把蒙扎当作米兰郊区，其实这座小城是蒙扎省的首府。

蒙扎大教堂规模不算宏伟，它的正立面由黑白条纹的大理石镶板装饰，三角形的结构，一望便知内部是中间高两边低的三条走廊巴西利卡样式。就建筑形式而言，蒙扎大教堂基本上是罗曼式，但是后来在中世纪改造的时候加进了哥特式的元素，比如正立面上的大圆玻璃花窗和那六座细高的尖塔。

蒙扎大教堂中最神圣的收藏就是米兰铁冠，又叫伦巴德铁冠。它是意大利王冠，中世纪早期的神圣罗马帝国皇帝一般都兼任德意志国王和意大利国王。传统上，他必须在德国亚琛接受德意志王冠，在米兰加冕意大利国王，在普罗旺斯的阿尔勒加冕勃艮第国王，在罗马接受教皇加冕为皇帝。但这套程序过于烦琐，德意志国王后来只在法兰克福教堂接受一次加冕，连去罗马加冕皇帝的仪式都免了。

世界各国的王冠都是用黄金钻石之类珍贵的材料做成，为什么意大利王冠是“铁冠”呢？其实这顶王冠也是用金银制作的，但传说它里面有铁圈，而这铁来自耶稣基督被钉上十字架时所用的圣钉子，所以有君权神授的神圣意义。

这枚圣钉传说是君士坦丁大帝接受基督教以后，他的母亲海伦娜太后专程去圣地耶路撒冷寻回了真十字架、圣钉子这些圣物，送给儿子。圣钉从君士坦丁大帝传给后来的东罗马帝国皇帝，东罗马皇帝将其赠给东哥特的提奥多里克大王，让提奥多里克替东帝国重新征服意大利半岛。东哥特的意大利王国被东罗马查士丁尼大帝征服后，再被伦巴德人入侵，圣钉传给了伦巴德女王提奥德琳达（Theodelinda）。有说法认为圣钉在东罗马皇帝手中已经做进了王冠，也有说是提奥德琳达女王将圣钉做进了王冠。

628年，女王把铁冠赠给了蒙扎大教堂。从查理曼大帝之后一千多年，历代神圣罗马帝国皇帝兼任意大利国王都拥有铁冠，拿破仑也用铁冠加冕过意大利国王。但有意思的是，1993年，米兰大学用X光探测了铁冠，发现王冠材质其实全是金银，根本没有铁！不过，另有一枚没有制成王冠的圣钉，被保存在米兰市中心的大教堂里，每年只在9月份的几天进行展示，平时藏在圣坛背后半圆形后殿上方的圆拱顶里。

米兰大教堂坐落于市中心，是米兰最著名的景点，也是整个意大利少有的真正的哥特式大型建筑。哥特式建筑发源于法国，法国有最多、最纯粹的哥特式教堂，而意大利是古代罗马的本土，深受拜占庭（东罗马帝国）建筑风格影响，教堂最多的是比哥特式更早的罗曼式（Romanesque），后来又直接跳到了文艺复兴式。所以在意大利本土，很少能看到像法国、德国那么纯粹的哥特式杰作。但米兰地处意大利北部，一直和法国有密切接触，所以受到法国哥特风的影响。

米兰大教堂于1386年哥特式建筑最风行的时代动工，直到1810年才完工，建造了400多年。古代财力和技术手段有限，建造宏伟的大教堂是很多代人愚公移山的事业。米兰大教堂造了400多年并不算特殊，德国的科隆大教堂也建造了600年以上。像罗马圣彼得教堂、巴黎圣母院这样花200年就建成的，算是神速。

米兰大教堂是欧洲最大的教堂之一，按体积排名第六。很多游记上介绍说“米兰教堂是哥特式的杰作”，其实严格地说，它属于哥特晚期的变种——“哥特火焰式”，装饰繁复华丽，已经糅合了一些东方的风格，而真正纯粹的哥特式是简洁有力的。

米兰大教堂号称有52座尖塔，代表一年的52个星期——简直是尖塔的盛宴，形似燃烧的火焰，华丽已极，所以称为“哥特火焰式”。而主塔顶上的圣母雕塑，已经是巴罗克风格了。不过这么多尖塔也有问题：头重脚轻。米兰大教堂能容纳4万人做礼拜，正好可以装下1386年始建之时全城的人口。

这么大的体积，再加建这么多尖塔，导致地基下陷，还在建造的时候，教堂就斜了。从第一代米兰公爵开始造教堂，历代建筑师，包括伟大的达·芬奇（他不是主建筑师，只是客串），一直在试图加固教堂，解决下陷倾斜的问题，所以断断续续造到19世纪才算最后完工。

让我们回到米兰历史的时间线。米兰在中世纪和意大利其他城市一样，在名义上是神圣罗马帝国中意大利王国的一部分，但事实上取得了独立地位，城市经济发达。意大利城邦之间和城中不同派别喜欢混战，混战时经常寻求外国势力援助。一定意义上说，意大利从来就不存在什么国内史，它的历史实质上是教皇、皇帝、法国、西班牙列强角力的欧洲全史，而意大利城邦往往充当背后国际列强的马前卒。

1160年代，教皇和霍亨斯陶芬家族皇帝争夺欧洲领导权的斗争就是如此。当时米兰的敌人帕维亚、科莫等城邦请求“红胡子”皇帝腓特烈一世干预，皇帝在1162年占领米兰城。但皇帝在意大利的地位并不稳固，德意志国内诸侯纷争，皇帝又和教皇交恶，教皇1167年出面组织伦巴第同盟，包括米兰、威尼斯在内的几乎所有北意大利城邦都参与进来，反对皇帝对意大利的干涉。伦巴第同盟军在1176年的莱尼亚诺（Legnano）战役大胜腓特烈一世的军队。

1183年，皇帝向意大利城邦和教皇妥协，签订《康斯坦斯和约》，米兰获得了帝国自由城市的独立地位。在神圣罗马帝国内部，自由城市直属皇帝，不服从任何诸侯，自由城市在帝国议会有自己的代表。1277年，教皇任命奥托·维斯孔蒂为米兰大主教，从此维斯孔蒂家族统治米兰170年（主教不能结婚生子，奥托的侄孙后来接替他主持维斯孔蒂家族），头100年是以共和的形式实行寡头统治。

1395年，皇帝文森斯劳（Wencenslaus）将米兰升格为公国，维斯孔蒂家族成为米兰公爵。1447年，维斯孔蒂家族绝后。经过短暂的共和政体，1450年，末代维斯孔蒂公爵的女婿、佣兵队长出身的弗兰西斯科·斯福尔扎征服米兰，当上公爵，从此开始80多年的斯福尔扎家族的统治，直到1535年。这段时间，正好跟佛罗伦萨和罗马的文艺复兴运动相重合。

15世纪最后四分之一的时间，米兰的事实统治者是第一位斯福尔扎公爵弗兰西斯科·斯福尔扎的四子鲁多维科·斯福尔扎。他先是以王叔的身份摄政18年，然后自己做了5年公爵。在他的统治下，米兰引进了文艺复兴三大师之一的达·芬奇，达·芬奇在米兰画出了传世杰作《最后的晚餐》。但同时也是他引狼入室，勾结法国国王查理八世发动日后绵延60多年的意大利战争，结果葬送了米兰的斯福尔扎王朝。

达·芬奇在文艺复兴三大师当中年纪最长，生于1452年，比米开朗琪罗大23岁，比拉斐尔大31岁。他也是佛罗伦萨人，出生的村子叫作文奇（Vinci），所以达·芬奇其实是以他的出生地为名。达·芬奇的父亲是个富有的公证员，父母离婚，他5岁前与母亲生活，5岁后与父亲生活。

1466年，14岁的达·芬奇进入委罗奇奥的工场做学徒，当时波提切利也在那里，二人算是同学。而委罗奇奥的师傅是文艺复兴早期的雕塑大师、《大卫》的作者多纳泰罗，多纳泰罗又在圣母百花大教堂洗礼堂“天堂大门”浮雕作者吉贝尔蒂的工场里学过徒，并且是圣母百花大教堂大穹顶作者布鲁内莱斯基的好友。

1466年，达·芬奇进入委罗奇奥工场当学徒的时候，委罗奇奥的师傅多纳泰罗刚刚去世，另一位大画家乌切罗也已老年。按照瓦萨里《艺苑名人传》里的说法，达·芬奇作为学徒和师傅委罗奇奥合作画了一幅《基督受洗》，其中达·芬奇画的是两个天使托起基督衣袍，这部分画得如此卓越，居然让师傅委罗奇奥从此搁笔。不过瓦萨里的书多有夸张，这个“天才徒弟一出手就抢了师傅饭碗”的故事引人入胜，但未必是真的。但达·芬奇学徒期间的确完成过一幅传世杰作，那就是佛罗伦萨乌菲齐美术馆里的《受胎告知》。那幅画中，达·芬奇把透视法运用得出神入化。这是达·芬奇第一幅独立完成的画作。

他跟委罗齐奥学习了6年，1472年20岁时出师。1480年前后他画过一幅未完成的《荒野中的圣热罗姆》，现在在梵蒂冈博物馆的画廊里展出。达·芬奇多才多艺，很多精力都投射在工程方面，像直升机、潜水艇、坦克这些当时属于“奇技淫巧”的原始构思，都是达·芬奇构思出来的，所以他的绘画作品其实不多。目前传世且确定是他作品的画总共只有16幅。

最近传出消息，新近确定的第17幅达·芬奇画作《救世主》创造了4.5亿美元的艺术品拍卖世界纪录，是目前世界上最昂贵的油画。青年达·芬奇还发明了一种马头形的弦乐器，1482年，佛罗伦萨的领主洛伦佐·美第齐派他拿着琴，作为礼物去米兰献给摄政王鲁多维科·斯福尔扎，以推动佛罗伦萨和米兰政治结盟。达·芬奇从此就待在米兰，一直工作到鲁多维科公爵下台的1499年。

在此期间他画了两幅《岩间圣母》，目前分别收藏在伦敦国家画廊和巴黎卢浮宫。电影《达·芬奇密码》中拿两幅画的异同，尤其是收藏在卢浮宫的第一幅画上未经改动的人物手势做文章，讲解得令人毛骨悚然，引出后面的故事。

达·芬奇在米兰画出的最著名的作品，就是壁画《最后的晚餐》，目前

米兰大教堂

被收藏在米兰市中心卡多纳（Cardona）火车站附近的感恩圣母教堂（Santa Maria delle Grazie）。

这是一处古色古香的建筑，但式样并不典型。内部开始建造的时候是哥特式的，可是外部加入了大量文艺复兴的元素，从外面看起来，更像文艺复兴式。为了保护《最后的晚餐》的真迹，教堂每15分钟放30个人进去参观。所以参观者一定要事先预订，而且旺季至少提前一个半月。

感恩圣母教堂是一所附属于修道院的教堂。达·芬奇在画《最后的晚餐》的时候，修道院院长总是催促他，达·芬奇于是威胁说要把院长的脸画成犹大。这个桥段，很有点中国北齐时魏收编《魏书》，随意褒贬，“举之则使上天，按之则使入地”的气派。达·芬奇在《最后的晚餐》中没有用传统的画法，所用的技术是自己发明的，但这次他的技术创新演砸了：壁画很快开始长霉剥落。历代专家一直在持续不断地对这幅杰作进行修复。

达·芬奇在米兰期间，还接下制作已经去世的第一代斯福尔扎公爵巨型青铜骑像的任务。米开朗琪罗公开声称达·芬奇没有能力完成它。等达·芬奇完成了巨像的陶土模型，米兰公爵为最后的浇筑储备好了青铜料，恰好1494年法王查理八世发动意大利战争，米兰军队把这些铜料拿去铸成了大炮。到1499年新任法王路易十二占领米兰，法军士兵用达·芬奇的陶土骑像当作炮兵练习的标靶，将其打碎。

有趣的是，1990年代有美国好事者按照达·芬奇当时的设计，制作出了与之大小相同的青铜马，现在放置在米兰西郊圣西罗体育场北侧的古代竞技场（Hippodome San Siro），而圣西罗是足球迷的圣地，AC米兰和国际米兰俱乐部的主场。

1499年米兰被法军占领，达·芬奇逃到威尼斯当军事工程师，后来又回到佛罗伦萨。1502年还应邀当过恺撒·波吉亚的首席军事工程师。恺撒·波吉亚就是在上一章罗马教皇史里讲过的那对善于使毒的父子中的儿子，他的父亲是教皇亚历山大六世。他被下一任教皇朱理二世逐出罗马，于是聘请达·芬奇辅佐自己，但他很快兵败身亡，达·芬奇再次失业。

1503～1504年期间，达·芬奇回佛罗伦萨为市政厅维奇奥宫绘制战争壁画，和米开朗琪罗共事。1513～1515年间他受美第齐家族的利奥十世教皇之邀去罗马，再次和米开朗琪罗与拉斐尔同时同地工作。1515年法国国王弗朗索瓦一世再次占领米兰，邀请达·芬奇去法国，住在卢瓦尔河谷的国王城堡昂布瓦兹。

达·芬奇最后的岁月是在法国宫廷度过的，他吃素，还买鸟放生。当时和后世都有传说认为他是同性恋，尤其是精神分析大师弗洛伊德也持这种说法。他24岁时，和其他三个年轻人被指控嫖男妓，后因证据不足而被释放。此事见于保留下来的法庭文件。

达·芬奇一生的最后一幅画《施洗者约翰》，就作于他在法国养老期间。据说画中的约翰以其爱徒萨莱（Salai）为模特。这幅画现在在卢浮宫，画中达·芬奇把男人画得非常女人，于是有传说他和萨莱超出了一般的师徒关系。

2017年11月由沙特王子花4.5亿美元创纪录天价拍得的那幅《救世主》，画中的耶稣基督也是男生女相。至于卢浮宫的镇馆之宝《蒙娜丽莎》

法国卢瓦尔河谷昂布瓦兹城堡里达·芬奇墓所在的小礼拜堂

呢？那幅画具体的创作年代并不确定，只知道它创作于16世纪。达·芬奇把它从意大利带到法国，可能在法国期间还在进行修改。法国国王弗朗索瓦一世对这幅画爱不释手，甚至在洗澡的时候都要看着它。

说完了米兰文艺复兴和达·芬奇，回过头来再说鲁多维科·斯福尔扎公爵的另一件事，就是他引狼入室，触发了绵延60多年的意大利战争。

起初意大利南方的那不勒斯王国与教皇亚历山大六世（那位用毒的教皇）和米兰公爵斯福尔扎都起了争执，米兰跟威尼斯也发生了争执。教皇和斯福尔扎分别向法国国王查理八世求援，查理八世便率法军打进意大利，占领了佛罗伦萨和那不勒斯。查理国王劳师远征，又遭到米兰公国和教皇国的背叛。他不得不放弃那不勒斯王位，一路杀回法国，不久就去世了。

这次战争助长了后来三代法国国王对意大利领土的野心，尤其是继任的法国国王路易十二本身就因为上一代的姻亲关系，有权要求米兰公爵的继承权。

此时，鲁多维科·斯福尔扎再一次玩火，勾结外国势力。这次他邀请神圣罗马皇帝、奥地利哈布斯堡家族的马克西米利安来仲裁佛罗伦萨和比萨城之间的纷争，而法国路易十二最见不得的就是皇帝的势力介入意大利。于是1499年，路易十二提兵发动第二次意大利战争，一举占领米兰，赶走了斯福尔扎，自己当上了米兰公爵。这下，喜欢在列强之间挑拨离间的斯福尔扎彻底傻眼。

此后60年，三代法国国王路易十二、弗朗索瓦一世、亨利二世屡次兴兵占领米兰，但哈布斯堡皇帝屡次出手干预，最终是奥地利/西班牙的哈布斯堡家族赶跑法国人，完全占领了意大利北部的米兰和威尼斯。在战争期间，因为法国国王总想兼任米兰公爵，斯福尔扎家族便一直投靠皇帝。

1512年，奥地利军队赶走法王弗朗索瓦一世，鲁多维科的儿子马克西米利安·斯福尔扎复辟，做了3年米兰公爵。三年之后弗朗索瓦一世推翻斯福尔扎家族，自兼米兰公爵。到1521年，鲁多维科的次子弗朗西斯科二世由皇帝扶持当上了米兰公爵，但此时的斯福尔扎家族，已经是皇帝手中的傀儡，没有丝毫实权，米兰和伦巴第全境都有神圣罗马帝国和西班牙驻军。

1535年，末代斯福尔扎公爵死去，他没有子嗣，查理五世皇帝的儿子、未来的西班牙国王菲利普二世被任命为米兰公爵。从此米兰失去了独立地位。

米兰市中心有座斯福尔扎城堡，这座城堡早在14世纪后半叶米兰仍是共和国的时候，便由当时统治米兰的维斯孔蒂家族开始建造。建成不久后米兰成为公国，历代维斯孔蒂和斯福尔扎家族的米兰公爵都住在这里。这座城堡就建造在城里，以红砖为原料。

今天的斯福尔扎城堡里有好几个博物馆，其中最有意思的是收藏品是米开朗琪罗最后的雕塑作品，一尊刚刚显现轮廓，还没来得及完成的《哀悼基督》。米开朗琪罗原是准备将其用于自己的陵墓，他死前6天还在雕琢这件作品，但是他凿掉的石料太多，剩下的石料已经不可能让后人补完这尊雕塑了。这件作品呈细长的形状，和米开朗琪罗青年和盛年时期的作品风格大异其趣，其未完成的状态反倒像是一件现代抽象派的作品。

查理五世皇帝的儿子，后来的西班牙国王菲利普二世当上米兰公爵后，整个伦巴第地区被西班牙控制。1629～1631年米兰大瘟疫，13万居民死了6万。18世纪初西班牙哈布斯堡王室绝后，经过西班牙王位继承战，法国波旁家族“太阳王”路易十四的孙子、菲利普五世当上了西班牙国王。

随后西班牙把米兰公国转让给奥地利，于是奥地利哈布斯堡家族继续统治伦巴第，不久奥地利皇室还继承了以佛罗伦萨为中心的整个托斯卡纳大公国。1796年拿破仑侵入意大利，曾一度占领意大利全境，其失败后，奥地利帝国除了伦巴第和托斯卡纳，还吞并了以威尼斯为中心的维内托地区。

1850年代，皮埃蒙特–撒丁王国在法国的支持下试图统一意大利。1859年索尔弗里诺战役中法国–撒丁王国联军大破奥地利，米兰和整个伦巴第被并入撒丁王国。1861年成立意大利王国，1871年意大利完成统一。

米兰在18～19世纪奥地利帝国占领时期，音乐与文化有极大的发展。因为当时的奥地利是德意志音乐的中心之一，而当时正是德意志音乐的鼎盛时代，从莫扎特、贝多芬到舒伯特、李斯特、勃拉姆斯、门德尔松，大师辈出。这个时期，米兰的斯卡拉歌剧院成为和巴黎、维也纳国家歌剧院鼎足而三的音乐圣地，这个地位一直延续到今天。

1770年，莫扎特在斯卡拉歌剧院的前身公爵歌剧院首演了三部歌剧。1776年，原来的公爵剧院失火烧毁，1778年新的斯卡拉剧院建成。19世纪后半期，威尔第作曲的很多歌剧常在这里演出，他有10部歌剧的首演都在斯卡拉剧院。威尔第死后葬在他出资建设的退休音乐家之家里，今天称为威尔第故居（Casa Verdi），在斯福尔扎城堡和斯卡拉歌剧院西面，瓦格拉姆地铁站附近。

比威尔第晚一代的另一位伟大的歌剧作家普契尼，他的《蝴蝶夫人》和《图兰朵》首演也在斯卡拉剧院。大师们的巨作在斯卡拉首演也并非都一帆风顺。1904年普契尼的名剧《蝴蝶夫人》在斯卡拉首演失败，满场嘘声。

斯卡拉剧院管弦乐团历史上的首席指挥当中，也不乏赫赫有名的人物，尤其是1898年就任的托斯卡尼尼。他凭记忆不看乐谱指挥整场歌剧，同时对乐团成员的要求也严格到苛刻的程度。托斯卡尼尼在1900年代和1920年代两次出任斯卡拉歌剧院乐团的首席指挥，每次10年，使得斯卡拉在音乐界的地位更上一层楼。

1924年普契尼生前未完成，后来补完的《图兰朵》在斯卡拉上演的时候，托斯卡尼尼是指挥。当演奏完普契尼辞世时写的最后一段乐谱的时候，托斯卡尼尼停下演出，回头对全场鸦雀无声的观众说："大师在这里离开了我们。"

最近几十年，因为曾经指挥维也纳新年音乐会而被中国古典音乐迷所熟知的阿巴多、里卡尔多·穆迪这些大师，也都担任过斯卡拉的音乐总监。

斯卡拉歌剧院可以从官方网站上提前订票，不过与维也纳国家歌剧院一样，这里也有为游客和学生提供的当天买低价票的方法。歌剧院每天都会保留至少140张最后一排位置最高的当天演出的门票，票价为15欧元，可在当天中午用驾照或者护照来票房报名排序，每人只限一张票，演出前两小时在歌剧院侧门的票房按报名顺序发售。

斯卡拉歌剧院是一座新古典主义建筑，从外表看并不华丽，但是内部宏伟，从顶至底有6层半圆形的包厢，整体色调呈金红两色。

米兰城除了斯卡拉歌剧院，另一处近代的著名景点在米兰大教堂隔壁，就是维克托·艾曼纽尔二世购物中心（Galleria Victor Emmenuel Ⅱ）。这座购物中心据说是世界上最早的综合购物中心，以19世纪统一意大利的国王的名字命名。购物中心中央十字路口的地面上，有一头马赛克拼的公牛。据说一只脚踩着这头牛的隐私部位绕圈，便可以获得超人的性能力，年深日久，公牛的这个部位便磨损不堪。

到了现代，1919年3月，墨索里尼的法西斯党在米兰大教堂附近的圣墓广场（San Sepolcro）举行第一次集会。1945年4月，墨索里尼和情妇在逃跑途中在科莫湖附近被游击队逮捕，私刑处决，他们的尸体后来被吊在米兰的洛

斯福尔扎城堡

伦托广场（Loreto）上。

洛伦托广场坐落在以米兰大教堂为中心的景区的东北面，主火车站侧面，看上去并不起眼的。地铁1号线和2号线的交点洛伦托站就在广场下面。当年墨索里尼等五人被倒吊在一个加油站的屋顶钢柱上。在广场中心有一座游击队员纪念碑，因为法西斯政府曾在这里处决了一批游击队员。

意大利的咖啡文化誉满全球，来意大利自然不能不泡咖啡馆。1980年代中期，星巴克的创始人霍华德·舒尔茨还是个30岁的中层经理，有一天去意大利的维罗纳出差，坐在咖啡馆里，突然获得商业灵感：要把意大利先进的咖啡文化带到美国，和美国的连锁经营管理模式结合起来，走一条有美国特色的咖啡道路，于是，世界上最大的连锁咖啡帝国诞生了。

米兰最著名的咖啡馆是Bar Zucca。Zucca是意大利语“南瓜”的意思。这家咖啡馆的位置好得不能再好，正在艾曼纽尔二世购物中心的入口第一家，游客坐在咖啡座里，面对的正好是米兰大教堂。咖啡馆里最有名的是一种叫作Zucca的咖啡。据说，当年音乐大师威尔第、帕斯卡尼尼在斯拉卡剧院演出之后，都喜欢走到这里来喝一杯，吃些点心。

米兰的特色美食是意大利烤饭（Risotto alla Milanese）。这种烤饭在米兰烤饭里面加了藏红花，呈橙黄色，和著名的西班牙海鲜饭（Paella）类似，其中加了奶油、香料和浇汁。米兰藏红花烤饭常搭配另一种特色美食——煮小牛腿骨棒，意大利语称为Qssobuco，餐厅会给你一个特别的小叉子，挑牛骨中的骨髓吃。

意大利北部波河平原的土壤肥沃，农牧产品也比南方丰富。南方惯用的橄榄油，在伦巴第烹调中被奶油和融化的奶酪取代，制作米兰烤饭的时候就是如此。伦巴第地区还是意大利最好的大米产地，所以这里并不以意面见长，反而是烤饭做得好。还有一种圆形，特别松软而且很高的果料面包，叫作Panettone，字面意思是 “托尼的面包”，里面加了很多种罐头水果的果料，一般是在圣诞节前的12月份才有。因为是冬天烤制，这种面包可以搭配潘趣酒（Punch）食用。潘趣酒德文称作Gluewein，是加了肉豆蔻和其他香料后加热的红酒。

伦巴第被奥地利统治多年，饮食方面受德意志影响也深。这里的另一个特色食品是Cotoletta alla Millanese，即米兰炸肉排，是将一大片扁扁的猪肉排槌至松软以后腌制，然后加面包糠炸至金黄。

美食之外还有时尚。米兰和巴黎并列世界时尚之都，是购买意大利奢侈品的天堂。从教堂—购物中心—斯卡拉剧院这个区域，向北一站地铁到拿破仑山站（Montenapoleone），附近的四边形地区是米兰最好的购物区，集中了世界上几乎所有的奢侈品牌。比如拿破仑山街上2号是LV专卖店，5号和7号都是Gucci专卖店，6号和8号是Prada，11号是Versace；圣安德烈亚路（Saint Andrea）9号是Armani，21号是Prada。Via Della Spiga路上这些名牌店更多：1号又是Prada，6号和15号两处是Bulgari，等等。对于想淘低价名牌货的人来说，Bigli街4号的DMagazine Outlet是个不错的地方，各大奢侈品牌的服装和装饰品，在这里都有一半以上的折扣。

第三节　北方山区：科莫湖与多洛米蒂山

米兰和皮埃蒙特地区向北进入阿尔卑斯山脉，和瑞士接壤。这里有很多风景优美的山谷和高山湖泊，是米兰那些富有的经济精英们避开都市喧嚣，前去度假的目的地。其中跟米兰交通连接最方便的是科莫湖区（Como）。从米兰中央火车站前往湖区的火车相当频繁，车程在一小时左右，所以即便是想一天来回都没有问题。

科莫湖是南北向、人字形的狭长山间湖泊。人字头上接瑞士边境，左脚的末端是科莫城。从米兰前往科莫湖的火车每半小时就有一趟，车程40分钟；火车到科莫后继续往北，大约再过半小时，就到了瑞士的卢加诺城。湖区中段人字形分叉的地方，有瓦雷那（Varenna）和比拉吉奥（Bellagio）小镇隔湖相望，从米兰火车站可以直接坐一小时火车到达瓦雷那。

去过赌城拉斯维加斯的人都知道，那里有一座巨大的比拉吉奥酒店，酒店门前世界上最大的音乐舞蹈喷泉表演名闻遐迩。那座酒店，就是以科莫湖区这座比拉吉奥村命名的。游览湖区最好的选择不是住在科莫城，虽然科莫城中有不错的旅馆和餐馆，还有座文艺复兴时期的教堂，但它的缺点是离湖中心区太远，坐轮渡北上花的时间太长。更好的选择是从米兰坐火车直接到湖中部东岸的瓦雷那，从这里到湖南岸的比拉吉奥村，西岸的巴比尼洛别墅（villa del Balbianello），坐轮渡都很近。瓦雷那的居民

多洛米蒂山区

科莫湖巴比内洛别墅

也比科莫城少，更加安静。

意大利在历史文化积淀和自然景观之间平衡得极好。来到北部山区，人便从米兰、威尼斯等历史名城的众多游客、商店、杰作、大师中脱身而出，偷得浮生半日闲。

科莫湖边每个小镇的码头附近都会有一条风景秀丽、种植着大片草坪和姿态优美的柏树的湖边步道，许多窄窄的街道沿山坡而上，通往高处的城堡或教堂。而巴比内洛别墅则另有特色。它建在临湖突出的平台上，18世纪之前是座修道院，方济各派修道士们在这里遁世修行，后来的主人把它改建成别墅，最终捐献给国家。巴比内洛别墅的临湖平台上的意大利式花园和敞厅风景如画，是典型的世外桃源。所以电影《星球大战前传 · 克隆人的进攻》中，安纳金和公主开始恋情的桥段就在这里取景；在第21部007电影《皇家赌场》中，丹尼尔 · 克雷格饰演的007便是躲在这里休养。

意大利北部阿尔卑斯山区另有一处著名的旅游胜地——多洛米蒂山区（Dolomites），是冬天滑雪、夏天徒步的好地方。此处景色极为独特，人在其中就如置身于一片无限大的舞台。多洛米蒂山区并不属于伦巴第，其实它离威尼斯更近。历史上，这里是奥地利的南蒂罗尔州，1918年第一次世界大战结束后才割让给意大利。意大利把这片地区叫作 “上阿迪杰河谷”。

多洛米蒂山区的中心城镇是波尔扎诺（Bolzano），德文名叫作波岑（Bozen），从意大利其他地区或者奥地利的因斯布鲁克坐火车，都在这里下车。这是座漂亮的小城，街道比典型的意大利城市街道整洁宽敞。

城里最重要的景点是一座考古博物馆，馆藏有所谓的“冰人”。他是1991年一对奥地利夫妇在阿尔卑斯山中徒步时，偶然发现的一具5300年前被冻僵的史前猎人的遗体。遗体被冻在冰层中数千年，因为全球气候变暖、冰川融化才被发现。这位史前猎人随身携带的弓箭、干粮，穿戴的衣帽鞋袜，连同遗体本身，都陈列在这座博物馆内。

这座博物馆的设计极有巧思，以冰人为主角，讲述了阿尔卑斯山史前的生活故事。这位猎人为什么会走到雪线以上？他在寻找什么猎物？他胃里发现的食物残渣显示了当时人们的饮食结构；他身上曾受过什么伤？从衣帽鞋袜可以推断出他在部落中的地位；史前人类是如何打猎的？等等。我在意大利看过无数博物馆，这座博物馆给了我最大的惊喜。

波尔扎诺城背倚高山。从火车站沿着铁路线往回走300米可以坐缆车直接

波尔扎诺城

上山，山顶上还有小镇，小镇里更有轻轨木质小火车，连接山顶上几处风景如画的小村庄。这样一上一下，在山间的绿树繁花和小木屋之间，可以消磨大半天时间。

从波尔扎诺火车站可以坐公共汽车进山，大约50分钟上第一层山以后，可以在山间小镇Castelrotto或者Siusi住下来，放下行李接着上第二层山。

这一层的海拔大约在1000米左右，因为城镇多，旅馆餐馆也多。Castelrotto本身是一座非常漂亮的镇子，市政厅广场在汽车站上方，有鲜花喷泉，老人们悠闲地在广场和教堂聊天，还有些古老的房子有色彩鲜艳的壁画。但这里并非最终的目的地，目的地还要再上一层楼，可以坐公共汽车或者自驾，但最好的方式是坐缆车上第二层山，到海拔2000米左右的Alpe di Siusi。

Alpe di Siusi是全欧洲最大的一片高山草原，12公里宽，35公里长，阿尔卑斯特有的高山草种铺满山顶，一眼望不到边。它的背后是一列像狼牙般尖利高耸的灰白石峰，高耸入云的山峰俯瞰着这片草原。6～7月是多洛米蒂山区最好的季节，因为海拔高，野花要到此时才会盛开，经常会看到白云从脚下的山谷升起，簇拥着野花，远处还有白云缭绕在更高的山腰。人在此处，宛若置身仙境。

图书在版编目（CIP）数据

阿尔卑斯山的彼方——意大利行走手札/顾剑著.—西安：陕西人民出版社，2018

ISBN 978-7-224-13070-6

Ⅰ.①阿… Ⅱ.①顾… Ⅲ.①散文集—中国—当代 Ⅳ.① I267

中国版本图书馆CIP数据核字(2019)第007513号

总 策 划 宋亚萍

出版统筹 关 宁 韩 琳

策划编辑 王 倩 王 凌

责任编辑 张启阳 晏 藜

装帧设计 壹诺 vivi 闫薇薇

TopBook 饕书客

阿尔卑斯山的彼方——意大利行走手札

作　　者 顾剑

出版发行 陕西新华出版传媒集团 陕西人民出版社

（西安北大街147号 邮编：710003）

网　　址 www.sxrmbook.com

发行电话 029-87205094

地　　址 西安北大街147号

邮　　编 710003

印　　刷 陕西金和印务有限公司

开　　本 787毫米×1092毫米 1/16

印　　张 17印张

字　　数 280千字

版　　次 2020年1月第1版

印　　次 2020年1月第1次印刷

书　　号 ISBN 978-7-224-13070-6

定　　价 58.00元

微信扫一扫
关注饕书客

TopBook 饕书客

新浪微博 @ 饕书客topbook